高等院校财经类专业应用型本科系列教材

统 计 学

TONGJIXUE

◎主 编 黄 英 刘亚琼

◎副主编 胡晓峰 俞良蒂

重庆大学出版社

内容提要

本书是一部关于统计数据的收集、整理、分析和解释的统计学教材。统计学是一门方法论科学,其目的是探索数据的内在数量规律性。本书在体系上涵盖了描述统计和推断统计两大分支,在内容上主要体现:收集统计数据是进行统计分析的基础;统计数据的整理是数据收集与数据分析之间的必要环节;统计数据的分析是统计学的核心内容,是通过统计描述和统计推断,探索数据内在规律的过程,提供重要的方法与手段;数据解释是对分析的结果进行说明。四者构成《统计学》教材的主体内容,形成了统计学严密的方法论体系。本书在内容上强调理论与实践相结合,重视统计理论思想传播,注重运用统计学方法采用 Excel 作为分析工具来解决实际问题。

本书既适宜作为高等院校经济管理类专业统计学课程的教材,也可提供给社会经济统计工作者以及学习 Excel 进行统计分析的读者参阅。

图书在版编目(CIP)数据

统计学/黄英,刘亚琼主编. —重庆:重庆大学出版社,
2017.1(2024.6 重印)
高等院校财经类专业应用型本科系列教材
ISBN 978-7-5689-0270-0

Ⅰ.①统… Ⅱ.①黄…②刘… Ⅲ.①统计学—高等学校—教材 Ⅳ.①C8

中国版本图书馆 CIP 数据核字(2016)第 298455 号

高等院校财经类专业应用型本科系列教材

统计学

主 编 黄 英 刘亚琼
副主编 胡晓峰 俞良蒂
策划编辑:范 莹

责任编辑:李定群 版式设计:范 莹
责任校对:邬小梅 责任印制:张 策

*

重庆大学出版社出版发行
出版人:陈晓阳
社址:重庆市沙坪坝区大学城西路 21 号
邮编:401331
电话:(023)88617190 88617185(中小学)
传真:(023)88617186 88617166
网址:http://www.cqup.com.cn
邮箱:fxk@cqup.com.cn(营销中心)
全国新华书店经销
重庆长虹印务有限公司印刷

*

开本:787mm×1092mm 1/16 印张:18.75 字数:422千
2017 年 2 月第 1 版 2024 年 6 月第 7 次印刷
ISBN 978-7-5689-0270-0 定价:49.00 元

随着时代的发展及各类高等院校办学规模的不断扩大,人才培养质量成为衡量各院校办学水平的主要指标,而教材作为实现人才培养目标的载体,对各类高等院校的发展和人才培养质量具有举足轻重的作用。

就许多院校目前使用的教材现状来看,现行教材不太适合院校学生特点、不太符合办学定位的问题较为普遍,许多高职高专院校使用一本、二本的教材,偏理论化、内容死板;而本科院校使用高职高专的教材,过分重视应用和操作,缺少相关学科的广度和深度。如何解决这个问题?必须根据各校办学层次、专业特色和培养目标,进一步加强自编教材的建设工作,做到因材施教、量体裁衣。对于民办院校来讲,应根据这类院校应用型专业人才的培养目标,使教材建设工作做到"面向应用、面向职业、面向能力、面向实践",重视教材的适用性、实用性、思想性和生动性。教师编写和课堂选用的教材,应符合学生层次,既能调动学生的学习热情,又能切实提高学生动手能力、分析能力和可持续发展能力,满足独立学院培养应用性专业人才的定位要求。武汉工程科技学院经济与管理学院的中青年教师在老教师的指导与带动下,基于多年的教学工作,不断学习,亲历实践,编写了一套适用于应用型本科经济与管理类专业学生学习的专业基础课教材。

本书正是经管类应用型专业人才培养目标要求的体现。通览本书,它无疑是一部内容丰富、生动活泼和具有亲和力的专业基础教材,本书适用于应用型本科经管专业的学生,对于对统计学有兴趣但非统计专业的学生,它也不失为一部适用的优秀教材。本书对统计思想和具体应用着墨甚多,在"统计公式""数字推导"等统计方法上面,作者努力淡化其复杂和困难程度;本书重视"统计思想"的传输,重视"如何做统计思考"胜于鼓励学生搬硬记统计方法或公式的推导。作者将统计学这门看似属于数理类的学科,努力尝试以文科的方式来表达,这种努力体现在本书中的案例选用、概念解释、统计结论表述以及习题的设计等各个细节,它尽力在改变人们对统计学的传统看法,旨在使初学者产生学习统计学的兴趣,并能从中受益,是本书最大的亮点之一。

本书作者们既有长期从事统计学教学的老师,还有从事统计方法应用的实际工作者,皆有丰富的统计学教学和实践经验,并在各自研究领域有独到见地。他们长期从事在统计学教学的第一线,孜孜不倦地探求以统计学理论和方法解决现实问题的途径,作者们均拥有多年统计学教学经验和企业相关工作经历,这使得本书的统计方法、思想在联系实际方面更具有优势。无论是引文或案例,还是课后习题,均取材丰富并贴合现实,政府政策、社会服务、餐饮、金融、地产、汽车、信息通信和教育等均有所涉及;统计结论及实践适用于社会生活和经济管理的各个方面,如政策制定、产品宣传、研发、生产经营、财务、人力资源管理、战略策划等;这使得本书内容翔实丰富,并极具实践性。

每章节之前的"学习目标",最简要地提示本章重点内容;接下来的"开篇案例"给出一个社会、经济或商务实际案例,以引入本章内容。在每章结束之时,安排"案例讨论"与全文相呼应,诠释如何将本章所讲统计方法应用于这个实际案例;"学习指导与小结"按教学安排顺序列出各节要点;"常用术语"列出本章的全部名词术语;"思考与练习"分成不同难度等级,以便适用于不同教学对象。

计算机技术日新月异,它推进了统计学学科的发展,同时为统计方法的应用开辟广阔天地。本书每章根据内容,专门介绍计算机技术与本章内容的紧密关系,并编写相应案例进行详细说明。例如,计算机在数据收集中的应用,Excel 在统计数据输出,以及统计图、结果演示、描述统计和推断统计方法的运用等,这些内容使读者不仅可从中学习到统计学方法和理论,并且可实际上机操作,充分提高学生运用统计方法解决问题的实际动手能力。这是本书的又一大亮点。

综上所述,该部《统计学》定位合理,在作者能力范围之内和读者可接受的限度之下,较为明确地表达出作者对统计学的观点。它基于理论,立足于现实和运用,为广大读者提供了一个良好的选择读本。我们希望各位读者通过阅读和学习本书,对统计学思想有全新的认识,掌握更多的统计学理论和方法,并运用于实际的工作和生活,体会到统计学带给我们的好处和乐趣。感谢参与编写的各位教师为本书所做的努力,希望他们能在统计学教学和研究领域再接再厉,为我国统计科学的教育事业作出新的贡献。

最后,我们期望广大读者在使用该套系列教材的过程中,给我们提出宝贵的意见!

武汉工程科技学院
经济与管理类专业基础课教材编写委员会
2017 年 1 月

前言 PREFACE

我们在长期从事统计学的教学工作中,亲身体验并见证了统计学科的发展与成熟。正如马克思早在100多年前就指出的那样:"一种科学只有当它达到能够成功地运用数学时,才算真正发展了。"统计学就是这样一门成功地运用数学,特别是概率和抽样技术等数学理论而形成的方法论学科。它的发展和成熟的方法技术现已广泛地运用到各个领域,无论是自然科学还是社会科学,无论是宏观调控、微观管理还是科学研究乃至人们的日常生活等,均离不开统计方法的应用,统计学科在其应用中不断地凸现出它的魅力。统计学科的产生与发展为信息社会的数据处理提供了大量的、科学的技术与手段,特别是统计软件的开发,使人们从烦琐的计算中解放出来,从难以理解的数学方法中得到了实际应用,充分体现了该学科的使用价值。随着时代的变更,信息社会的到来,计算机技术的引入,统计软件的开发等为统计学科更好发展与成熟的同时,又对统计学科的教学工件提出了新的更高的要求。通过学习该门方法论学科,使学生增加基本技能,在今后的职业生涯中受益,所以要求统计学科的教学工作无论是教学思想、教学方式方法还是教学手段上都需要不断地更新,以顺应本学科的发展需要。

教学实践告之,成熟的学科需要成熟的教学方式与手段,随着计算机技术的引入,统计软件的开发与应用,使传统的教学方式与方法面临着挑战,面对当今世界进入信息社会后,很难想象,脱离计算机的统计学教学效果会如何。特别是到了21世纪初,我国高等教育为满足社会人才培养的需求,民办高校正蓬勃发展,"统计学"作为经济与管理类专业必修的核心课程,其重要性显而易见,对于应用型本科学生而言,学习统计学的终极目的就是应用,而应用的关键是对统计学思想的认识和理解深化,这样一来,在课堂上过多地进行统计理论公式的推导显然意义不大,侧重于实际应用是应用型本科教学的特点,如何适应这一受众教育群体的需要,编写出理论与实践相结合,重统计理论思想传播、重实际应用的教材,以适应统计教学的需要,这是首当其冲要解决的问题,也是我们编写该书的基本定位。

由此可见,统计学教材只有突出计算机的应用,以及选用一些有趣的实用的案例(事例)进行分析,渗透统计思想与方法的实用性,才能得以实现统计思想的传播,而统计思想的灌输是统计学的精髓。为此,我们倾心编写此书的宗旨,具体体现在3个方面:第一,本书的编写应适应独立学院学生特点,所以内容上不能太理论,不能太枯燥,编写教材的目标应是学生学了能用得上,能立即上手;第二,学生读了此书对统计学能产生兴趣,不再畏难,愿意学并且有学好它的信心;第三,在文字表述上尽量生动和亲切,力求通俗易懂。让学生、教师、统计工作者和一般读者均能从中受益。

从编写思想的确立到教学内容的挑选,从编写手段到表述方式的选择等,我们始终遵循此宗旨,力求此教材具有以下特点:

第一,理论性。注重挑选《统计学》最基本的统计理论,充分表现出统计学方法论思想。围绕着统计数据的收集、整理、表述与分析主线条,以"描述统计学"与"推断统计学"两大学科支柱为依托,精选内容,体现统计学科的基本理论方法论体系。

第二,应用性。结合每一章节内容,选择合适的生活中的案例或事例,以 Excel 为计算工具,展示统计方法在实际生活中的应用,让读者在学习统计思想的同时,了解其在实际生活中的应用意义。结合教学内容详细介绍 Excel 的操作步骤,以及输出结果的识别及其统计分析与结论,反过来加固对统计思想方法的认识,重在应用。

第三,趣味性。在应用性的基础上,结合教学内容选择适当的练习、思考与讨论,增强学习者的主动思维和动手能力。

第四,通俗性。在版面设计上,力求生动活泼;在文字表述上,力求简捷、明了,通俗易懂;在写作上,力求淡化统计理论的推导和计算。重点突出统计思想与方法和计算机的应用技术,只有真正理解了统计思想,才能在实际中应用。

本书参编者及分工如下:黄英编写第 5,7,9 章,刘亚琼编写第 2,3,4 章,俞良蒂编写第 1,6,8 章,胡晓峰编写第 10 章。

本书的出版得到各方面的支持与帮助,十分感谢武汉工程科技学院经济与管理学院领导的鼓励与帮助,十分感谢重庆大学出版社的大力支持,感谢武汉工程科技学院曾担任统计教学工作的各位老师提出的宝贵意见和建议,才使本书得以顺利面市。

尽管我们努力和尝试编写此书,但由于统计学科的迅速发展,编者水平所限,编写中的不当和疏漏之处在所难免,敬请同行和读者不吝赐教、批评指正。

编　者

2017 年 1 月

目录 CONTENTS

第1章 导 论

【学习目标】

本章的学习目标是通过统计的基本理论及常用的统计概念的学习,让读者有一个先入为主的概貌,知道什么是统计学? 什么是统计? 统计的历史功绩、统计学家等文化背景;对统计数据有一个完整的认识,对该学科常用的基本概念有一个清楚的认知,并在理解的基础上,抓住关键,举一反三,融会贯通。

【知识点浏览】

1.统计和统计学的概念。

2.统计数据的类型。

3.总体和样本。

4.参数和统计量。

5.变量。

【开篇案例】

第29届夏季北京奥运会奖牌榜②

2001年7月13日,在莫斯科举行的国际奥委会第112次全会上,国际奥委会投票选定

---

① 李心愉.应用经济统计学[M].北京:北京大学出版社,2000.

② 根据第29届夏季北京奥运会网站公布的数据整理。

北京获得 2008 年奥运会主办权。2008 年北京奥运会即第 29 届夏季奥林匹克运动会于 2008 年 8 月 8 日 20 时开幕,2008 年 8 月 24 日闭幕。本届奥运会口号为"同一个世界,同一个梦想(One World, One Dream)",主办城市是中国北京。参赛国家及地区 204 个,参赛运动员 11 438 人,设 302 项(28 种运动)比赛项目。

2008 年 8 月 8 日是值得中国人永远铭刻在心中的日子。这天在我国首都北京,成功地主办了第 29 届奥运会。提起第 29 届夏季北京奥运会,人们仍能清晰地记得中国人在世人面前充分展示出的我国以"科技奥运、绿色奥运、人文奥运"开幕式的成果。在开幕式上以"有朋自远方来,不亦乐乎"的人文情怀,展示了高科技与现代艺术的完美结合;奥运会期间的环境保护工作、社会文明和精神文明达到了空前水准,得到了全世界人民的喝彩,那激动人心的场景,相信每个中国人都引以骄傲与自豪,我们更不会忘记我国运动员在这届奥运会上取得的骄人的成绩。获得奖牌居前 10 位的国家及奖牌数见表 1.1。

表 1.1

排名	国家/地区	金牌	银牌	铜牌	总数
1	中国	51	21	28	100
2	美国	36	38	36	110
3	俄罗斯	23	21	28	72
4	英国	19	13	15	47
5	德国	16	10	15	41
6	澳大利亚	14	15	17	46
7	韩国	13	10	8	31
8	日本	9	6	10	25
9	意大利	8	10	10	28
10	法国	7	16	17	40
合计		302	303	353	958
中国占比/%		16.9	6.9	7.9	10.4

我国以金牌总数居首,名列第一,占全部金牌总数的 16.9%,比名列第二的美国所获金牌多 15 块;所获得的奖牌总数为 100 块,奖牌总数占全部奖牌总数的 10.4%。第 29 届夏季北京奥运会在我国的成功主办,不仅展示了中国人的风采,体现了中国人的实力,也使一批年轻的选手脱颖而出。

类似这种用统计数据对某个事件的情况和结果进行报道,用统计方法对宏观和微观经济现象进行描述、分析、推算和预测、决策的事例,在我们的实际生活中比比皆是,这些都是我们最常见的统计形式与结果。

【思考与讨论】

1.列举生活中的统计方法或思想应用的实例。谈谈你对统计学的直观感受。

2.为什么说学习统计学对每个人都是必要的？你有何体会？

类似第29届奥运会的统计数据的公布报道与分析,在日常生活中比比皆是,那么,什么是统计？什么是统计学？统计学有哪些科学方法和技术？统计有哪些思想？用怎样的现代化计算工具完成数据的处理？诸如此类问题,我们将在本书中一一为读者释然。本章就统计学中的基本理论与概念、统计的应用领域和统计数据分类等问题进行介绍。

1.1　统计及其应用领域

提起"统计"一词大家并不陌生,人们经常在报纸杂志、电视广播里看到或听到"统计"字眼,在日常生活中经常用到统计的方法,如用统计图表描述武汉市历年天气气象的变化趋势;用统计指标"年递增速度"表述国民经济的发展状况;用统计预测的方法估计"能源的生产量与消费量"情况;用经济模型找出事物发展变化的规律;用假设检验的思想检验生产厂家对某产品质量的承诺的可靠性,等等。这些都是统计的思想体现,统计方法应用的结果。

1.1.1　统计学的概念

统计是泛指统计资料、统计工作的统计科学的总称。而统计学是对统计数据的收集、整理、加工、汇总、展示全工作过程中,起指导意义的一门方法论学科,是理论与方法论的集合。统计通常指统计实际工作,而统计学是一门方法论学科。如不列颠百科全书的定义：

> ◎定义1.1：**统计学**(statistics)是收集、分析、表述和解释数据的科学。
>
> *statistics*: the science of collecting, analyzing, presenting, and interpreting data.

数据收集也就是取得数据,数据整理就是对取得的数据进行加工处理,用统计图表等形式展示出来,数据分析则是通过统计方法研究数据及其特征,数据的解释是对分析的结果进行说明。从这一定义中我们可以清楚地知道,统计学是一门关于数据处理技巧的方法论学科。

1.1.2　统计学分科

统计学是一门方法论学科,按应用的方法不同可分为描述统计方法和推断统计方法,因而形成了统计学的两大分科,即描述统计学和推断统计学。

◎**定义1.2：描述统计学**（descriptive statistics）是研究数据收集、整理和描述的统计
学分支。

描述统计的内容包括取得研究需要的数据，以图表形式进行加工处理与显示、概括与分析，得出所研究现象的一般性规律或特征。如某班的上课出勤率为97%，就是对学生到课情况的一般性的描述。

◎**定义1.3：推断统计学**（inferential statistics）是研究如何利用样本数据来推断总
体数量特征的统计学分支。

统计学研究的是总体现象的规律，而不是个体的数量特征，当被研究的总体很大或是无限总体时，无法收集到所有的数据，只能采集样本信息，通过样本数据来推断总体特征。如要研究全国独立学院的办学条件，由于范围太大，数据难以收集，这时就可采用统计抽样技术，抽取适量样本，通过样本提供的信息来推断全国独立学院的教学投入情况。这种由部分推断总体的方法就是应用了科学的抽样技术来实现的。

描述统计学和推断统计学形成了统计学科完整的方法论体系，两者既有联系又有区别。联系表现在：对数据处理的起点和终点是一致的，它们的起点都是收集反映客观现象的数据，终点都是研究总体内在的数量规律性，区别在于：当收集的数据来源于总体，直接运用描述统计学的方法寻找总体内在的数量规律性，若收集的数据来源于样本，则通过描述统计学的方法对样本信息进行描述的基础上，应用概率论（含分布理论、大数定律和中心极限定理）对总体的数量特征进行估计和检验等方法，从而得出总体内在的数量规律性。

1.1.3 统计的应用领域

随着统计学的发展，统计方法被广泛地应用到众多领域，如经济学、管理学、会计学、医学、地质学、社会学、教育学、工程学、气象学等；所有的行业如工业、农业、商业、信息业、金融业、军事、教育等都十分重视统计思想与方法的应用。表1.2列出了统计的一些应用领域，目的是让我们通过简单的浏览，充分认识到统计学的应用十分广泛。

当然，统计不是万能的，统计能帮助我们进行数据分析，并从分析中得出某些结论，但对统计结论的进一步解释，则需要专业知识。如在医学上，我们可用统计学中的大量观察法，通过临床观察找到病因及其规律，但是如何加以控制与治疗，却要由医务工作者根据医学专业知识来探索与解决。

统计学科的发展成就了许多统计学家，其中最有影响力的著名统计学家有 Jacob Bernoulli（伯努利）（1654—1705）、Edmond Halley（哈雷）（1656—1742）、De Moivre（棣莫弗）（1667—1754）、Thomas Bayes（贝叶斯）（1702—1761）、Leonhard Euler（欧拉）（1707—1783）、Pierre Simon Laplace（拉普拉斯）（1749—1827）、Adrien Marie Legendre（勒让德）（1752—1833）、Thomas Robert Malthus（马尔萨斯）（1766—1834）、Friedrich Gauss（高斯）（1777—1855）、Johann Gregor Mendel（孟德尔）（1822—1884）、Karl Pearson（皮尔

逊）（1857—1936）、Ronald Aylmer Fisher（费希尔）（1890—1962）、Jerzy Neyman（奈曼）（1894—1981）、Egon Sharpe Pearson（皮尔逊）（1895—1980）、William Feller（费勒）（1906—1970）等。

表 1.2　统计的应用领域

actuarial work（精算）	industry（工业）
archaeology（考古学）	literature（文学）
agriculture（农业）	management science（管理科学）
auditing（审计学）	marketing（市场营销学）
anthropology（人类学）	medical diagnosis（医学诊断）
demography（人口统计学）	military science（军事科学）
dentistry（牙医学）	meteorology（气象学）
econometrics（经济计量学）	political science（政治学）
engineering（工程）	psychology（心理学）
ecology（生态学）	psychophysics（心理物理学）
education（教育学）	quality control（质量控制）
epidemiology（流行病学）	religious studies（宗教研究）
finance（金融）	sociology（社会学）
genetics（遗传学）	survey sampling（调查抽样）
geology（地质学）	taxonomy（分类学）

1.2　统计数据的类型

统计数据是对客观现象进行测量的结果。例如，"2009 年全年国内生产总值 335 353 亿元，比上年增长 8.7%。年末全国总人口为 133 474 万人，全年出生人口 1 615 万人，出生率为 12.13‰；死亡率为 7.08‰；自然增长率为 5.05‰。出生人口性别比为 119.45。"[①]这些统计数据就是对客观现象进行测量的结果。

统计数据在测量时，按使用的测量尺度不同，可分为分类数据、顺序数据和数值型数据。按数据收集的方法不同，可分为观测数据和实验数据。按被描述的对象与时间的关系，可分为截面数据和时间序列数据。

---

① 《中华人民共和国 2009 年国民经济和社会发展统计公报》中华人民共和国国家统计局，2010 年 2 月 25 日。

1.2.1　分类数据、顺序数据和数值型数据

分类数据是对事物进行分类的结果,数据表现为类别,是用文字来表述的。它是由分类尺度计量形成的。例如,人口按照"性别"分为男、女两类;企业按经济性质分为国有、集体、私营、合资、独资等,这些均是按"类别尺度"进行测量的。为便于统计处理,对于分类数据通常可用数字代码表示。如用"1"表示"女性",用"0"表示"男性";用"1"表示"国有企业",用"2"表示"集体企业",用"3"表示"私营企业"等。

◎定义 1.4:只能归于某一类别的非数值型数据,称为**分类数据**(categorical data)。

顺序数据同样也是对事物进行分类的结果,但这些类别是有顺序的,它是由顺序尺度计量形成的。例如,按受教育程度由低到高,可分为小学、初中、高中、大学及以上;按对某事物是否赞成的态度,可分为非常同意、同意、保持中立、不同意、非常不同意等。同样,对顺序数据的测量也可用数字代码表示,如用"1"表示"非常同意",用"2"表示"同意",用"3"表示"保持中立",用"4"表示"不同意",用"5"表示"非常不同意"。

◎定义 1.5:只能归于某一有序类别的非数值型数据,称为**顺序数据**(rank data)。

数值型数据是使用自然或度量衡单位对事物进行测量的结果,其结果表现为具体的数值。例如,国民生产总值、人口数、产品产量等,表明事物具体的数量特征;又如,月工资为1 880元、体重 55 kg 等。

◎定义 1.6:按数量特征尺度测量的具体观察值,称为**数值型数据**(metric data)。

分类数据和顺序数据说明事物的品质特征,通常是用文字来表示的,其结果均属于事物的类别,故也可称为品质数据或定性数据。数值型数据说明现象的数量特征,通常是用具体的数值来表现的,故也可称为数量数据或定量数据。

小贴士

分类数据、顺序数据和数值型数据,是根据数据测量的层次进行分类的,此分类将数据由低级到高级排列,分类数据是低层次的,数值型数据是高层次的。高层次的数据满足低层次的计算要求,而低层次的数据不能进行高层次数据的计算。

由于分类数据和顺序数据均是表明事物质的属性,而数值型数据表明事物的量的特征,因此,从描述事物的特征来看,可将分类数据和顺序数据统称为品质数据,而数值型数据可称为数量数据,如图 1.1 所示。

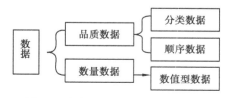

图 1.1　数据按计量层次与特征分类

1.2.2　观测数据和实验数据

观测数据是在对事物没有人为控制条件下而得到的,有关社会经济现象的统计数据几乎都是观测数据。如对人的社会公德水准的评价,可通过长期观察得出结论。

◎定义 1.7:通过调查或观测而收集到的数据,称为**观测数据**(observational data)。

实验数据是对事物进行人为控制实验而收集到的数据,自然科学领域的大多数据都为实验数据。如对农作物新品种在实验田一定的湿度、温度等条件,通过做实验收集到的数据。

◎定义 1.8:在实验中控制实验对象而收集到的数据,称为**实验数据**(experimental data)。

1.2.3　截面数据和时间序列数据

截面数据所描述的是现象在某一时刻的变化情况。例如,某校某专业 2009 届毕业生人数为 429 人,这就是截面数据,表明 2009 年这一时间点上的毕业人数数据。

◎定义 1.9:在相同或近似相同的时间点上收集的数据,称为**截面数据**(cross-sectional data)。

时间序列数据所描述的是现象随时间而变化的情况。例如,我国第"十一五"期间国民生产总值各期环比发展速度,就是从一段时间上描述其随时间变化的情况。

◎定义 1.10:在不同时间上收集到的数据,称为**时间序列数据**(time series data)。

1.3　统计学中常用基本概念

1.3.1　总体和样本

总体是统计研究的主体,是由多个个体单位构成的集合,组成总体的元素称为个体。如要研究武汉市工业企业经营状况,则武汉市所有从事工业生产的企业组成的集合称为总体,组成这一集合的每一个工业企业则称为个体。

◎定义 1.11:包含所研究的全部元素(数据)的集合,称为**总体**(population),通常以 N 代表总体全部单位的数目。

根据构成总体的全部元素是否确定,总体可划分为有限总体和无限总体。可确定总体元素的总体称为有限总体。例如,汽车公司一年的汽车产量是可以统计出来的,每一辆汽车是个体,该公司一年的汽车产量就是有限总体。无法确定总体元素的总体称为无限总体,如要研究某一新型洗衣机的销售量,要想知道哪些消费者喜欢,哪些消费者不喜欢,这些个体单位数目是无法确定的,由此构成的总体就是无限总体。

总体之所以分为有限总体与无限总体,主要是为了判别在抽样中每次抽取是否独立。对于无限总体,每次抽取一个单位,并不影响下一次的抽取结果,因此,每次抽取可看作独立的,对于有限总体而言,抽取一个单位,总体元素就会少一个,前一次的抽样结果往往会影响到第二次的抽样结果,所以每次抽取是不独立的。另外,对总体的概念还有一点需说明的是,总体的元素可以是实体单位的集合,也可以是研究某一现象的集合。如检验一批灯泡的寿命,这一批灯泡构成的集合就是总体,但是我们关心的或者说研究的是灯泡的"寿命",所以这一批灯泡的寿命的集合也可作为总体。

◎定义 1.12:从总体中抽取的一部分元素的集合,称为**样本**(sample)。

◎定义 1.13:构成一个样本的元素数目,称为**样本容量**(sample size),或称为样本量。通常以 n 代表一个样本的数目。

如从武汉市全部工业企业中抽取 100 家企业进行调查,随机抽取的 100 家企业称为样本,而抽取的 100 家企业称为样本量。从总体抽取一部分元素作为样本,目的是要根据样本提供的有关信息去推断总体的特征。例如,我们从这 100 家企业的 2009 年平均工资中,可推算武汉市全部工业企业的 2009 年平均工资。

1.3.2 参数与统计量

◎定义 1.14:用来描述总体特征的概括性数字度量,称为**参数**(parameter)。

参数是研究者想要了解的总体的某种特征值。我们所关心的参数通常有总体平均数、总体标准差、总体比例等。在统计学中,总体参数通常用希腊字母表示。通常用 μ(mü)表示总体均值,用 π(pai)表示总体比例,用 σ(sigma)表示总体标准差。

由于总体数据通常是不知道的,故参数是未知的。例如,我们不知道一个地区所有人口的平均年龄,不知道一批产品的合格率,不知道一个城市所有家庭的收入差异等。正因为如此,我们才进行抽样,根据样本数据计算统计量来估计总体未知参数。

◎定义 1.15:用来描述样本特征的概括性数字度量,称为**统计量**(statistic)。

统计量是根据样本数据计算出来的,它是样本的函数。通常我们所关心的样本统计量有样本平均数、样本比例和样本标准差等。样本统计量通常用小写英文字母表示,通常用 $\bar{x}$

（x-bar）表示样本平均数,用 p 表示样本比例,用 s 表示样本标准差等。

由于样本是我们通过抽样技术抽取出来的,因此样本统计量是可以计算的,抽样的目的就是要根据样本统计量去估计总体参数。如用样本平均数 $\bar{x}$ 估计总体平均数 μ,用样本比例 p 估计总体比例 π,用样本标准差 s 估计总体标准差 σ 等。总体、样本、参数、统计的概念可用图 1.2 表示。

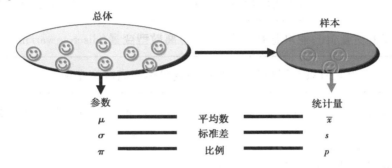

图 1.2 总体和样本、参数和统计量

除了样本均值、样本比例和样本方差这类统计量外,还有一些是为统计分析的需要而构造出来的统计量。例如,用于统计检验的 Z 统计量、t 统计量和 F 统计量等,它们的含义将在相关章节中再作介绍。

1.3.3 变量

◎定义 1.16:说明现象某种特征概念的量,称为**变量**(Variable)。

如"性别""年龄""受教育程度""产品质量等级"等都是变量。变量的具体取值称为变量值。如"年龄"为变量,而具体年龄 18 岁、25 岁、30 岁……这些数值就是变量值。统计数据就是统计变量的具体表现。变量根据数据的类型不同,可分为分类变量、顺序变量和数值型变量。

◎定义 1.17:说明事物类别的变量,称为**分类变量**(categorical variable)。

分类变量的取值就是分类数据。如"性别"就是一个分类变量,其变量值为"男"和"女"。

◎定义 1.18:在事物类别的基础上,说明事物有序类别的变量,称为**顺序变量**
　　　　　　(rank variable)。

顺序变量的取值就是顺序数据。如"产品等级"就是一个顺序数据,其变量值为"一等品""二等品""三等品""次品"等。

分类变量和顺序变量都反映事物质的属性,则又称品质变量。

◎定义 1.19：说明事物数量特征的变量，称为**数值型变量**（metric variable）。

数值型变量是表明事物量的特征，其取值就是数值型数据的数量表现。如"汽车产量"是数值型数据。其数值为"1 200 万台"就是变量值。

数值型变量根据其变量值取值的不同，又可分为离散型变量和连续型变量。

◎定义 1.20：变量值只能取整数的变量，称为**离散型变量**（discrete variable）。

如"学生人数"的取值只能用整数表示，这一变量称为离散型变量。

◎定义 1.21：变量值可在一个或多个区间取任何值的变量，称为**连续型变量**
（continuous variable）。

连续型变量的取值是连续不断的，如"温度""工资"等都是连续型变量。

变量这一概念我们经常用到，但请大家注意，多数情况下我们所指的变量主要是"数值型变量"，大多数统计方法所处理的也都是数值型变量。

小贴士

变量是研究事物某一特征的"量"，而变量值是变量名的具体表现，其表现属于定性则为分类变量和顺序变量，为数量表现的则为数值型变量，数值型变量是统计研究方法处理的主要变量类型。

1.4 Excel 在统计中的应用常识

本节对 Microsoft Excel 进行简要的介绍，并指导读者使用 Excel 得到统计结果。我们建议读者最好能阅读 Excel 指南，帮助你更好地学习理解和应用。

1.4.1 Excel 的安装

Excel 的安装，把 Microsoft Excel 安装在计算机上是非常容易的，只要按照与 Microsoft Excel 相配套的小册子中的指示进行安装即可。很多情况下，当你安装某个版本的 Office 办公软件时，一般包括 Microsoft Excel，Word，Powerpoint 等，还有一些其他程序。安装时请注意采用"全装"，而不是"选择安装"。

1.4.2 统计程序的使用

1）数据分析/分析工具库

分析工具库是 Excel 所附的一组统计函数，它可通过菜单栏找到，单击"文件"，找到"选项"，单击"加载项"，然后选择"分析工具库"，单击下面的"转到"，出现了"加载宏"（见图1.3），加载"分析工具库"，即单击分析工具库前面的空格，再单击"确定"按钮即可，如图1.4 所示。这样一来"数据分析"便出现在"数据"菜单中了。

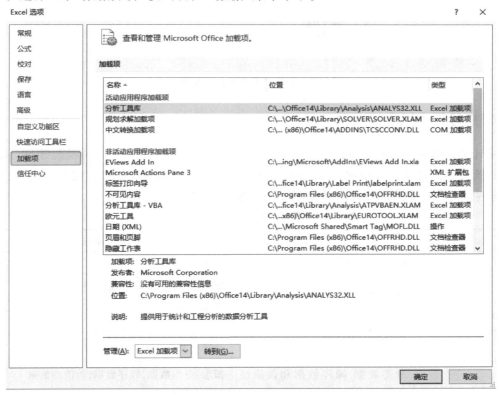

图1.3 分析工具库的加载步骤一

在"数据分析"中有20 个可供选择的菜单项，选择你要使用的菜单，然后按照本书给出的提示使用即可。例如，菜单中第一个统计方法是方差分析，单因素方差分析我们在第7 章中介绍了此方法的使用提示。

2）工具栏函数 $f(x)$

在工具栏的标题中可以看到 $f(x)$ 按钮，单击此按钮将会出现"插入函数"菜单，在"或选择类别"中选择函数类别中的"统计"，最后根据统计分析所需用，选择合适的函数即可。

有关 Excel 的具体操作方法，我们将在本书各个不同章节的相关内容中进行逐一介绍。

图 1.4　分析工具库的加载步骤二

【学习指导与小结】

统计学是处理和分析数据的方法和技术,它几乎被应用到所有的学科检验领域。本章在介绍统计学的含义和应用领域的基础上,要求能够很好地理解统计数据的类型,重点掌握统计学中常用的一些基本概念。本章各节的主要内容和学习要点见表1.3。

表 1.3　本章各节的主要内容和学习要点

章　节	主要内容	学习要点
1.1　统计及其应用领域	统计学的概念	**概念**:统计、统计学
	统计学分科	**概念**:描述统计学、推断统计学 **两者的联系与区别**
	统计的应用领域	统计在工商管理中的应用 统计的其他应用领域
1.2　数据的类型	分类数据、顺序数据和数值型数据	**概念**:分类数据,顺序数据,数值型数据 不同数据的**特点**
	观测数据和实验数据	**概念**:观测数据,实验数据
	截面数据和时间序列数据	**概念**:截面数据,时间序列数据
1.3　统计中常用基本概念	总体和样本	**概念**:总体,样本
	参数与统计量	**概念**:参数,统计量
	变量	**概念**:变量,分类变量,顺序变量,数值型变量,连续型变量,离散型变量
1.4　Excel 在统计中的应用常识	Excel 的安装	Excel 的安装
	统计程序的使用	数据分析/分析工具库 工具栏函数 $f(x)$

注:“加粗”部分为重点学习要点,应当重点学习并掌握。

【常用术语】

分类数据　　顺序数据　　数值型数据　　总体　　样本　　样本容量　　参数　　统计量　　变量　　离散型变量　　连续型变量

【案例讨论】

我国教育经费投入不足造成家庭投入过多负担重[①]

"教育经费投入到底差不差钱?"这是近日在21世纪教育研究院、北京大学民办教育研究所等多家机构共同举办的"为教育改革和发展建言献策"系列研讨会上的主题。来自财政部、教育部、高校、教育研究机构的教育、经济学者及社会各界人士展开了深入的探讨和对话。与会专家认为,我国的教育经费投入严重不足,已经影响我国教育事业的正常发展。

我国近几年国家财政性教育经费占GDP的比例见表1.4。

表 1.4　国家财政性教育经费及其占 GDP 的比例(1992—2007 年)

年份	国家财政性教育经费/万元	预算内教育经费/万元	GDP/亿元	国家财政性教育经费占 GDP 的比例/%	预算内教育经费占 GDP 的比例/%
1992	7 287 506	5 387 382	26 923	2.71	2.00
1993	8 677 618	6 443 914	35 334	2.46	1.82
1994	11 747 396	8 839 795	48 198	2.44	1.83
1995	14 115 233	10 283 930	60 794	2.32	1.69
1996	16 717 046	12 119 134	71 177	2.35	1.70
1997	18 625 416	13 577 262	78 973	2.36	1.72
1998	20 324 526	15 655 917	84 402	2.41	1.85
1999	22 071 756	18 157 597	89 677	2.55	2.02
2000	25 626 056	20 856 792	99 215	2.58	2.10
2001	30 570 100	25 823 762	109 655	2.79	2.35
2002	34 914 048	31 142 383	120 333	2.90	2.59
2003	38 506 237	34 538 583	135 823	2.84	2.54
2004	44 658 575	40 278 158	159 878	2.79	2.52
2005	51 610 759	46 656 939	183 217	2.82	2.55
2006	63 483 648	57 956 138	211 924	3.00	2.73
2007	82 802 100	76 549 100	249 530	3.32	3.07

资料来源:国家统计局《中国统计年鉴2008》,中国统计出版社,2008。2007年教育经费数据来自教育部《2007年全国教育经费执行情况统计公告》,《中国教育报》2008年12月1日第2版。

[①] http://news.QQ.com,2009 年 04 月 25 日 04:30,中青在线—中国青年报。

不同收入水平国家的公共教育支出占国内生产总值的比例见表1.5。

表1.5　不同收入水平国家的公共教育支出占国内生产总值的比例/%

年份 国家分类	1975	1980	1985	1990	1995	2000	2001	2002
高收入	5.59	5.45	5.1	4.95	5.15	5.25	5.42	5.73
中高收入	4.48	4.23	4.39	3.78	4.84	3.95	4.49	4.64
中低收入	3.49	3.23	3.20	4.04	4.29	4.30	3.53	3.53
低收入	—	3.11	2.76	3.22	3.52	3.17	—	—

"2020年中国财政性教育经费占GDP的比例至少应达到4.5%",21世纪教育研究院院长杨东平综合多位研究者对于教育财政投入的研究结果认为,财政性教育占国民生产总值4.5%～5%的目标是符合我国经济社会发展水平的,而且这一数字在正在进行中的《国家教育改革和发展中长期规划纲要》中必须明确地体现出来。

教育投入占GDP的4%提出16年,仍未达标

早在1993年,中共中央、国务院制定的《中国教育改革和发展纲要》中就明确提出:"逐步提高国家财政性教育经费支出占国民生产总值的比例,在本世纪末达到4%。"

据了解,2007年国家财政性教育经费占国内生产总值比例为3.32%,比2006年的3%增加了0.32个百分点,为近年来最高。最近几年,关于财政性教育经费投入占GDP 4%的问题已经成为全国人大代表、政协委员关注的焦点。

北京市政协教科文卫委员会特邀委员王晋堂,在2007年就写过一个提案,同时也在一个会上提出,希望北京市能够率先在全国实现教育投入占GDP 4%。王晋堂提出3个理由:

第一,4%的投入是一个和国际接轨的数字,北京市作为首都完全应该不低于这个数。

第二,美国、日本、韩国、印度,教育投入占GDP是4.7%～7.4%,如果中国低于美国、日本都可以理解,但是如果要低于印度(7.1%),低于韩国,这就说不过去了。

第三,北京市在当时GDP的增长连续7年是两位数,提高教育投入所占比例也是有现实可能性的。

"但北京教育投入占GDP比例也一直没有达到目标,2006年是3.1%,2007年是3.8%,2008年是3.5%。"王晋堂说,教育经费投入不足,让每一个校长都在想着怎么弄钱,这会严重影响我们的教育发展,因此必须加大投入。

目标未达到,教育欠债多,家庭负担重

北京师范大学经济与工商管理学院教授袁连生对教育经费投入有深入研究。

袁连生认为,到2020年,如果我们经济到了人均GDP 7 000美元,高校毛入学率是40%左右,高中普及了,大概区间应该是4.5%～5%。

教育经费多元投入与加强监管同行

为什么4%的目标提了十几年没实现? 这是许多人的疑惑。财政部教科文卫司的一位负责人对此作了简单的解释,他认为这个问题大背景还是财政收入占GDP的比重比较低,因为我们的财政收入占 GDP 的比重大概只有不到 25%,而西方国家这个比重很高,超过 50%。另外,我国从乡镇一直到中央有五级政府,存在一些体制性障碍。

【讨论】

1.什么是统计? 此报告中有哪些是统计信息?

2.你能叙述出该报告中应用了哪些统计分析方法吗?

3.此报道中下划线的数据是什么数据? 是什么变量? 哪些是变量? 哪些是变量值?

4.有无分类变量? 若有,请指出有哪些变量是分类变量?

【思考与练习】

一、思考题

1.什么是统计学? 怎样理解统计学与统计数据的关系?

2.解释描述统计和推断统计,并阐述两者的联系与区别。

3.统计数据分为哪几种? 不同类型的数据如何定义? 各有什么特点?

4.举例说明总体、样本、参数、统计量、变量的概念。

5.什么是变量? 变量可分为哪几类?

6.什么是变量值? 根据变量值的取值不同,变量又可分为哪些类型?

7.举例说明离散型变量和连续型变量。

8.请举出日常生活中统计学的事例或应用的领域。

二、练习题

1.指出下面的数据类型(按数据的计量层次分类):

(1)年龄。

(2)性别。

(3)汽车产量。

(4)员工对企业某项改革措施的态度(赞成、中立、反对)。

(5)购买商品时的支付方式(现金、信用卡、支票)。

2.某研究部门准备抽取 2 000 个职工推断该城市所有职工家庭的年人均收入。要求:

(1)描述总体、样本和样本量。

(2)指出参数和统计量。

3.一家研究机构从 IT 从业者中随机抽取 1 000 人作为样本进行调查,其中 60% 的回答他们的月收入在 5 000 元以上,50% 的人回答他们的消费支付方式是使用信用卡。要求:

(1)这一研究的总体是什么? 样本是什么? 样本量是多少?

(2)月收入是分类变量、顺序变量还是数值型变量?

(3)消费支付方式是分类变量、顺序变量还是数值型变量?

(4)这一研究涉及截面数据还是时间序列数据?

4.一项调查表明,消费者每月在网上购物的平均花费是 200 元,他们选择在网上购物的主要原因是"价格便宜"。要求：

（1）这一研究的总体是什么？

（2）"消费者在网上购物的原因"是分类变量、顺序变量还是数值型变量？

（3）研究者所关心的参数是什么？

（4）"消费者每月在网上购物的平均花费是 200 元"是参数还是统计量？

（5）研究者所使用的主要是描述统计方法还是推断统计方法？

5.计算机芯片制造商宣称他的产品不合格率低于 10%。从一批芯片中抽取 1 000 件产品，发现其中有 7.5% 芯片不合格。

（1）所关心的总体是什么？样本是什么？

（2）10% 是参数还是统计量？解释其原因。

（3）7.5% 是参数还是统计量？解释其原因。

6.某城市有注册选民 25 000 人，一竞选该市市长的政客委托他人进行调查。在调查中，面访的 200 名选民中有 48% 的选民准备投票选他。

（1）调查者所关心的总体是什么？样本是什么？

（2）48% 是参数还是统计量？解释其原因。

第2章 数据收集

> 我们的口号是：一、不做调查没有发言权。二、不做正确的调查同样没有发言权。①
>
> ——毛泽东

本章介绍数据的主要来源、收集数据的方法、抽样技术和如何控制误差等相关知识。通过对本章的学习，我们能够理解统计工作与数据收集的关系，了解各种数据收集方法的不同特点，学会如何编写调查方案，设计调查问卷及如何组织调查活动等实用知识。

1. 二手数据和一手数据。
2. 抽样技术。
3. 数据收集方法。
4. 调查设计。
5. 误差控制。

一次口味测试的亲身经历

一天，骄阳似火，几乎快将整个北京城烤焦。在北海公园的树荫下，我们准备休息片刻。不一会，一位衣着典雅脱俗，看上去文静、清秀的小姐微笑着朝我们走来，"今天好热，女士们想喝点、吃点什么？""谢谢"我们中有两人同时回话。那小姐紧接着说："我是北京商学院的

---

① 《总政治部关于调查人口和土地状况的通知》毛泽东，1931年4月2日。

学生,暑假里被美国肯德基炸鸡公司聘为临时职员,公司为了征求中国顾客对肯德基炸鸡的意见,在这公园设置了免费品尝点,还准备了一些免费饮料。"那小姐指着公园东南边的小餐厅,"各位能否帮助我的工作。谢谢。"

我们随着这位小姐走进了餐厅。餐厅内,大理石地面,奶白色的墙纸,粉红色的窗帘,两边墙上各有一排古铜色、方形的鸿运扇,正面墙上挂着巨大的迎客松图,20多张大圆桌上铺着洁白的桌布,宽大明亮的窗户外是翠绿婆婆的修竹……这儿的一切使人感到仿佛身处春天。

待我们盥洗完毕,一位衣冠楚楚的男士彬彬有礼地请我们就座,并在每个人面前摆放好以塑料袋盛装的白毛巾,随之送上苏打饼干和白开水,以消除口中异味,片刻又送上油亮嫩黄的鸡块。稍事品尝后,一位女士开始发问:"您觉得这鸡块做得老了还是嫩了?""鸡块外表是否酥软?""鸡块水分多了还是少了?""胡椒味重了还是轻了?""是否应加点辣椒?""味精用量如何?""还应加点什么佐料?""鸡块大小是否合适?""这份鸡块卖8元是贵还是便宜?"……其项目十分详细,令人赞叹。"那么,您对餐厅设计有什么建议呢?"她边说边拿出一大本彩色画册,显示了各种风格、色调和座位布置的店堂设计。她一边翻着画册,一边比划着这个餐厅的设计,问我们一些问题,如:墙壁、窗户的色调和图案,座椅靠背的高低,座次排列的疏密,室内光线的明暗,等等。

为了使气氛更轻松愉快,她随便地聊起北京的天气和名胜古迹,尔后,谈话很自然地又引入她的需要。"您认为快餐店设在北京哪儿最好?""像您这样经济状况的人每周可能光顾几次?""您是否愿意携带家人一齐来?"……最后,她询问了我们的地址、职业、收入、婚姻及家庭状况等。

整个询问过程不到20 min。那位女士几乎收集到了我们能够给予的全部信息。临行前,引我们入座的那位男士又给我们每人送上一袋热腾腾的炸鸡,纸袋上"肯德基Kendagy Co."的字样分外醒目。"带给您的家人品尝,谢谢您的帮助。"他轻声说道。

过了一年,我们听说美国肯德基炸鸡公司在北京前门开业,他们靠着鲜嫩香酥的炸鸡,纤尘不染的餐具,纯朴洁雅的美国乡村风格的店容,加上悦耳动听的钢琴曲,赢得了来往客人的声声赞许。这时,我们才意识到当初肯德基公司设置品尝点的良苦用心及其价值。

【思考与讨论】

1.你是否有过调查和被调查的经历,简单描述一下那次经历和你的感受。

2.你觉得通过上面的调查案例,肯德基的市场研究人员能够得到哪些方面的信息? 这些信息对于该公司有什么价值?

第1章我们学习了有关数据的概念,知道什么是统计数据和数据的类型。我们知道数据不仅指的是单纯的数字,这里的数据是有内容的数字,它是包含文字的数字,或者根本就是一段文字,文字里面包含信息,统计工作者将信息转化成规模数据进行测量。例如,"来自湖北的农村姑娘李某最近一个月又新换了一部手机",这句话中包含区域、性别、时间、产品等信息,我们可以将句子分解,根据统计目标转化信息,对信息进行量化,最终可得到类似

"上月本省农村年轻女性手机更换率上升"或"新生代农民工更偏爱多功能手机"等一些简单的统计结论。

统计离不开数据,统计是整理分析数据的科学,它从数据中提炼信息,从而得出结论。统计需要信息和数据,如同筑房需要沙石、制衣需要布料一样。学习统计知识,必须了解数据收集的相关内容。有些统计工作人员表示他们只负责数据的处理,并不在意数据的出处,忽视数据收集的工作环节,这是狭隘和危险的职业分工观念。优秀的统计分析师应该将自己摆放到问题解决方案制订者的位置,即使他不参与数据收集的实际工作,也应该密切关注和审视数据从何处拿到和如何获得。这好比厨师做菜,优秀的厨师除了厨艺精湛,他们对原料的来源、成色和特点同样研究得透彻和要求得严格,对于一堆发霉变质的腐根败叶,即使拥有再好的刀法,配用最美味的佐料,掌握无比精准的火候,最终做出来也只会是一桌子败胃伤身的垃圾。

2.1　统计数据的来源

从数据使用者的角度,数据有一手数据和二手数据之分。一手数据又称直接数据,它来源于直接调查和科学实验;二手数据又称为间接数据,来源于他人进行调查或实验的数据。

2.1.1　直接来源

直接来源也称获取第一手数据,使用的方法主要有两种:一是调查,二是实验。

调查是取得一手数据的重要手段,其中既有政府统计部门进行的调查,如人口普查,也有其他社会机构为特定目的所组织的调查,如市场调查等。

实验就是在设定的特殊实验场所、特殊状态下,对调查对象进行实验以获得所需资料。

通过实验方法得到的数据,通常是对自然现象而言,也被广泛运用到社会科学中,如心理学、教育学、社会学、经济学、管理学等。实验的目的通常是要了解某种处理是否确实会引起某种反应。

2.1.2　间接来源

对于许多使用者来说,亲自去做调查和实验往往不太可能,他们所使用的数据大多来自于他人调查或实验,即二手数据。二手数据是因特定目的已经被收集好了的资料,这些资料获得快速,而且经济花费也不会很大。它们既可从报纸、图书、杂志、统计年鉴、网络等渠道获得,也可从调查公司或数据库公司等处购买。近年来,互联网已经成为数据来源的重要渠道,几乎所有的政府机构和大公司都有自己的网站并提供公共访问端口,访问者可从中获得有用的数据。总的来说,二手数据根据其来源可分为来自组织内部和组织外部两类。

1) 内部数据

内部数据是指可在组织或机构内部得到的资料。例如,公司的销售量或顾客光顾情况、营销活动、价格信息、分销商报告和反馈、员工满意度等。事实上,几乎所有大公司的营销信息系统都是以日常收集到的内部资料为基础,再通过外部资料加以扩展的。

2)外部数据

外部数据是可由组织或机构外部产生或提供的资料。这些资料可能以出版物的形式存在,由计算机数据库,或者由辛迪加服务机构提供。

（1）由出版物提供的外部二手资料

提供外部二手资料出版物或印刷物的来源有中央、各地政府、非营利机构（如统计局、商业局等）、贸易组织和行业机构、商业性出版物（如广告）、投资经纪公司等。事实上,出版的资料是十分多的,特别是在西方国家。因此,对出版物提供的二手资料进一步的分类很有必要。

一般商业资料来源包括指南、索引和非政府的统计资料。例如,购物指南、市场导报、首届中国广告公司实力排序、股票行情、证券市场、亿元商场统计、中国名牌商品调查报告等。政府资料可分成普查资料或政府统计资料,以及其他政府出版物。例如,中国统计年鉴、中国人口普查资料、商情信息等。

（2）由计算机数据库提供的外部二手资料

由计算机数据库为用户提供检索各种资料的服务在发达国家十分普及。在我国近年来也得到了很好的发展,现已有一些现成的数据库可供检索之用。例如,国家统计局、各市统计局、国家信息中心等政府信息统计部门以及一些商业性的咨询公司都可提供这方面的服务。表 2.1 给出了部分重要政府网站,公众可通过访问这些网站获取自己需要的信息。

表 2.1　提供统计数据的部分政府网站

	相关网站	网　址	数据内容
中国政府及相关机构	国家统计局网站	http://www.stats.gov.cn	统计年鉴、统计月报等
	国务院发展研究中心信息网	http://www.drcnet.com.cn	宏观经济、财经、货币金融等
	中国经济信息网	http://www.cei.gov.cn	经济信息及各类网站
	华通数据中心	http://data.acmr.com.cn	国家统计局授权的数据中心
	中国决策信息网	http://www.china-policy.com	决策知识及案例
	三农数据网	http://www.sannong.gov.cn	三农信息、论坛及相关网站
美国政府机构	人口普查局网站	http://www.census.gov	人口和家庭等
	联邦政府数据网站	http://www.fedstats.gov	美国政府 100 多个部门数据
联合国	各国际组织数据网站	http://data.un.org	联合国各国际组织数据

（3）由辛迪加服务机构提供的外部二手资料

在国外,辛迪加服务机构是一些专门收集和出售能满足许多用户信息需要的共用数据库的商业调查或信息咨询公司。这些资料不是为了专门的调研问题而收集的,但是按用户的情况处理后就可适应用户公司的具体需要。例如,资料或报告可以按照用户的销售地区范围或产品线来分类组织。利用辛迪加服务总是比收集原始资料的花费要经济。

2.1.3　两种数据来源的对比

收集一手数据的成本远远高于二手数据,需要投入大量人力、物力和财力,但对于特定的问题而言,一手数据的价值远大于二手数据。一手数据具有客观性、针对性、时效性等二手数据所没有的特点,我们在研究许多实际问题时,二手数据只能作为辅助,主要还是需要收集一手数据,因为每一份数据都是因特定目的而产生,而每次的目的都各不相同。两者的对比见表 2.2。

表 2.2　一手数据和二手数据的对比

项目	一手数据	二手数据
收集目的	为解决研究的问题	为辅助研究问题
收集过程	非常复杂	迅速而简易
收集费用	高	相对较低
收集时间	长	短

如表 2.2 所述,一手数据和二手数据在数据收集的目的、过程、收集费用和收集时间等方面都各不相同。宝洁公司要推出新的洗发水,康师傅调整广告策略,肯德基准备开拓地县级市场,政府有关部门希望就教育改革问题了解公众的看法,某报纸针对"地沟油"的治理征询读者的意见,等等,诸如此类的问题都必须借助一手数据来作为决策或参考的依据。一手数据的收集广泛应用于现实社会的各个领域,它直接影响人们的社会生活。

2.2　调查方式与技术

我们知道,在社会生活中许多问题的解决都需要做深入的调查,通过调查取得信息,将信息提炼成数据,调查是我们取得研究数据的重要手段。当我们准备开始某项调查,对哪些人、单位或者事物进行研究,即研究分析单位的选取,这是我们必须要面对的问题。根据调查所涉及的范围,调查可分为普查和抽样调查。

2.2.1　普查

◎定义 2.1:为特定目的而专门组织的全面调查,称为普查(census)。

对总体中所有的个体单位展开调查称为普查,是为特点目的而专门组织的全面调查。普查涉及的范围广、单位多,需要耗费大量的人力、物力、财力和时间,通常需要间隔较长时间进行一次。普查是为特定目的而专门组织的全面调查,当总体所涉及的范围和数量比较大,又需要考虑到调查成本和数据的时效性时,就不可能对总体中所有的个体单位进行全面调查,这时候我们需要从总体中抽出一部分样本单位,这部分样本单位作为"总体的代表",我们通过对"总体的代表"展开研究,然后将研究结论推论到总体,这就是抽样调查。

2.2.2　抽样调查

◎定义 2.2:从总体中随机抽取一部分单位作为样本进行调查,并根据样本调查结果来推断总体特征的数据收集方法,称为**抽样调查**(sampling survey)。

　　抽样调查是指从总体中选择部分样本单位进行调查的方法,它只研究调查对象中的一部分单位,被抽取的这部分单位并不是因为他们对问题感兴趣,而是因为他们具有代表性,符合研究所需的条件。样本是否具有代表性,决定了研究结论的适用性或可推广性,投入大量精力和时间从事某项研究,如果得出的统计结论只适用于很小的群体,不能推而广之,描述总体的状况,这就是一种浪费。抽取的样本是否能够代表总体的特性,取决于抽样技术的选择,不同的抽样技术会有不同程度的总体代表性,因此,选择合适的抽样技术是非常必要。

2.2.3　随机抽样与抽样技术

◎定义 2.3:从总体中随机抽取一定数目的单位作为样本进行观察,组成总体的每个单位被抽中的概率均等,可以避免样本出现偏差,样本有很强的代表性,这种抽样方法称为**随机抽样**,也称**概率抽样**(Probability Sampling)。

　　随机抽样是一种最简单且最好的获取有代表性样本的方法。随机抽样的优点是可消除偏见,并为估计抽样误差提供一个统计手段;不足之处是对所有样本都平等看待,难以体现重点;抽样范围很广时,比较耗时费力。随机抽样分为简单抽样、分层抽样、系统抽样、分群抽样等方法。

1) 简单随机抽样

◎定义 2.4:从含有 N 个元素的总体中,抽取 N 个元素作为样本,使得总体中的每一个元素都有相同的机会(概率)被抽中,这样的抽样方式称为**简单随机抽样**(simple random sampling),也称**纯随机抽样**。

　　简单随机抽样的具体作法主要有两种:一种是抽签法,即将总体的全部单位逐一作签,搅拌均匀后,进行随机抽取,直到抽取到需要调查的样本数量为止;另一种是随机数字表法,首先是将总体所有单位编上序号,然后从随机数字表中一个随机起点(任一排或一列),开始从左向右或从右向左、向上或向下抽取,直到达到所需的样本容量为止。

　　【**例 2.1**】　以企业人员状况调查为例说明随机抽样步骤:确定总体,即企业在册人员,设为2 000人;确定样本规模:选择总体的1/10,即200人;编制代码:将2 000人的花名册每人给予一个代码,从0000~1999;选择随机数字:利用随机数表,选出一组随机数字如下:69 328,17 259,51 278,29 652,31 693,40 001,72 035,…抽取样本:总体人数为2 000,则采用随机数字的后4位数码,假设随机设定从第二个数字开始,后4位数码为7 259,超过2 000,则放弃该数字,接着往下抽取选出1 278,1 693,0 001的样本。继续从72 035以后的数码中选择,直到抽选满200个样本为止。

2)分层随机抽样

◎定义2.5:在抽样之前先将总体的元素划分为若干层(类),然后从各个层中抽取一定数量的元素组成一个样本,这样的抽样方式称为**分层抽样**,也称**分类抽样**(stratified sampling)。

分层抽样的特点是将科学分组法与抽样法结合在一起,分组减小了各抽样层变异性的影响,抽样保证了所抽取的样本具有足够的代表性。

【例2.2】 为了了解某单位不同年龄段的职工的工作满意度,采用分层抽样方法。抽样的步骤如下:

第1步:确定总体:单位的职工有500人。

第2步:确定分布:不同年龄段的职工人数分布:35岁以下的职工有125人,35~49岁的职工有280人,50岁以上的职工有95人。

第3步:计算抽样比例:需要抽取样本数为100人,则样本容量与总体个数比为100:500=1:5。

第4步:抽取样本数:各年龄段抽取的个数为:35岁以下抽取25人,35~49岁抽取56人,50岁以上抽取19人。

3)系统随机抽样

◎定义2.6:先将总体中各单位按一定顺序排列,根据样本容量要求确定抽选间隔,然后随机确定起点,每隔一定的间隔抽取一个单位的一种抽样方式。这样的抽样方式称为**系统抽样**(systematic sampling),也称**等距抽样**或**机械抽样**。

系统抽样的步骤是:先将总体从$1 \sim N$相继编号,并计算抽样距离$K = N/n$。式中,N为总体单位总数,n为样本容量。然后在$1 \sim K$中抽一随机数k_1,作为样本的第一个单位,接着取$k_1 + K$,$k_1 + 2K$……直至抽够n个单位为止。

【例2.3】 研究者为了分析某市各种类型小企业的生存状态,采用系统抽样方法。抽样的步骤如下:

①第1步:确定总体:企业总数为5 000。

②第2步:确定样本容量:样本容量取500。

③第3步:样本编码:给出企业清单,按行政区划、行业排定顺序,给每个企业编上代码。

④第4步:计算抽样距离 K:取 K 值,一般是总体个数除以样本容量,本例抽样距离为 $K = 5\ 000/500 = 10$。

⑤第五步,抽取样本:随机抽取清单的第一个样本,如随机抽取的是第三个企业,则依次抽取到的样本单位编号是,第 13,23,33,43,53,63,73,83,93,…直到抽满 500 个企业为止。

4)整群随机抽样

◎定义 2.7:先将总体划分成若干群,然后在以群作为抽样单位从中抽取部分群,在对抽中的各个群中所包含的所有元素进行全面调查,这样的抽样方式称为整群抽样(cluster sampling)。

整群抽样是在单纯随机抽样基础上发展起来的。采用单纯随机抽样,有时会因样本过于分散而导致调查费用过高。采用整群抽样的方法由于抽中的单位比较集中,调研起来方便、省时,节省人力、物力。但是在整群过程中,注意分成的群体之间差异要小,以使被抽取的群体代表性强。如果分成的群体之间差异大,抽中的群体不能很好地体现总体属性,抽样误差就大。整群抽样一般步骤是首先采用分群法,将母体分成若干 R 群体,然后按纯随机抽样法选定 r 群体作为样本,最后对选中的群进行全面调查。

2.2.4 非随机抽样与抽样技术

◎定义 2.8:非随机抽样是按主观意向进行的抽样,组成总体的很大部分单位没有被抽中的机会(零概率),使调查很容易出现倾向性偏差。也称**非概率抽样**(Non-Probability Sampling)。

非随机抽样依抽样特点,可分为方便抽样、定额抽样、立意抽样、滚雪球抽样和空间抽样。

1)方便抽样

方便抽样样本限于总体中易于抽到的一部分。最常见的方便抽样是偶遇抽样,即研究者将在某一时间和环境中所遇到的每一总体单位均作为样本单位。"街头拦人法"就是一种偶遇抽样。方便抽样是非随机抽样中最简单的方法,省时省钱,但样本代表性因受偶然因素的影响太大而得不到保证。

2)定额抽样

定额抽样也称配额抽样,是将总体依某种标准分层(群);然后按照各层样本数与该层总体数成比例的原则主观抽取样本。定额抽样与分层抽样很接近,最大的不同是分层抽样的各层样本是随机抽取的,而定额抽样的各层样本是非随机的。总体也可按照多种标准的组合分层(群)。例如,在研究自杀问题时,考虑到婚姻与性别都可能对自杀有影响,可将研究对象分为未婚男性、已婚男性、未婚女性和已婚女性 4 个组,然后从各群体进行非随机地抽样。定额抽样通常使用的非概率抽样方法,样本除所选标识外无法保证代表性。

3) 立意抽样

立意抽样又称判断抽样,研究人员从总体中选择那些被判断为最能代表总体的单位作为样本的抽样方法。当研究者对自己的研究领域十分熟悉,对研究总体比较了解时采用这种抽样方法,可获代表性较高的样本。这种抽样方法多应用于总体小而内部差异大的情况,以及在总体边界无法确定或因研究者的时间与人力、物力有限时采用。

4) 滚雪球抽样

滚雪球抽样是指以若干个具有所需特征的人为最初的调查对象,然后依靠他们提供认识的合格的调查对象,再由这些人提供第二批调查对象……以此类推,样本如同滚雪球般由小变大。滚雪球抽样多用于总体单位的信息不足或观察性研究的情况。这种抽样中有些分子最后仍无法找到,有些分子被提供者漏而不提,两者都可能造成误差。

5) 空间抽样

空间抽样是指对非静止的、暂时性的空间相邻的群体的抽样方法。例如,游行与集会没有确定的总体,参加者从一地到另一地,一些人离去又有一些人进来,但这些事件是在一定范围内进行的。对这样的总体在同一时间内抽样十分重要,以便样本组成不会经历时间上的太大变化。具体做法是:若干调查员间隔均匀的距离,从某一方向开始,访问离他最近的人,然后每隔一定步数抽取一人为调查对象。

2.3　数据收集方法

抽样帮助我们选择合适的调查对象,知道应该收集哪些人或单位的数据,最有助于研究问题的解决。确定了调查对象之后,接下来就是实地去进行调查,收集一手的数据。简单说来,当我们着手开始采集信息时,就必须调动神经和五官,需要睁大眼睛去观察,竖起耳朵来倾听,开动脑筋来思考,张开嘴巴与人说话,甚至要耸起鼻子嗅闻气味,打开手掌去触摸,使用仪器进行测量,最后把我们看到的、听到的、嗅到的、感觉和测量到的数据,用笔记在纸上,用相机拍成图片,把声音录在存储器,用摄录机进行拍摄,制成影像光盘,这些构成我们的数据。

数据收集的方法主要是访问法和观察法。访问法主要在于交流,包括入户访问、拦截访问、电话访问、邮寄访问、观察监测访问、固定样组访问、CATI访问、网上访问等;观察法主要是用眼睛来察看,使用工具来测量。在实地调查中,我们常常不止使用一种调查方法,而是几种方法组合起来进行数据收集。下面选择几种主要的方法进行介绍。

2.3.1　入户访问

入户访问指访问员按照研究项目规定的抽样原则,找到符合条件的受访者,到被调查者的家中或工作单位,直接与受访者进行面对面的交流,获取受访者对于特定事物、现象的意愿或行为等多方面的一手资料与信息的调查方式。入户访问的优点是能够对调查过程加以控制,回答率较高,能够询问内容比较复杂的问卷,得到的结论可以很好地推断总体;缺点是调查成本高,入户访问需要花费较大的人力物力,而且拒访率也相对较高,尤其在中心大城市进行入户访问时,居民的警惕性更高,入户调查不容易被接受。

2.3.2　拦截访问

拦截访问是指在固定场所拦截访问对象,对符合条件者进行面对面访问。拦截访问分为定点拦截访问和不定点拦截访问。定点拦截访问是在商业街区选择一个相对固定的地点,一般选择具有足够多的座位、环境较好、能够让受访者感到安全的地点(由调查公司暂时租用的咖啡厅、西餐厅等),访问员在选定点附近拦截合格的受访者,并引导受访者到此固定点进行访问的方法。不定点拦截访问是指在街区,一般为商业街、娱乐场所、生活小区等人流较大的地点,由访问员对拦截的合格受访者进行访问。

2.3.3　传统电话访问

传统电话访问就是选取一定的受访者样本,通过拨打电话的方式,访问问卷上所列出的一系列问题,在访问过程中用笔记下答案。访问员集中在某个场所或专门的电话访问间,在固定的时间内开始数据收集工作,现场有督导员对访问员进行访问监督和抽样控制。

传统电话访问的突出优点是信息反馈快、费用低、辐射范围广,电话访问不需要支付交通成本、礼品费,也不受到区域的限制;电话访问的问题不多,也能较好地保证调查的质量;缺点是调查内容的深度受到限制,不能进行复杂的调研,而且电话访问的结果也不能推断总体,并且因为只是进行声音交流,不能进行图片、文字等视觉图案的信息收集。

2.3.4　计算机辅助电话访问

计算机辅助电话调查(CATI)是 Computer-aided Telephone Interview 的缩写形式,即计算机辅助电话访问,它是由电话、计算机、访问员 3 种资源组成一体的访问系统,使用一份按计算机设计方法设计的问卷,用电话向受访者进行访问。计算机问卷可利用大型机、微型机或个人用计算机来设计生成,访问员坐在 CRT 终端(与总控计算机相连的带屏幕和键盘的终端设备)对面,头戴小型耳机式电话。CRT 代替了问卷、答案纸和铅笔。通过计算机拨打所要的号码,电话接通之后,访问员就读出 CRT 屏幕上显示出的问答题,并直接将受访者的回答(用号码表示)用键盘记入计算机的记忆库之中。

2.3.5　焦点小组访谈法

焦点小组访谈法也称小组座谈法,这种方法源于精神病医生所用的群体疗法,后来被广泛运用于社会学、经济学、管理学等领域。焦点小组访谈是由一个经过训练的主持人,以一种无结构的自然的形式与一个小组的被调查者交谈。主持人负责组织讨论,访谈的目的在于通过交谈,了解和理解人们心中的想法及其原因。调研的关键是,使参与者对主题进行充分和详尽的讨论。调研的意义在于了解他们对一种产品、观念、想法或组织的看法,了解所调研的事物与他们的生活的契合程度,以及在感情上的融合程度。通过小组座谈,研究者常常可从中得到一些意想不到的发现。实施焦点小组访谈法的基本程序如图 2.1 所示。焦点小组访谈的组织和实施具有非常鲜明的特点,见表 2.3。

图 2.1　焦点访谈法基本程序图

表 2.3　焦点小组座谈的特点

小组大小	8~12 人
小组构成	同质性,预先筛选被访者
座谈环境	放松的、非正式的气氛
时间长度	1~3 h
记录	使用录音带和录像带
观察	主持人可以观察,可与被访者相互接触,主持人需要有熟练的交流技术

在发达国家,小组座谈的使用非常普遍,以至于不少调研者将这种方法当作定性研究的代名词。在美国,一般一次小组座谈需要花费客户 4 000 美元左右。当被访者是一些专家或者难以采访的人员(如医生、律师或官员等)时,费用相对来讲还要高很多。例如,对参加小组座谈的一位医生付费大约是每小时 100 美元。美国每年用于组织小组座谈的经费超过3.9 亿美元。

2.3.6　深度访谈法

深度访谈是一种无结构的、直接的、个人的访问,即在访问过程中,一个掌握高级技巧的访问员与一位被选中的被访者进行深入交流,以揭示对某一问题或事件的潜在动机、信念、态度和感情。深度访谈的效果与访问员的素质有直接的关系,一名优秀的深访员需要掌握丰富的心理学知识和熟练的沟通技巧,在沟通中能始终保持一种超脱并且客观中立的态度,富有风度和人情味,营造一种让被访者放松的交谈气氛,能使用恰当的方法了解到受访者的真实想法。

深度访谈与焦点小组访谈都属于定性研究方法,它不如焦点小组使用得普遍,但在下列特殊情况下更加有效:

①讨论一些保密的、敏感或让人为难的话题,如个人财政状况、某些疾病等。

②详细了解复杂行为,如见义勇为行为。

③针对某类群体的专项调研,如同性恋、变性、整容等群体生存状况的调研。

④对竞争对手的调研,在小组座谈时不太可能提供真实信息。

2.3.7　观测调查

观察监测访问是观察法的一种,以一种系统的方式记录人们的行为模式以获取感兴趣的有关现象的信息。其基本特征是：访问者与受访者之间没有语言交流，访问员通过对受访者的观察来获得信息，所需信息可在事件发生时记录下来或是从以往事件的记录中综合得到。在实际操作过程中，访问员通常采用两种方式：人员观察监测和机械观察监测。在人员观察监测中，访问员进入访问区域，对感兴趣的要素进行监测与记录。机械观察监测是利用电子仪器，记录调查对象某种行为模式的反应，这种方式需要仪器的运作情况较好，能保证进入系统数据的质量和完整性，从而提高数据的可信度。

运用观察法时，由于调查人员不是强行介入，受访者无须任何反应，因此常常能够在被访者不觉察的情况下获得信息资料。

【例 2.4】　商家希望了解某产品的市场营销状况，派调查员以售货员的身份在商场从事销售工作，观察顾客购买本企业产品的情况及同类竞争性产品的销售情况；另外，使用专门的观察人员，并在某适当位置安装隐蔽的录像机，观察和记录有多少人走过售货架，多少人停下来，多少人在仔细观看、选择、购买或者又重新放回，人们的表情和动作等情况。根据某一段时间观察和记录，分别记录在平时、周末、节假日，上午、下午和晚上等不同时间段的销售状况，研究人员对观察记录进行分析，总结出一定的规律。

2.4　调查设计

与很多复杂工作的操作一样，数据收集也分成 3 个工作阶段：前期准备、工作实施和后期整理。前期准备的工作非常重要，"凡事预则立，不预则废"，准备得越是充分，考虑得越是全面细致，工作完成的质量相对就更高。数据收集工作的前期准备包括调查方案制订、问卷的设计和确定、相关文案和表格的设计（数据收集人员招聘表、调查人员培训手册、问卷回收登记表等）、相关调查工具的准备和调试（电话、录音、相机等）和其他一些准备工作。数据收集前的准备工作对于数据收集的质量和效率影响很大，其中，调查方案和调查问卷的设计是影响数据采集质量的关键因素。

2.4.1　调查方案设计

调查方案就是数据收集的工作计划，一份良好的调查方案不仅能帮你获得研究经费，还能更有效率、更有质量地完成数据收集工作，而一份思虑不周、逻辑混乱或者不切实际的调查计划完全是在浪费研究经费，甚至会对所研究的问题产生误导，进而造成更大损失。归纳来看，调查方案的基本要素无外乎以下 6 条：

1) 确定调查目的

任何一项调查都需要达到某个目的，收集数据是为了描述某类群体的行为特征，或者解释某件事情的原因，也可能仅仅是初步的探讨，以便为后续的研究奠定基础。明确调查目的，才能确定我们应该收集哪些数据，到哪里去采集，以及如何获取这些数据。调查目的应该简明扼要，用最简单的句子说明为什么开展本次研究，其意义何在。

2）主要的调查内容

我们一旦确定做事情的动机,就可构思下一步的具体工作内容。调查内容即调查大纲,基本上就是数据收集的问卷框架。

3）确定调查的对象和调查单位

调查对象是指依据调查的任务和目的,确定本次调查的范围及需要调查的那些现象的总体。调查单位是指所要调查的现象总体所组成的个体,也就是调查对象中所要调查的具体单位,即在调查中要进行调查研究的一个个具体的承担者。

4）调查方式和方法

说明是全面调查,或是抽样调查,具体采用哪种抽样技术;采用实验法还是问卷法;入户问卷访问,或者是街头拦截调查,还是电话访问等调查方法;进行实地研究还是对已有的统计资料进行再分析,或者是几种方法同时使用。

5）调查时间和人员组织

包括确定调查时间,说明研究的不同阶段如何进行;介绍本次调查小组成员以及各自分工等。

6）调查项目经费预算

如果要申请研究经费,必须提供经费计划,注明经费的用途。大型数据收集计划的经费项目包括有人事、器材、用品以及通信费用。即使是一个自费的小型计划,最好还是花些时间预估一下可能的花费,如办公用具、复印、计算机费用、电话费、交通费等。

2.4.2 问卷设计

抽样技术帮助我们确定调查谁的问题,数据收集方法解决如何去调查,接下来我们要详细讨论调查什么的问题,调查什么即是调查问卷的设计,使用一份粗制滥造、简单肤浅或者过于复杂冗长的问卷,会脱离研究的正常轨道,甚至会败坏被访者回答问题的兴致,影响到数据的质量和研究的结论,达不到研究目的。

1）问卷设计的步骤

在具体讨论之前,我们先来了解问卷设计的过程。设计一份问卷包括一系列逻辑性的步骤,这些步骤由于调研人员不同而有所差别。但所有的步骤趋向于一个共同的顺序。明智的做法是与拥有项目最终确定权的相关部门一起确定设计过程的每一步。

（1）确定调研目的和内容

调研过程经常是在市场部经理、品牌经理或新产品开发专家做决策时感到所需信息不足发起的。在一些公司中,评价全部二手资料以确认所需信息是否收集齐全是经理的责任。在另外一些公司中,经理将所有的市场调研活动,包括一手资料和二手资料的收集交由市场研究部门去做。尽管可能是品牌经理发起了市场研究,但受这个项目影响的每个人,如品牌经理助理、产品经理,甚至生产营销经理都应当一起讨论究竟需要些什么数据。询问的目标应当尽可能精确、清楚,如果这一步做得好,下面的步骤会更顺利、更有效。

（2）确定数据收集方法和调查对象

上节我们介绍了数据收集的方法,选择不同的调查方法,问卷设计的内容都有所不同。例如,在街上进行拦截访问比入户访问有更多的限制,街上拦截访问有着时间上的限制;而电话调查经常需要丰富的词汇,用来描述一种概念以肯定应答者理解了正在讨论的问题。对比而言,在入户访问中,访问员可给应答者出示图片以解释或证明概念。

另外,针对不同的调查对象,问卷设计也应有不同。调查对象是企业还是个人,是生产商还是经销商,是现实消费者还是潜在消费者等,在正式问卷设计之前,均要进行确定。

（3）进行问题设计,确定问卷的逻辑和编排

根据调查目的和内容,对所需要收集的资料,运用问句形式将调查目标转化成若干具体的题目。接下来,对所有的问题进行逻辑编排。问卷不能任意编排,整个问卷应该逻辑清晰,每一道题都应在合适的位置。有经验的市场研究人员很清楚问卷编制是获得访谈双方联系的关键。问卷设计得紧密和清晰,访问者越可能得到完整彻底的访谈,数据收集的效果会更好。

（4）预先测试和修订

当问卷已经获得管理层的最终认可后,还必须进行预先测试。在正式投入实地访问前,抽取一部分人对问卷进行试访问。通过试访问,可发现问卷中存在的模糊解释、啰唆、不连贯的地方、不正确的跳跃等,也可为封闭式问题得到更多额外的选项。

在预先测试完成后,任何需要改变的地方应当切实修改。在进行实地调研前,应再一次获得各方的认同。如果预先测试导致问卷产生较大的改动,应进行第二次测试。

（5）制作、打印和印刷问卷

精确的打印指导、空间、数字、预先编码必须安排好,监督并校对,问卷可能进行特殊的折叠和装订。

2）问卷的结构设计

一般来说,问卷主要由开头部分、甄别部分、主体部分及背景部分构成。开头部分包括问候语或介绍词、问卷填写说明和问卷编号等内容。

（1）开头部分

在正式询问之前,问卷起首应有一段诚恳和清楚的介绍词,介绍词具有重要意义,它实际上是一项关于宣传说服或公共关系的工作。在面访中,它一般是向受访者宣读的一份相当简短的说明。在邮寄问卷的情形下,介绍词一般以一封信的形式随问卷发出,当然它也可分别邮寄。介绍信通常写在进行或主办该项调查的那个组织印有姓名、地址等文字的信笺上,目的是为了使受访者认识到该项调查的合理性。

下面是由某研究机构访问员在进行某项社会研究所宣读的介绍词。

【例 2.5】　尊敬的××女士/小姐/先生:

您好!我是××研究中心的访问员,受××市政府有关部门的委托,正在进行一项有关社区文化活动方面的调查。在本次调查中,我们希望了解您所在社区的卫生、健身、娱乐等设施配备情况,以及您对社区文化活动开展的一些看法。您所提供的信息对本项研究是非常重要的,因为它代表着成千上万个其他居民的意见。您告诉我们的每一个情况只用来做规

模的统计研究,您的所有个人信息都将严格地予以保密。感谢您的配合!

在介绍词中说明资料将用于什么目的,资料将以何种形式出现,都是十分重要的。如"你的问答将被全部保密""我们使用识别号码仅为我们回收时检查之用,你将永远不被认出名字来""此项调查结果将主要以统计报告形式出现"。

（2）甄别部分

甄别也称过滤,是首先对被调查者进行过滤,筛选掉不需要的部分,然后针对特定的对象进行调查。通过过滤,一方面筛选掉与调查项目有关的人,达到避嫌的目的;另一方面可确定哪些人是合格的被调查人。甄别的主要目的是确保被调查者合格,能够作为该调查项目的代表,从而符合调查研究的需要。

（3）主体部分

调查问卷的主体内容是调查者所要调查的基本内容,这是调查问卷中最重要的部分。

（4）背景部分

背景部分是指被访者的背景资料,包含被访者的年龄、性别、学历、职业、所属行业、个人月收入、家庭月收入等,根据项目需要可进行取舍。所谓被访者的背景资料,主要是指被调查者的一些主要特征。从问卷的这4部分构成可以看出,被调查者的个人资料信息通常分布在封面、甄别问卷、背景资料中,具体列入多少项目,应根据调查目的、调查要求而定,并非多多益善。

3）问卷中的问题设计

问卷设计中,开放性问题和封闭性问题是两个比较常用的种类。开放性问题,就是不为受访者提供具体回答选项的问题。例如,向被访者询问,"您觉得您生命中最重要的事情是什么?"然后给出一个空格,让受访者自己填写答案。深度访谈和焦点小组访谈基本上依赖开放式问题,定量研究中也会使用到开放式问题,但为了取得定量的统计分析,定量研究的问卷中主要使用封闭性问题。在问卷设计中,除了围绕调查主题设计问卷的问题外,还有一个与问卷问题对应的回答项目的设计。图2.2很好地展示了问卷问题回答的类型与方法。

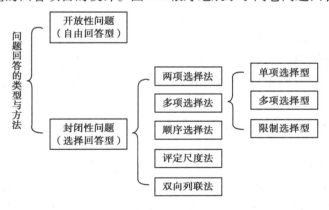

图2.2　问卷问题回答的类型与方法图

（1）开放性问题

开放性问题的选项一般只包括一个供受访者填写其回答的空白空间。研究人员留多大空间,受访者就填写多少字。然而,研究人员必须注意:要给一个完整的回答留出足够的空间,以免写在边上和背面。有些开放性问题,特别是那些只需一个简单数字(如按最近的生日算出的年龄)作回答的问题,一个回答选项只要一个空格就够了。

例如,您认为我国目前的广告宣传中,存在的主要问题是什么?

_____

_____

(2)封闭性问题

封闭性问题又称定选性问题,受访者从研究人员所给予的一个或多个具体答案中选择一个或多个答案。因为封闭式问题能够保证回答具有高度一致性,并且比开放式问题更容易操作,便于统计分析,因而在调查研究尤其在定量研究中特别流行。封闭式问题的主要缺点在于可能会漏掉一些重要的答案选项,所以在设计问题选项时,应尽量考虑得周全一些,答案的选项尽量能包含所有的可能性。另外,可增加"其他_____(请注明)"一项来保证未尽的答案。封闭性或定选性问题的回答选项更复杂些。大多数回答有两个或两个以上离散种类的变量。根据提问项目或内容的不同,封闭性问题的回答方法主要有两项选择法、多项选择法、顺序选择法、评定尺度法及双向列联法5种。

①两项选择法

答案只有两项,被访者从选择项中选择其中一项。例如:

您家里有电视机吗? A.有　　　　B.没有

你是大学生吗? A.是　　　　B.否

两项选择法在回答时比较容易,调查后也方便进行数据处理。但它的缺点是对于有些问题来说信息量较少,被访者对两项答案均不满意时,无法作答。

②多项选择法

在设计问卷时,对一个问题给出3个或3个以上的答案,让被调查者从中选择进行回答。根据要求选择的答案多少不同,有以下类型:

➤ 单项选择型:要求被访者对给出的答案,从中选择其中一项。

您在网上花费时间最多的活动是下列哪一项?(选择一项)

A.浏览新闻网页　B.通过网络通信软件进行即时聊天(如 QQ,MSN 等)

C.收发电子邮件　D.看电影、电视等视频　　E.玩网络游戏　F.搜索资料

G.其他_____(请注明)

➤ 多项选择型:要求被访者在给出的答案中,选择出自己认为合适的答案,数量不受限制。

请问您在网上参加过哪些活动?(选择您认为合适的答案)

A.浏览新闻网页　B.通过网络通信软件进行即时聊天(如 QQ,MSN 等)

C.收发电子邮件　D.看电影、电视等视频　　E.玩网络游戏　F.搜索资料

G.其他_____(请注明)

➤ 限制选择型:要求被访者选择出自己认为合适的答案,但数量受到限制,如注明限选3项。

③顺序选择法(顺位式问句)

列举若干答案,被访者根据自己的看法,确定先后的顺序。

例如,下面是我市市民所面临问题的一部分,请您按照重要性给它们排列顺序,并将具体字母填写在相应的横线上。

A.环境　　　B.交通　　　C.社会治安　　　D.失业　　　E.噪声　　　F.教育……

第一严重:_____　　　第二严重:_____　　　第三严重:_____

顺位式问句的问题答案可反映所要调查的内容,而且可反映出被访者对问题的看法。但这类回答有一个问题,即所列选项的顺序会影响受访者给它们排列的顺序。

④评定尺度法(评定尺度问句)

评定尺度问句中的问题答案,由表示不同等级的形容词组成,并按照一定的程度排序,由被访者依次选择,这类回答被称为定序的回答,尤其适合询问被访者看法或态度问题。普遍使用的回答量级有:

非常同意/同意/中立/不同意/强烈不同意/不能回答

非常好/比较好/一般/不好/非常不好/不能回答

很重要/重要/有点重要/不重要/不知道

这些例子的问题一般是按系列提出的,以便整个系列只需作一次标记便可,但某些问卷对每个问题都要重复列出其种类。

你对这款产品的外包装的喜欢程度如何?(圈上适合的数字)

⑤双向列联法

将两类不同问题综合到一起,通常用表格来表现;表的横向是一类问题,纵向是另一类问题;这种问题结构可反映两方面因素的综合作用,提供单一类型问题无法提供的信息;可节省问卷的篇幅。

4) 问卷设计的要则

下面是一些在撰写问卷时必须注意的要点。

(1)问题中的某些概念要定义清楚、明确

所提出的问题必须要清楚、明确,不能让被访者产生误解,模糊的询问往往会得到模糊的回答。例如,人口普查小组在测量国家失业率时,问卷中关于"您是否有全职工作"中"全职工作"应该定义清楚;或者"您过去的一周用于购物的时间"中的"过去的一周"是指周一至周五,还是周日到周六;还有"您是本地人吗?"中的"本地人"也会造成误解,有些人理解成出生在本地,有些人则认为是长年居住在本地;另外在询问"您的家庭收入是多少?"应限定时间,如近两年或近5年的平均家庭收入,并且最好注明税前或税后等。

(2)避免双重问题

研究者常常会问受访者一个实际上具有多重内容的问题,却又期待着单一答案。研究者将一个复杂问题看作一个问题时,这种情况就更容易发生。例如,研究者可能会问受访者这样一个问题:"您赞成不把钱存进银行,并将钱投进股市吗?"尽管很多人会毫不含糊地表示赞成,有些人会完全不赞成,但是还有一部分人则不知道怎么回答。有些人可能赞成不把钱存进银行,但也不赞成将钱投进股市,更愿意去购买基金或者投资做生意,也有些人既赞成把钱存进银行,也愿意投进股市。后一部分人无法简单回答是或者不是,这就是我们所说的双重问题。在设计时,一定要认真检查是否存在类似的问题,确定一个问题中不要包括两个或两个以上的问题。

(3)尽量把抽象的问题转化成具体的问题

对于多数受访者而言,回答具体的问题要比回答概念性的问题感觉轻松。询问受访者有关"尊严""成就感""幸福"或"满意度"等问题,比较询问年龄、上网次数、购买何种化妆品等具体的问题,前者让受访者更加为难。尽管受访者很可能熟悉幸福的概念,但诸如"你如何描述您的幸福状况:非常幸福、一般、不幸福"之类的问题,受访者可能会给出不确切的答案。另外,询问受访者对某种产品或某件事件的看法,也会让受访者难于回答,受访者可能从未想过那个问题。例如,您对刚才您提到的电视广告有什么看法? 可具体为"分别评价一下这则电视广告的情节、人物、广告语、音乐等内容的喜好"一般来说,宽泛和抽象的问题,要尽量转化为若干具体的问题,被访者会给出更细致的答案。

(4)问题越短越好,尽量简洁

很多研究者在设计上问卷时,倾向设计出长而复杂的问题,希望能得到更明确和客观的回答。但实际执行调查时,受访者往往不愿意花时间和动太多脑筋来分析问句的结构和层次,选项也不能太多,太多的选项会让受访者反感,不会仔细思考你的问题。例如,请你以购买新车时考虑因素的重要性将以下 20 项排序。你正在让应答者做一次相当大的计算工作。不要让人们为 20 项排序,应让他们挑选出前 5 项。

(5)避免诱导性的问题和词语

有些问题比另一些问题更加鼓励受访者给予某类回答,这一类问题被认为具有诱导性,即它的措辞隐藏微妙的"阴谋",无形之中给予受访者某种暗示,在科学的研究中,这是应该避免的。例如,询问"吸烟有害健康,你同意吗"和"大多数医生认为抽烟有害健康,你同意吗",后一类问题暗藏了权威性话语,会得到更多被访者的肯定回答。

(6)间接询问敏感问题

诸如个人收入、私人生活(如自杀)等敏感问题,应尽量避免直接询问。在必须涉及敏感问题时,应仔细推敲询问语句,降低问题的敏感程度。例如,在询问"您个人每年的收入是多少",不必让受访者说出具体数目,可询问"您个人每年的收入属于下面哪一项",让受访者从"2 万元以下""2 万~4 万""4 万~6 万"等选项中进行选择。

2.5 数据质量

数据质量是调查的生命,它直接影响统计分析结论的客观性与真实性,确保数据的质量,就是指在数据收集的各个阶段尽可能减少误差。从统计学的角度而言,误差指反映某客观现象在测量、计算或观察过程中,由于某些错误或通常由于某些不可控制的因素的影响,而造成的变化偏离标准值或规定值的数量。误差的类型主要分为随机抽样误差、非抽样误差,两者总和称为总误差。

2.5.1　随机抽样误差

随机抽样误差是指原始样本指标的真正的平均值与总体指标的真正的平均值之间的变差。在总体中,一方面个体之间总是或多或少存在异质性;另一方面样本与总体范围之间也存在差异性。因此在推断总体时,只要有抽样,随机抽样误差就不可避免,但它可以得到一定的控制。一般来说,样本所含个体越多,代表性就越高,随机抽样误差就越小;反之,则代表性越低,随机抽样误差就越大。总体异质性程度越高,含同样数目的样本的代表性越低,随机抽样误差越大;反之,代表性越高,随机抽样误差越小。

2.5.2　非随机抽样误差

非抽样误差是指在实际进行抽样调查时,由于"随机因素"以外的其他因素所造成的误差,是除抽样误差以外所有的误差的总和。引起非抽样误差的原因很多,如抽样框不齐全,访问员的工作经验,受访者不配合访问,问卷设计的缺陷,等等。非抽样误差贯穿整个调查的每一个环节,任何一个环节都有可能导致非抽样误差增加而影响数据质量。

非抽样误差主要的来源有抽样框误差、无回答误差和计量误差等,所以我们要控制非抽样误差,就必须从这几种来源进行严格控制。尽量准备多的抽样框以便可以随时替代,并阶段性更新样本框,最好每5年更新一次样本框;在实地执行调查之前,用心招募优秀或有调查经验的访问员,并对访问员进行系统培训,培训包括基本的沟通技术、心理的调适、调查的基础知识、对本研究项目的背景介绍、问题的提纲和选项讲解和各种问题的处理方法等;可以赠送一些小礼品给调查对象,来作为参与调查的物质奖励,可以提高受访者配合调查的积极性;计量误差主要是问卷设计的不恰当、调查时的理解偏差、访问员的记录错误、数据录入的错误等,减少计量误差的办法应该从这些环节进行控制。

我国目前对数据误差进行系统研究的不多,仅在一些较大型的专业市场研究公司有所涉及,在这方面德国、美国和日本等国外研究得非常深入。数据的精度是调查和统计的生命线,对误差特别是可控制的非抽样误差进行深入、系统的探讨,应该给予更多的关注。

2.6　计算机在数据收集中的应用

随着计算机技术的发展,互联网已成为继电视、广播、报纸、杂志之后的第五大大众媒体。互联网的发展直接推动调查方式的转变,通过网络进行访问已成为业内广泛采用的调查手段。网上访问与传统访问不同的是,它只针对特定群体——网民进行调查,网上访问是以 Internet 为沟通平台,受访者在某个设定的站点或通过电子邮件的方式填写问卷后,发送给调查机构的一种调查方法。

进行网上访问主要有 3 种方法:E-mail 访问、交互式 CATI 系统和网络调研系统。

2.6.1　E-mail 问卷

E-mail 问卷就是一份简单的 E-mail,并按照已知的地址发出。受访者回答完毕后将问卷回复给调研机构,有专门的程序进行问卷准备、设置 E-mail 地址和收集数据。E-mail 问卷制作方便,分发迅速。由于出现在受访者的个人信箱中,因此能够引起注意。但是,它只限于传输文本,图形虽然也能在 E-mail 中进行连接但与问卷文是分不开的。

2.6.2　交互式 CATI 系统

前面已经做了介绍,这里不再赘述。

2.6.3　网络调研系统

网络调研系统有专门为网络调研设计的问卷连接及传输软件。这种软件设计无须使用程序,包括整体问卷设计、网络服务器、数据库和数据传输程序都不需要用到。问卷由简易的可视问卷编辑器产生,自动传送到因特网服务器上;通过网站,使用者可随时在屏幕上对回答数据进行整体统计图表统计。

【学习指导与小结】

统计数据的收集是整个统计工作的起点,它包括了数据的来源,数据调查的方式与方法,调查技术,以及调查方案设计、问卷设计。本章各节的主要内容和学习要点见表 2.4。

表 2.4　本章各节的主要内容和学习要点

章　节	主要内容	学习要点
2.1　数据的来源	间接来源	二手数据的来源 二手数据的特点
	直接来源	一手数据的来源 一手数据的特点
2.2　调查方式与技术	随机抽样	**概念**:随机抽样,简单抽样,分层抽样,系统抽样,整群抽样 简单抽样、分层抽样、系统抽样、整群抽样的步骤及特点
	非随机抽样	**概念**:非随机抽样,方便抽样,定额抽样,立意抽样,滚雪球抽样和空间抽样 非随机抽样方法的步骤和特点

续表

章 节	主要内容	学习要点
2.3 数据收集方法	访问法	**概念**:入户访问、拦截访问、电话访问、邮寄访问、观察监测访问 各种访问法的**特点**及适用性
	观察法	概念:观察 观察法的**特点**
2.4 调查设计	调查方案设计	调查方案的**结构** 调查方案**设计流程**
	问卷设计	问卷设计的要则。问卷的**结构** 问卷设计的**内容**、**类型**、**方法与注意事项** 问题的前期设计
2.5 数据质量	随机抽样误差	**概念**:抽样误差
	非随机抽样误差	概念:非随机抽样误差
2.6 计算机在数据收集中的应用		E-mail 访问、交互式 CATI 系统、网络调研系统

注:"加粗"部分为重点学习要点,应当重点学习并掌握。

【常用术语】

普查　　抽样调查　　随机抽样调查　　非随机抽样调查　　简单抽样　　分层抽样
系统抽样　　访问　　观测　　计算机辅助电话调查(CATI)　　焦点小组访谈
深度访谈　　问卷　　抽样误差

【案例讨论】

某保健食品营销诊断研究

某保健产品公司推出新产品上市,在产品试点的主要城市做了大量广告宣传,但销售情况并不理想,销售负责人希望找到销售不利的原因。经过讨论,公司决定委托某专业市场研究公司对产品展开市场调查,该研究公司在保健品领域积累了丰富的研究经验。

研究公司成立专门项目组,项目组决定对产品所在的五座城市同时展开调查,调查主要收集消费者对该产品的认知、购买和使用该产品的习惯、接触广告的渠道、对该产品和相关产品广告的评价等相关市场信息,调查采用街头定点拦访、焦点小组座谈、神秘顾客暗访、观察法等多种方法相结合。

该项目街头定点拦访部分的调查执行说明及调查问卷(节选)如下:

某保健产品营销诊断研究-街头定点拦访部分
数据收集执行说明

为了更好地执行本项目,从样本数量、场地要求、项目时间要求、甄别条件、样本配额控制、现场质量要求 6 个方面对项目执行要求进行阐述。

1) 有效样本数量

有效样本数量为 300 个.

2) 抽样配额

抽样配额见表 2.5。

表 2.5　抽样配额

配额条件	具体分类	样本数量
年龄	20~24 岁	>30
	25~29 岁	>30
	30~34 岁	>30
	35~39 岁	>30
	40~44 岁	>30
工作状态	上班	>240
	不上班	<60

3) 调查地点要求

①分布在城区 3 个地点,每个地点 100 个有效样本。

②处于繁华商业区,人流量大并且人群具有代表性。

③访问环境整洁幽美,能够保证访问过程的安静与舒适。

4) 调查对象甄别条件

①受访者为 20~50 岁的女性。

②受访者在最近 1 年之内购买过蜂胶/蜂王浆、微量元素(钙铁锌硒等)、蛋白粉、维生素、鱼油/卵磷脂等营养保健品(含有上述成分的食品饮料除外)。

③受访者自己/亲戚/朋友无相关行业(市场研究机构/公司、广告公司、公共关系部门、电台/电视台/报纸/杂志、药品或保健品的生产/销售/研究部门、医学大中专院校、医院/医疗机构或医药管理部门)工作人员。

④受访者最近半年内没有接受过任何形式的有关保健产品的市场调研。

5) 调查执行时间

①访问员培训时间:2009 年 3 月 16 日之前。

②现场执行时间:2009 年 3 月 17、18 日(周六、周日)。

③问卷提交时间:2009 年 3 月 19 日上午。

保健品认知和消费习惯调查

问卷号:_____

城市:01 北京   02 郑州   03 武汉   04 广州

亲爱的××女士/先生:

您好! 我是××市场研究公司的访问员_____。我们是一家独立的市场研究机构,现在做一项产品研究调查,不推销任何产品;能否耽误您一点时间,向您了解一些问题? 我们保证我们得到的信息将全部用作研究之用,并对您提供的信息严格保密,谢谢您的配合。

主体问卷

第一部分:品牌认知

Q1.您知道市面上目前有哪些品牌的维生素产品?【追问】还有呢? 还有呢?

Q2.请问您最近看过哪些品牌维生素产品的电视广告?【追问】还有呢? 还有呢?

Q3.除了您刚才提到的品牌,您还知道哪些品牌的维生素产品?【追问】还有呢? 还有呢?

第二部分:广告测试

Q4.您是否看到过××产品的电视广告?

 (1)是【继续】   (2)否【跳问 Q6】

Q5.您刚才说您看到过××产品的电视广告,请您回忆一下这个广告的内容? 还有呢? 还有呢? 请您尽可能多地回忆一下? 您看到了什么? 您听到了什么?

内容记忆:_____

看到的 :_____

听到的 :_____

【访问员拿出该广告片的相关图片:请您仔细看一下这个广告,并描述这个广告】

Q6.刚才向您描述了一下这个广告,您觉得除了销售信息外,这个广告想告诉您什么? 还有呢? 还有呢?

 答:_____

_____

第三部分:维生素购买状况

Q7.请问您有没有购买过维生素产品?【我们说的维生素是指含有一种或多种维生素,如维生素 A,B,C,D,E 等成分的制剂】

(1)是【继续 Q11】(2)不是【跳问第四部分】(3)不清楚【跳问第四部分】

Q8.请问您在哪些地方购买过维生素产品?【多选】

(1)药店   (2)超市   (3)医院   (4)百货商场   (5)保健品专柜

(6)仓储超市/大卖场 (7)批发市场   (8)便利商店   (9)其他(请注明_____)

Q9.请问您最经常购买维生素产品的是哪个地方呢?【单选】

(1)药店   (2)超市   (3)医院   (4)百货商场   (5)保健品专柜

(6)仓储超市/大卖场　(7)批发市场　(8)便利商店　(9)其他(请注明_____)

Q10.请问您最近1年购买过哪些品牌的维生素产品?【多选】(选项略)

Q11.请问您最近一次购买的是哪个品牌?【单选】(选项略)

Q12.在您购买过的品牌中,您最经常购买的是哪个品牌?【单选】(选项略)

Q13.您最经常购买的品牌是_____,您当时购买这个品牌是基于哪些方面的考虑?请您最少回答3个。(选项略)

第四部分:关于××产品

C1:受访者是否知道××产品?

　　(1)是【继续】　　　(2)否【跳问Q35】

Q14.【出示示卡9】请问您在哪些地方看到过有关××产品的相关信息?【多选】

(1)电视　　　　　(2)报纸　　　　　(3)杂志　　　　　(4)公交车体

(5)户外大牌　　　(6)地铁广告　　　(7)候车亭广告　　　(8)亲友推荐

(9)广播　　　　　(10)互联网橱窗广告 (11)促销人员介绍

(12)医生推荐　　(13)宣传单或海报　 (14)其他(请注明_____)

C2:受访者是否购买过××产品?

　　(1)是　　(2)否【继续】

Q15.您知道××产品,可是没有购买过,是什么原因使您不选择××产品?还有呢?还有呢?

　　答:_____

Q16.请您选择一下是哪些原因让您没有选择××产品?【多选】

(1)对产品了解程度问题　(2)价格的问题　　(3)购买方便性的问题

(4)是否有副作用的问题　(5)产品效果的问题　(6)生产厂家的问题

(7)其他(请注明_____)

Q17.请问您认为××产品是食品、保健品还是药品?【单选】

(1)食品　　(2)保健品　　(3)药品　　(4)其他(请注明_____)

检查问卷后,访问结束,感谢被访者参与!

【讨论】

1.归纳一下这份问卷收集了哪些方面的市场数据?是否符合该项研究目标?

2.本项目的执行说明中,能否看出本调查主要使用了什么抽样技术?该抽样技术是否合理?

3.根据本案例的背景、执行说明和问卷,请针对本项街头拦访调查,拟写一份调查方案。

4.你对上面的问卷有什么看法?如果你是该保健公司销售负责人,对于市场研究公司所设计的问卷,你觉得有哪些需要修改的地方?哪些地方需要增加,哪些地方需要删减?

【思考与练习】

一、思考题

1.二手数据的优点和缺点是什么?

2.举例说明什么是分层抽样方法,什么是系统抽样方法。

3.调查方案包括哪些要素?

4.数据收集的主要方法有哪些?

5.什么是计算机辅助电话调查?

6.问卷设计需要注意哪些问题?

7.产生非抽样误差的原因有哪些? 如何控制非抽样误差?

二、练习题

1.设计一组关联式问题,以求获得下列信息:

(1)受访者是否有工作?

(2)如果受访者没有工作,是否在找工作?

(3)如果受访者没有在找工作,那么他或她是否已经退休? 是学生? 还是家庭主妇?

(4)如果受访者在找工作,已经找了多长时间?

2.通过报纸、电视或网站等媒体目前的报道,选择一个你感兴趣的或热点的话题,如对某一部电影的评价、对大学生就业的看法、世界杯或世博会的关注和期望等,找几名同学做一次深度访谈,或组织一场简单的座谈会,并在课堂上对访谈的体验和收获进行评论。

3.找一项在网上进行的调查研究,扼要地描述这个研究,并讨论其优、缺点。

4.我们希望了解学生对于学校选修课的看法,请写出研究思路,并描述从总体中抽取一个分层样本的步骤。

5.假如你准备在学校附近开一家奶茶加盟店,在申请加盟之前希望通过市场调查,对本项目作一份比较详细的市场可行性研究。你需要了解哪些信息? 如何去收集这些信息? 请设计出一份调查方案和调查问卷。

第3章 统计数据的整理与显示

【名言采撷】

胸中有"数"。就是说,对情况和问题一定要注意到它们的数量方面,要有基本的数量分析。[1]

——毛泽东

【学习目标】

本章的主要学习目标是向读者介绍统计数据整理的基本方法和技巧,目的是让读者了解统计数据的预处理程序和方法;统计分组的原则、方法和分组整理的步骤;熟悉变量数列的定义,组距和组限的确定;掌握各种类型数据的频数分布表的编制方法;并学会利用统计图、表显示统计数据的特征。

【知识点浏览】

1.统数据的预处理。
2.品质数据的整理与显示。
3.数值型数据的整理与显示。
4.统计图、表的编制。

【开篇案例】

科尔盖特-帕尔莫利夫公司质量管理[2]

1806 年,科尔盖特-帕尔莫利夫公司建于纽约市,它是靠生产肥皂和蜡烛的小店起家的。而今它的产品已经遍及全球。科尔盖特公司在 70 个国家拥有自己的分公司,每年的销售额超过 70 亿美元。除了驰名的传统条形皂、洗衣粉、牙膏外,该公司还经营 Mennen、软形皂、

---

① 中国共产党第七届中央委员会第二次全体会议发言,毛泽东。
② 大卫·R.安德森,等.商务与经济统计学精要[M].陆成来,等,译.大连:东北财经大学出版社,2000:25.

希尔宠物食品等。

这家公司在家用洗衣粉的质量保证方面运用了统计学,其中一项就是顾客对每盒洗衣粉数量的满意程度。在同一类型的每一个盒子里装上相同质量的洗衣粉,可是洗衣粉的数量受洗衣粉密度的影响。例如,如果洗衣粉的密度很大,则较少量的洗衣粉就可达到一盒指定的质量。这样顾客打开盒子的时候会发现洗衣粉似乎没有装满。

为了控制高密度的粉质问题,该公司在粉质密度上进行了一些可行性的限制。因此,首先需要定期抽取统计样品来进行密度测试。然后将这些概括数据提供给一线生产人员,以便必要时采取校正措施,把粉质密度控制在特定的理想范围内。

在一周时间内抽取的150份样品的密度频数分布表和直方图如表3.1和图3.1所示。如果密度超过0.40便被认为是不正常。如果密度的频数分布表和直方图显示密度小于或等于0.40,则产品就满足质量要求。经理们看到这些统计概括数据,就会对洗衣粉生产过程的质量表示满意。

表3.1 粉质密度频数分布表

密　度	频　数
0.29~0.30	30
0.31~0.32	75
0.33~0.34	32
0.35~0.36	9
0.37~0.38	3
0.39~0.40	1
合计	150

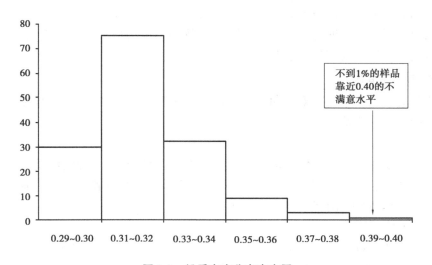

图3.1 粉质密度分布直方图

科尔盖特-帕尔莫利夫公司的质量监督经理威廉·R.福尔(William R.Fowle)提供了这个统计应用案例。

【思考与讨论】

1.科尔盖特-帕尔莫利夫公司的质量管理中应用了哪些统计方法?

2.这些方法对科尔盖特-帕尔莫利夫公司的质量管理提供了哪些有价值的信息?

通过统计调查取得的各种原始资料是分散的、表面的、不系统的,要说明总体情况,揭示出总体的内在特征,还需要对这些资料进行加工整理,通过对收集到的数据进行科学的分组与汇总,使之系统化和条理化,并用图表直观显示分组和汇总的结果。

> ◎定义 3.1:统计数据的整理是将搜集到的各种原始数据进行分类、汇总,使之系统化、条理化,使之符合统计分析与推断的要求。

3.1 统计数据的预处理

数据预处理是在统计分组之前对数据所做的必要处理,包括数据的审核、筛选和排序等。

3.1.1 统计数据的审核

对搜集到的各项资料进行严格审核是统计整理的第一步,若发现问题,需及时加以纠正。审核内容主要包括数据的完整性、准确性、时效性和适用性的审核。不同渠道、不同类型的统计数据在审核的内容和方法上也有所差异。

1) 原始数据的审核

原始资料的审核主要是完整性和准确性两方面审核。其中,常用的审核数据准确性的方法有逻辑检查和计算检查。

(1)逻辑检查

逻辑检查主要是从定性的角度检查资料是否有悖常理、有无不切实际或不符合逻辑的地方,主要用于审核分类数据和顺序数据。例如,一张调查表中年龄是 12 岁,而职业是大学教师,这就不符合逻辑了,两者至少有一方面是错误的。

(2)计算检查

计算检查是从定量的角度审核各项数据的计算口径、计量单位是否符合规定,合计与乘积等计算是否正确,主要用于审核数值型数据。例如,检查各分项数字之和是否等于相应的合计数,各组频率之和是否等于 100% 。

2) 二手数据的审核

二手数据的审核应着重审核其时效性和适用性。对于有些时效性较强的问题,有必要对数据的时效性进行审核,如果取得的数据过于滞后,可能失去了研究的意义;适用性审核主要是检查数据的来源、可靠程度、指标含义、所属时间与空间范围、计算方法和分组条件与规定的要求是否一致,不能盲目生搬硬套。

3.1.2 统计数据的筛选

◎定义 3.2:数据筛选是指将符合统计整理特定条件的数据保留,而将不符合条件的数据剔除。

数据筛选包括两方面的内容:一是将某些不符合要求的数据或有明显错误的数据予以剔出;二是将符合某种特定条件的数据予以剔除。数据的筛选可借助于计算机自动完成。

筛选命令中有"自动筛选"和"高级筛选"两种。当设定的条件较少时,采用自动筛选命令;当设定的条件较多时,采用高级筛选命令。自动筛选的结果在原有数据区域显示,而高级筛选的结果可在原有数据区域显示,也可在需要的区域显示。本章 3.5 节中的实验中,详细介绍了 Excel 进行数据筛选的过程。

小贴士

在实际应用中,我们可利用 Excel 的"数据"菜单中的"筛选"命令自动完成数据的筛选工作。

3.1.3 统计数据的排序

数据的排序是按一定的规律把一列或多列无序的数据进行整合排列,使之变成有序数据的过程。排序的目的是为了更方便地管理、理解数据,通过发现一些明显的特征或趋势,找到解决问题的线索,最终作出更有效的决策。排序还有助于对数据检查纠错,以及为重新归类或分组等提供依据。例如,美国的《财富》杂志每年都要排出世界 500 强企业,通过这一信息,不仅能知道本企业所处的地位和差距,还可了解竞争对手的状况,从而更有效地制定本企业的发展规划和战略目标。

小贴士

在实际应用中,我们可利用 Excel 的"数据"菜单中的"排序"命令自动完成数据的排序工作。需要排序的一组数据必须位于同一列或同一行,而不能位于一个矩形区域内。

在进行数据排序时,可按照默认排序顺序,也可按照单列或多列排序顺序和自定义排序顺序来排序。

1)分类数据的排序

①字母型数据,排序有升序降序之分,但习惯上用升序。例如,对于姓名为主要标志的数据资料,可按照英文字母 A—Z 顺序排列。

②汉字型数据,可按汉字的首位拼音字母排列,也可按笔画排序,其中也有笔画多少的升序降序之分。

2)数值型数据的排序

对于数值型数据的排序只用两种,即递增或递减。

①递增排序:设一组数据为 $x_1, x_2, \cdots, x_n$,递增排序后可表示为

$$x(1) < x(2) < \cdots < x(n)$$

②递减排序:可表示为

$$x(1) > x(2) > \cdots > x(n)$$

例如,对于学号为标志的数据,将学号按照从小到大的顺序排序,也可按照从大到小的排列。

3.1.4 数据透视表

通过 Excel 提供的[数据透视表(pivot table)]工具,可从繁冗的数据中提取和归纳有用信息,并按使用者的习惯或分析要求进行汇总和作图,形成一个符合需要的交叉表(列联表)。在利用数据透视表时,数据源表中的首行必须有列标题,见表3.2。下面通过一个例子说明用 Excel 创建数据透视表的具体步骤。

【例 3.1】 在某大学随机抽取 30 名学生,调查他们的性别、家庭所在地区、平均月生活费支出、平均每月购买生活用品首选因素,在列变量中给出学生的家庭所在地,对平均约生活费支出和月平均购买生活用品支出进行交叉汇总。

用 Excel 创建数据透视表的具体步骤如下:

第 1 步:在 Excel 工作表中输入原始数据,见表3.2。

表 3.2 随机抽取 30 名学生的调查数据

	A	B	C	D	E	F
1	编号	性别	家庭所在地区	平均月生活费/元	月平均生活用品支出/元	买生活用品首选因素
2	1	男	大型城市	850	150	价格
3	2	女	中小城市	600	180	功能
4	3	男	大型城市	950	300	品牌
5	4	男	中小城市	400	40	价格
6	5	女	中小城市	500	150	功能
7	6	女	乡镇地区	800	80	品牌
8	7	男	中小城市	600	180	品牌
9	8	女	乡镇地区	400	120	价格
10	9	男	中小城市	1000	300	功能
11	10	女	大型城市	600	180	功能
12	11	女	中小城市	500	150	价格
13	12	男	乡镇地区	300	30	价格
14	13	男	乡镇地区	500	50	价格
15	14	男	中小城市	300	35	价格
16	15	男	中小城市	700	300	功能
17	16	男	大型城市	800	350	功能
18	17	男	中小城市	500	150	功能
19	18	男	乡镇地区	1000	100	价格
20	19	女	中小城市	700	80	价格
21	20	男	乡镇地区	800	240	品牌
22	21	女	大型城市	500	50	品牌
23	22	女	大型城市	300	30	功能
24	23	男	大型城市	500	150	功能
25	24	女	中小城市	450	150	价格
26	25	男	大型城市	300	30	价格
27	26	女	大型城市	400	200	价格
28	27	男	大型城市	900	300	品牌
29	28	男	中小城市	500	50	功能
30	29	女	大型城市	700	70	功能
31	30	女	中小城市	500	50	价格

第 2 步：选中原始数据中的任意单元格，并选择"插入"菜单中的"数据透视表"，弹出如图 3.2 所示的对话框。

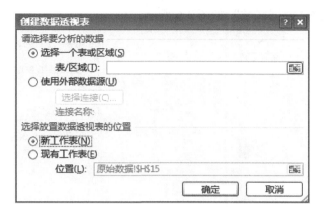

图 3.2　创建数据透视表的对话框

第 3 步：确定数据源区域，选择数据透视表的输出位置，如图 3.3 所示。本例的数据源区域为 \$ A \$ 1 : \$ F \$ 31。如果在启动想到之前单击了数据源单元格，Excel 会自动选定数据源区域。

图 3.3　选择数据源及数据透视表输出位置的对话框

第 4 步：在选择了数据源与数据透视表输出位置之后，单击"确定"按钮，弹出如图 3.4 和图 3.5 所示的对话框。

图 3.4　数据透视表布局的对话框

第 5 步：在"数据透视表字段列表"对话框中，依次将"家庭所在地区"和"买生活用品首选因素"拖至左边的"行"区域，将"性别"拖至上边的"列"区域，将"平均月生活费"和"月平均生活用品支出"拖至"数据区域"，如图 3.6 所示。

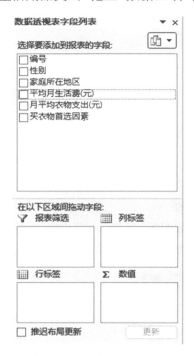 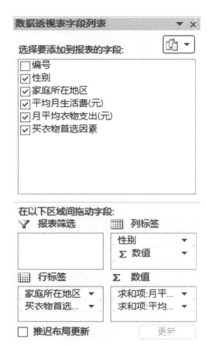

图 3.5 数据透视表字段
列表的对话框

图 3.6 更新后的"数据透视表
字段列表"对话框

第 6 步：完成整个数据透视表的操作，输出结果见表 3.3。

表 3.3 输出结果

	男		女		求和项:月平均衣物支出/元(汇总)	求和项:平均月生活费/元(汇总)
	求和项:月平均衣物支出/元	求和项:平均月生活费/元	求和项:月平均衣物支出/元	求和项:平均月生活费/元		
大型城市	680	2600	880	3300	1560	5900
价格	230	1100	230	700	460	1800
款式	150	500	600	2100	750	2600
品牌	300	1000	50	500	350	1500
乡镇地区	420	2600	200	1200	620	3800
价格	180	1800	120	400	300	2200
品牌	240	800	80	800	320	1600
中小城市	1320	5000	795	3700	2115	8700
价格	40	400	465	2600	505	3000
款式	800	3000	330	1100	1130	4100
品牌	480	1600			480	1600
总计	2420	10200	1875	8200	4295	18400

利用数据透视表分析数据十分灵活。如果要改变分析，建立不同的数据透视表，只需将"数据透视表字段列表"对话框中的"行""列"或"数据"区域中的变量拖出，而将需要的变量拖入，即可得到所需要的数据透视表。

3.2 品质数据的整理与图示

数据经过预处理后,可进一步作分类或分组整理。不同类型的数据所采取的处理方式和所适用的处理方法是不同的。一般品质数据主要是做分类整理,数值型数据则主要是做分组整理。品质数据包括分类数据和顺序数据。

【思考与讨论】

分类数据的整理和显示适用于数值型数据吗?

3.2.1 分类数据的整理与图示

1) 分类数据的整理

分类数据本身就是对事物的一种分类,因此,在整理时除了列出所分的类别外,还要计算出每一类别的频数、频率或比例、比率,同时选择适当的图形进行显示,以便对数据及其特征有一个初步的了解。分类数据的整理通常要计算下面的一些指标。

◎定义 3.3:频数(frequency)也称次数,它是落在各类别中的数据个数。

◎定义 3.4:频率(relative frequency)也称比重,是指各类别中的数据个数或次数占全部数据总数的比例,通常用百分比表示。

◎定义 3.5:频数分布(frequency distribution)是把各个类别及其相应的频数全部列出来,并用表格形式表现出来。

◎定义 3.6:比例(proportion)是一个总体中各个部分的数量占总体数量的比重,通常用于反映总体的构成或结构。

◎定义 3.7:百分比(percentage)是将比例乘以 100% 得到的数值,也称百分数。

◎定义 3.8:比率(ration)是总体中各个不同类别的数值之间的比值。

例如,某校 2015 级会计专业学生基本情况资料经整理分类后形成的频数分布见表 3.4。

表 3.4 某校 2015 级会计专业学生基本情况统计表

分类变量	性　别		来自地区				合计
	男	女	华北	华南	华东	西部	
学生数/人	38	55	9	61	16	7	93
比例/%	40.86	59.14	9.7	65.6	17.2	7.5	100

根据表 3.4 可计算出该校 2015 级会计专业学生的男女比率为 0.69∶1。在对经济和社会问题的研究中,我们经常使用比率。例如,经济学中的积累与消费之比,国内生产总值中第一、二、三产业产值之比,等等。比率也可以是同一现象在不同时间或空间上的数量之比,如将 2000 年的国内生产总值与 1999 年的国内生产总值进行对比,可以得到经济增长率;将一个地区的国内生产总值同另一个地区的国内生产总值进行对比,反映两个地区的经济发展水平差异,等等。关于如何使用 Excel 来制作分类数据的频数分布表,可参考本章 3.5 节实验(Excel 在数据整理和图示中的应用)。下面通过一个例子来说明如何使用 Excel 来制作分类数据的频数分布表。

【例 3.2】　某乳业公司为了调查顾客对品牌牛奶的选择情况,调查员某天随机对 50 名顾客对购买牛奶的品牌做了调查。每一个顾客选择的牛奶品牌都记录下来了,原始数据的调查情况见表 3.5。

表 3.5　顾客对牛奶的选择

	A	B	C	D	E
1	伊利	光明	伊利	蒙牛	光明
2	伊利	雀巢	伊利	蒙牛	雀巢
3	蒙牛	雀巢	蒙牛	飞鹤	雀巢
4	伊利	伊利	雀巢	蒙牛	蒙牛
5	雀巢	伊利	雀巢	蒙牛	光明
6	蒙牛	飞鹤	光明	蒙牛	伊利
7	蒙牛	蒙牛	光明	伊利	伊利
8	蒙牛	蒙牛	雀巢	伊利	蒙牛
9	雀巢	飞鹤	雀巢	雀巢	飞鹤
10	光明	伊利	蒙牛	光明	光明

要用 Excel 对以上的记录情况做出一张数据频数分布表,先要对不同品牌的牛奶用数字代码来表示,然后将数字代码输入 Excel 表中。

假定对各个牛奶品牌的数字代码为

1—蒙牛;2—伊利;3—雀巢;4—光明;5—飞鹤

Excel 就会把代码视为数值型数据,为了建立频数分布表和条形图,Excel 要求将每个品牌的代码单独作为一列,再在另一列写代码上限。Excel 对代码数值小于或等于每一品牌代码的数据进行计数。这样得出来的合计数就是各个品牌的频数分布。下面是用 Excel 做频数分布表和柱形图的操作步骤。

第 1 步：在 Excel 中的某一列输入顾客对品牌的选择，假设把 50 个顾客选择的牛奶品牌输入 A2：A51；在 Excel 表中的 B2：B51 输入相对应的数字代码；接着将代码上限输入工作表中的 C4：C8，如图 3.7 所示。

图 3.7　直方图对话框

第 2 步：在菜单工具栏找到"数据分析"选项，并选择"数据分析"选项。

第 3 步：在"数据分析"对话框中，选择"直方图"命令，并选择"确定"。

第 4 步：当出现对话框时（见图 3.7）：

在"输入区域"方框内键入 B2：B51（数据区域）。

在"接收区域"方框内键入 C4：C8（代码区域）。

在"输出区域"方框内键入 D3（可根据需要确定）。

选择"累计百分率"（若不需要时，此项可不选）。

选择"图标输出"。

单击"确定"按钮。

根据上述操作过程，可整理得表 3.6 和图 3.8。

表 3.6　不同牛奶品牌的频数分布表

	A	B	C	D
1	牛奶品牌	频数	比例	百分比/(%)
2	蒙牛	15	0.3	30
3	伊利	12	0.24	24
4	雀巢	11	0.22	22
5	光明	8	0.16	16
6	飞鹤	4	0.08	8
7	合计	50	1	100

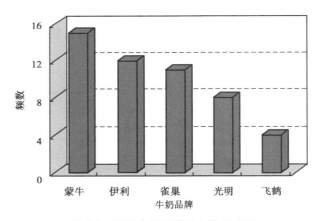

图 3.8　不同牛奶品牌的频数分布图

2) 分类数据的图示

上面介绍了如何建立频数分布表来反映分类数据的频数分布。如果用图形来显示频数分布,就会更形象和更直观。统计图的类型有很多,多数统计图除了可绘制二维平面图外,还可绘制三维立体图。图形的制作均可由计算机来完成。这里首先介绍分类数据的图示方法,其中包括条形图、柱形图、饼图等。如果有两个总体或两个样本的分类相同且问题可比时,还可绘制环形图。

(1) 条形图

条形图是把每组数据显示为一个水平条状体,其长度对应于数值,纵坐标表示分组(或分类),横坐标表示频数或频率。例如,某城市居民关注不同类型广告的人数分布如图 3.9 所示。

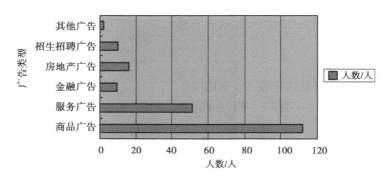

图 3.9　某城市居民关注不同类型广告的人数分布

(2) 柱形图

柱形图是把每组数据显示为一个垂直柱状体,其高度对应于数值,横坐标表示分组(或分类),纵坐标表示频数或频率。如图 3.10 中给出了不同牛奶品牌频数分布的柱形图。

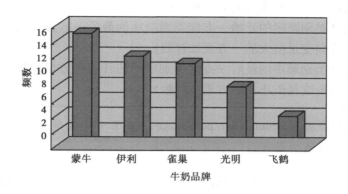

图 3.10 不同牛奶品牌的频数分布

【思考与讨论】

条形图与柱形图有何异同？

（3）饼图

饼图又称圆形图，是用圆形和圆内扇形的面积来表示数值大小的图形。它主要用于表示总体中各组成部分所占的比例，对研究结构性问题十分有用。根据表 3.6，绘制出相应的圆形图如图 3.11 所示。

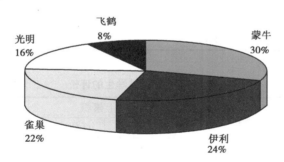

图 3.11 不同牛奶品牌的构成图

3.2.2 顺序数据的整理与图示

上面介绍的分类数据的整理，如频数、比例、百分比、比率等，也都适用于对顺序数据的整理与显示。除了可使用上面的整理技术外，对顺序数据还可计算累积频数和累积频率（百分比）。

1）顺序数据的整理

◎定义 3.9：累积频数（cumulative frequencies）就是将各类别的频数逐级累加起来得到的频数。

频数的累积方法有向上累积与向下累积两种。

①向上累积是从类别顺序的开始一方向类别顺序的最后一方累加频数(数值型数据则是从变量值小的一方向变量值大的一方累加频数)。

②向下累积是从类别顺序的最后一方向类别顺序的开始一方累加频数(数值型数据则是从变量值大的一方向变量值小的一方累加频数)。

◎定义 3.10:累积频率(cumulative percentages)或百分比就是将各类别的百分比逐级累加起来。

【例3.3】 某学校为了择优选择奖学金的获得者,一般要综合考虑申请奖学金的学生在学校的表现,老师在班上对各个候选者的情况进行了调查,问题是:你认为这位同学的综合表现如何?(1.很差;2.较差;3.一般;4.良好;5.优秀)

A班和B班对某位候选者的评价如表3.7、表3.8所示。

表 3.7 A 班对某学生的评价

评价等级	人数/人	百分比/%	向上累积		向下累积	
			人数/人	百分比/%	人数/人	百分比/%
很差	2	2.5	2	2.5	80	100
较差	10	12.5	12	15	78	97.5
一般	20	25.	32	40	68	85
良好	18	22.5	50	62.5	48	60
优秀	30	37.5	80	100	30	37.5
合计	80	100	—	—	—	—

表 3.8 B 班对某学生的评价

评价等级	人数/人	百分比/%	向上累积		向下累积	
			人数/人	百分比/%	人数/人	百分比/%
很差	4	5	4	5	80	100
较差	9	11.25	13	16.25	76	95
一般	17	21.25	30	37.5	67	83.75
良好	24	30	54	67.5	50	62.5
优秀	26	32.5	80	100	26	32.5
合计	80	100	—	—	—	—

2)顺序数据的图示

(1)累积频数分布图

根据累积频数或累积频率,可绘制累积频数分布或频率图。例如,根据表3.7的数据,绘制的累积频数分布图,如图3.12所示。

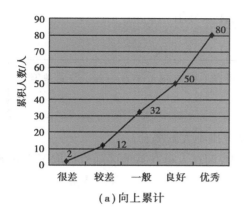

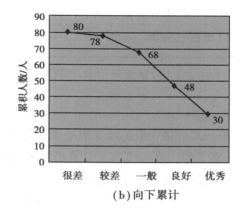

图 3.12 A 班对某学生的评价的累积频数分布图

（2）环形图（annular chart）

环形图中间有一个"空洞"，总体或样本中的每一部分数据用环中的一段表示。环形图可同时描述多个总体或个体的数据系列，每一个总体或样本的数据系列为一个环。例如，根据表 3.7 和表 3.8 的数据，绘制的两个班对某学生表现的评价的环形图，如图 3.13 所示。

在图 3.13 所示的环形图中，外面的环是 B 班对某学生表现的评价等级所占的百分比，里面的环是 A 班对某学生表现的评价等级所占的百分比。从图 3.13 中可清楚地看出，对于同样的评价等级，两个班的人数是不一样的。

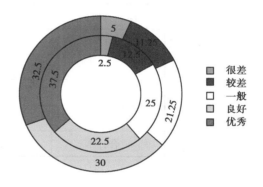

图 3.13 A 班和 B 班对某学生表现的评价

3.3 数值型数据的整理与图示

上面介绍的分类数据和顺序数据的整理方法，也都适用于对数值型数据的整理。但数值型数据在整理时还有一些特定的整理方法，它们并不适用于分类数据和顺序数据，如对数值型数据进行整理时通常是进行分组。数据分组的主要目的是观察数据分布特征。

3.3.1 数据分组

◎定义 3.11：数据分组是根据社会经济现象的特点和统计研究的目的要求，按照一定的标志把总体划分为若干不同性质的组别。

数值型数据的分组方法有两种:单项式分组和组距式分组。

1) 单项式分组

◎定义 3.12:单项式分组是把每一个具体的变量值(标志值)作为一组,形成单项式变量数列。

单项式分组一般适用于离散型变量且变量变动范围不大的场合。

【例 3.4】 在一项有关计算机使用问题的研究中,调查人员在某地区随机抽取了 200 名使用者进行调查。其中调查的一个问题是:您到目前为止,更换过多少台计算机?

A.0 　　B.1 　　C.2 　　D.3 及以上

经分组整理后,可形成一个单项式分组形式的数值型数据频数分布表,见表 3.9。

表 3.9　某 200 名计算机使用者目前已更换计算机数量频数分布表

更换计算机数量	人数/人	频率/%
0	6	3
1	82	41
2	76	38
3 及以上	36	18
合计	200	100

2) 组距式分组

◎定义 3.13:组距式分组是将全部变量依次划分为若干个数值区间,每一个数值区间作为一组,每组有多个变量值。

组距式分组一般适用于连续型变量或者变动范围较大的离散型变量。按总体内各组组距是否完全相等,组距式分组有等距分组和异距分组两种。

◎定义 3.14:组距(class width)为一个组的上限与下限的差。其中,下限(low limit)为一个组的最小值;上限(upper limit)为一个组的最大值。

(1)等距分组

◎定义 3.15:等距分组是变量值(标志值)在各组保持相等的组距,即各组的标志值变动都限于相同的范围。

凡是在标志值变动比较均匀的情况下,都可采用等距分组。等距分组便于进行统计分析,特别在绘制统计图及进行各类运算方面。

等距分组比较常用,其分组的步骤如下。

第1步:计算全距为

$$全距 R = 最大值(X_{max}) - 最小值(X_{min}) \tag{3.1}$$

或

$$全距 R \approx 最大值组的上限 - 最小值组的下限 \tag{3.2}$$

第2步:确定组数。在实际分组中,可参考美国学者 H.A.Sturges 提出的经验公式来确定组数 K,即

$$K = 1 + \frac{\lg n}{\lg 2} \tag{3.3}$$

式中,K 为组数(取整数);n 为总体单位数或数据的个数。

小贴士

　　一组数据分多少组合适呢? 一般与数据本身的特点及数据的多少有关。如组数太少,数据的分布就会过于集中,组数太多,数据的分布就会过于分散,这都不便于观察数据分布的特征和规律。

第3步:确定组距为

$$组距 d = \frac{全距 R}{组数 K} \tag{3.4}$$

小贴士

　　为便于计算,组距宜取 5 或 10 的倍数,而且第一组的下限应低于最小变量值,最后一组的上限应高于最大变量值。

第4步:确定组限。首先确定最小值组的下限,然后利用组限和组距的关系一次确定其他组限。

采用组距分组时,需要遵循"不重不漏"的原则。"不重"是指一项数据只能分在其中的某一组,不能在其他组中重复出现;"不漏"是指组别能够穷尽,即在所分的全部组别中每项数据都能分在其中的某一组,不能遗漏。

具体确定组限时,应注意以下两个细节:

①正确使用组限类型。组限有两种类型:间断式组限和连续式组限。表 3.10 用两种组

限类型方式表达了学生的成绩分组情况。

表 3.10　学生成绩分组/分

间断式组限	60~69	70~79	80~89	90~100
连续式组限	60~70	70~80	80~90	90~100

小贴士

使用连续式组限应遵循"上限不在内"原则。例如,表 3.10 中 70~80 分中 80 分不归入本组,应归入下一组 80~90 分;使用间断式组限时,应保证无数据项落在相邻两组上下限之间。例如,79 分与 80 分之间一定无数据项出现。

②若全部数据中的最大值与最小值跟其他数据相差悬殊时,可使用开口组形式。

例如,上例学生成绩分组中,第一组采用 60 分以下;最后一组采用 90 分以上。

第 5 步:编制频数分布表。

下面结合具体的例子说明分组的过程和频数分布表的编制过程。

【例 3.5】　某生产车间 50 名工人日加工零件数见表 3.11,试对数据进行组距分组。

表 3.11　某生产车间 50 名工人日加工零件数原始资料表/个

117	122	124	129	139	107	117	130	122	125
108	131	125	117	122	133	126	122	118	108
110	118	123	126	133	134	127	123	118	112
112	134	127	123	119	113	120	123	127	135
137	114	120	128	124	115	139	128	124	121

为便于分组,首先对原始数据排序。然后按等距分组步骤进行分组和编制频数分布表。

第 1 步:计算全距为

$$R = 139 - 107 \approx 140 - 105 = 35$$

第 2 步:确定组数为

$$K = 1 + \frac{\lg n}{\lg 2} = 1 + \lg 50 \div \lg 2 \approx 6.6$$

对结果用四舍五入的办法取整数即为组数,即应分为 7 组。

第 3 步:确定组距为

$$D = R/K = (139 - 107) \div 7 = 4.6$$

为便于计算,组距宜取 5 或 10 的倍数,且第一组的下限应低于最小变量值,最后一组的上限应高于最大变量值,因此组距取 5。

第 4 步:对上面的数据进行分组,可得到下面的频数分布表,见表 3.12。

表 3.12　某车间 50 名工作日加工零件数分组表

按零件数分组	频数/人	频率/%
105～110	3	6
110～115	5	10
115～120	8	16
120～125	14	28
125～130	10	20
130～135	6	12
135～140	4	8
合 计	50	100

为解决"不重"的问题,统计分组时习惯上规定"上组限不在内",例如,在表的分组中,120 这一数值不计算在"115～120"这一组内,而计算在"120～125"组中,其余类推。当然,对于离散变量,可采用相邻两组组限间断的办法解决"不重"的问题。例如,可对上面的数据做下面的分组,见表 3.13。

表 3.13　某车间 50 名工人日加工零件数分组表

按零件数分组	频数/人	频率/%
105～109	3	6
110～114	5	10
115～119	8	16
120～124	14	28
125～129	10	20
130～134	6	12
135～139	4	8
合 计	50	100

而对于连续变量,可采取相邻两组组限重叠的方法,也可对一个组的上限值采用小数点的形式。例如,对零件尺寸可分组为 10～11.99,12～13.99,14～15.99 等。

在组距分组中,如果全部数据中的最大值和最小值与其他数据相差悬殊,为避免出现空白组(即没有变量值的组)或个别极端值被漏掉,第一组和最后一组可采取"××以下"及"××以上"这样的开口组。开口组通常以相邻组的组距作为其组距。例如,在上面的 50 个数据中,假定将最小值改为 94,最大值改为 160,采用上面的分组就会出现"空白组",这时可采用

"开口组",见表 3.14。

表 3.14　某车间 50 名工人日加工零件数分组表（开口组）

按零件数分组	频数/人	频率/%
110 以下	3	6
110~115	5	10
115~120	8	16
120~125	14	28
125~130	10	20
130~135	6	12
135 以上	4	8
合计	50	100

（2）异距分组

◎定义 3.16：异距分组又称不等距分组，是指总体各单位变量值的大小呈现不均
匀变化，即组距不相等。

对于异距分组方法的运用，没有固定模式可供依循，关键在于根据现象的本质特征和统计研究的目的任务来确定分组的等距与否。例如，学生成绩如果密集于某一范围，如 60~80 分或 70~90 分，其他部分则分布十分稀少，在这种场合若仍以 10 分为组距进行等距式分组，则无法显示出分布的规律性，会使得这一密集的分数段分布的信息损失过大。因此，合理的做法是，在分布比较密集的区间内使用较短的组距，在分布比较稀少的其余部分使用较长的组距，形成各组的组距不相等的异距分组。

统计分组的最大特点是能显示总体的分布特征，但由于分组每组的具体变量值抽象化了，为了使抽象化的数值具体化，统计上以每组的平均值代表该组所有单位变量值的集中趋势，这个指标称为组中值。其计算方法通常为

$$组中值 = \frac{上限 + 下限}{2} \tag{3.5}$$

假如为开口组，可借助相邻组的组距来计算。其计算公式为

$$缺上限的组中值 = 下限 + \frac{相邻组的组距}{2} \tag{3.6}$$

$$缺下限的组中值 = 上限 - \frac{相邻组的组距}{2} \tag{3.7}$$

3.3.2　数值型数据的图示

上面介绍的条形图、圆形图、环形图及累计分布图等都适用于显示数值型数据。此外，对数值型数据还有下面的一些图示方法，这些方法并不适用于分类数据和顺序数据。

1) 分组数据:直方图

上面介绍的条形图、圆形图等都适用于显示数值型数据。此外,对数值型数据还可以绘制直方图来显示数据的分布状况。直方图是用矩形的宽度和高度来表示频数分布的图形。在平面直角坐标中,可用横轴表示数据分组,纵轴表示频数或频率。这样,各组与相应的频数就形成了一个矩形,即直方图。例如,根据表 3.12 中的频数分布绘成的直方图如图 3.14所示。

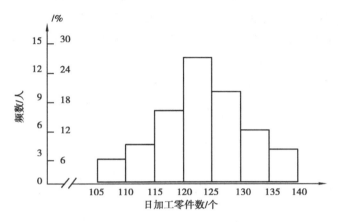

图 3.14 某车间工人加工零件数的直方图

从直方图可直观地看出工人日加工零件数及其人数的分布状况。例如,从图 3.14 可以看出,该车间工人日加工零件数大多数在 120~125,共 14 人,低于这一水平的共有 16 人,高于这一水平的共有 20 人,可见这是一种非对称分布。

小贴士

数据分组,必须遵循以下穷尽原则和互斥原则:

1.穷尽原则:就是使总体中的每一个单位都应有组可归,或者说各分组的空间足以容纳总体所有的单位。

2.互斥原则:就是在特定的分组标志下,总体中的任何一个单位只能归属于某一组,而不能同时或可能归属于几个组。

2) 未分组数据:茎叶图和箱线图

直方图主要用于展示分组数据的分布,对于未分组的原始数据则可用茎叶图和箱线图来观察分布。

(1)茎叶图

◎定义 3.17:茎叶图(stem-and-leaf display)又称"枝叶图",由"茎"和"叶"两部分组成的、反映原始数据分布的图形。

茎叶图中的"茎"和"叶"均是由数字组成的。绘制茎叶图的关键是设计好树茎,通常是以该组数据的高位数值作为树茎,该数值的最后一位数字为树叶。通过茎叶图,可以看出数据的分布形状及数据的离散状况,如分布是否对称,数据是否集中,是否有极端值,等等。

用茎叶图表示数据有两个优点:一是从统计图上没有原始数据信息的损失,所有数据信息都可以从茎叶图中得到;二是茎叶图中的数据可以随时记录,随时添加,方便记录与表示。

【例3.6】 现根据26个数据:41,52,6,19,92,1,57,5,22,15,31,55,6,91,65,91,75,69,94,85,89,79,46,24,71,16,绘制茎叶图。绘制的茎叶图如图3.15所示。

	A	B	C
1	树茎	树叶	数据个数
2	0	1569	4
3	1	569	3
4	2	24	2
5	3	1	1
6	4	16	2
7	5	257	3
8	6	159	3
9	7	159	3
10	8	59	2
11	9	124	3

图 3.15 数据茎叶图

例如,第二行的数字如下:1 569则代表数据集中有15,16,19这3个数字。

(2)箱线图

由一组数据的最大值、最小值、中位数和两个四分位数5个特征值绘制而成的,反映原始数据分布的图形,称为箱线图(box plot),如图3.16所示。通过箱线图,不仅可反映出一组数据分布的特征,还可进行多组数据分布特征的比较。

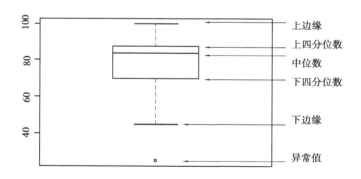

图 3.16 标准箱线图

【例3.7】 从某工厂随机抽取11名学徒,对他们进行连续8天的测评,见表3.15。请绘制由11名学徒连续8天的测评成绩构成的箱线图。

表 3.15 11 名学徒 8 天测试成绩数据及 5 个特征值表

	A	B	C	D	E	F	G	H	I
2		第一天	第二天	第三天	第四天	第五天	第六天	第七天	第八天
3	张山	76	65	93	74	68	70	55	85
4	李明	90	95	81	87	75	73	91	78
5	王海	97	91	76	85	70	92	68	81
6	刘永	71	74	88	69	84	65	73	95
7	苏志	70	78	66	90	73	78	84	70
8	戴慧	93	63	79	80	60	87	81	67
9	王美	86	91	83	77	76	90	70	82
10	郝伟	83	82	92	84	81	70	69	72
11	武书	78	75	78	91	88	66	94	80
12	高强	85	71	86	74	68	79	62	81
13	魏伟	81	55	78	70	75	68	71	77
15		第一天	第二天	第三天	第四天	第五天	第六天	第七天	第八天
16	下四分位	77	64	78	74	69	69	68.5	74.5
17	最小值	70	51	66	69	60	65	55	67
18	中位数	83	74	81	80	75	73	71	80
19	最大值	97	95	93	91	88	92	94	95
20	上四分位	88	80	87	86	79	83	83	82

解 首先计算出 11 名学徒每天测评成绩的最大值、最小值、中位数和两个四分位数,然后根据计算结果绘制箱线图,如图 3.17 所示。

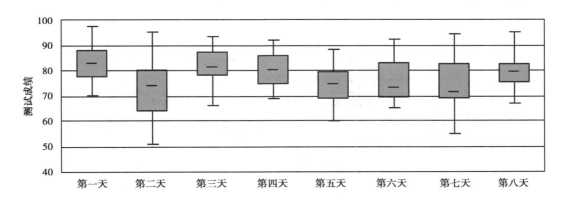

图 3.17 11 名学徒 8 天测试成绩的箱线图

由图 3.17 可看出,在 8 天的综合测评中,平均成绩最高的是第一天和第三天(中位数较高),较低的是第六天和第七天;从测评的离散程度来看第三天和第八天的成绩比较集中(箱子较短),而第二天和第七天的成绩比较分散(箱子较长)。

3) 时间序列数据:线图

如果数值型数据是在不同时间上取得的,即时间序列数据,则可绘制线图。线图是在平面坐标上用折线表现数量变化特征和规律的统计图。例如,1991—1998 年我国城乡居民家庭的人均收入情况如表 3.16 和图 3.18 所示。

表 3.16　2001—2011 年我国城乡居民家庭的人均收入情况表

时间/年份	城镇居民家庭人均可支配收入/元	农村居民家庭人均纯收入/元
2001	6 859.6	2 366.4
2002	7 702.8	2 475.6
2003	8 472.2	2 622.2
2004	9 421.6	2 936.4
2005	10 493.0	3 254.9
2006	11 759.5	3 587.0
2007	13 785.8	4 140.4
2008	15 780.8	4 760.6
2009	17 174.7	5 153.2
2010	19 109.4	5 919.0
2011	21 809.8	6 977.3

资料来源:中华人民共和国国家统计局官方网站:http://www.stats.gov.cn/。

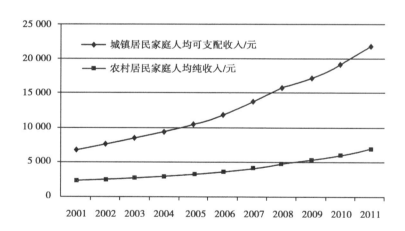

图 3.18　2001—2011 年我国城乡居民家庭人均收入线图

从图 3.18 可以清楚地看出,城乡居民的家庭人均收入逐年提高,而且城镇居民的家庭人均收入高于农村,2008 年以后这种差距有扩大的趋势。

绘制线图时应注意以下 3 点:

①时间一般绘在横轴,指标数据绘在纵轴。

②图形的长宽比例要适当,一般为横轴略大于纵轴的长方形,其长宽比例大致为 10∶7,图形过扁或过于瘦高,不仅不美观,而且会给人造成视觉上的错觉,不便于对数据变化的

理解。

③一般情况下,纵轴数据下端应从 0 开始,以便于比较。数据与 0 之间的间距过大,可采取折断的"∥"符号将纵轴折断。

4)多变量数据的图示:散点图、气泡图和雷达图

前面介绍的图形描述的基本都是单变量数据。但如果有两个或两个以上变量时,利用一般的点图方法很难反映变量之间的关系。因此,人们研究了多变量的图示方法,其中有二维散点图、三维散点图、气泡图、雷达图、脸谱图、星座图、连接向量图等。在此主要介绍二维散点图、三维散点图、气泡图及雷达图的绘制方法。

(1)二维散点图

> ◎定义 3.18:二维散点图是用二维坐标展示两个变量之间关系的一种图形。它用横轴代表变量 x,纵轴代表变量 y,每组数据 (x_i, y_i) 在坐标系中用一个点表示,n 组数据在坐标系中形成的个点称为散点。

若用折现将每组数据点连接起来,则其称为折线散点图;若用平滑线将每组数据点连接起来,则其称为平滑线散点图。折线散点图和平滑线散点图用于显示时间序列数据和变量关系的二维数据时与折线图和曲线图的作用完全相同。

【例 3.8】 x 与 y 有一定关系。为了了解它们之间的关系形态,收集到如图 3.19 所示的数据。试绘制 x 与 y 的散点图。

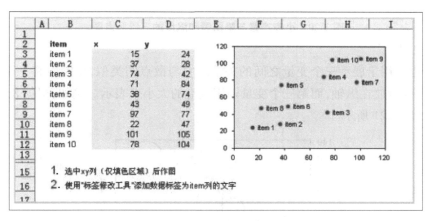

图 3.19 x 与 y 的散点图

(2)三维散点图

当考察 3 个变量之间的关系时,二维散点图不再使用,这时可绘制三维散点图和气泡图来展示 3 个变量之间的关系。例如,根据表 3.17 的数据,可绘制出小麦产量、降雨量和温度的三维散点图,如图 3.20 所示。

表 3.17　小麦产量、降雨量与温度数据的关系表

温度/℃	降雨量/mm	产量/($kg \cdot hm^{-2}$)
6	25	2 250
8	40	3 450
10	58	4 500
13	68	5 750
14	110	5 800
16	98	7 500
21	120	8 250

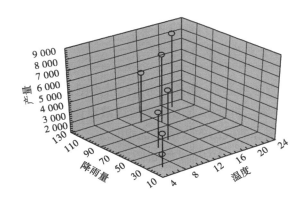

图 3.20　小麦产量与降雨量和温度的三维散点图

（3）气泡图

气泡图也可用于展示三个变量之间的关系。它与散点图类似，绘制时将一个变量放在横轴，另一个变量放在纵轴，而第三个变量则用气泡的大小来表示。例如，根据表 3.17，绘制的气泡图，如图 3.21 所示。

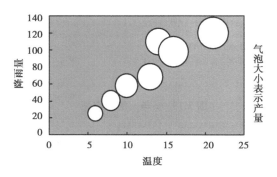

图 3.21　小麦产量与降雨量和温度的气泡图

从图 3.21 可以看出，随着气温的增高，降雨量也在增加；随着气温和降雨量的增加，小麦的产量也在提高（气泡在变大）。

（4）雷达图

雷达图是显示多个变量的常用图示方法，也称为蜘蛛图。设有 n 组样本 $S_1, S_2, \cdots, S_n$，每个样本测得 P 个变量 $X_1, X_2, \cdots, X_P$，要绘制这 P 个变量的雷达图。其具体做法是：

①先做一个圆，然后将圆 P 等分，得到 P 个点，令这 P 个点分别对应 P 个变量，在将这 P 个点与圆心连线，得到 P 个辐射状的半径，这 P 个半径分别作为 P 个变量的坐标轴，每个变量值的大小由半径上的点到圆心的距离表示。

②将同一样本的值在 P 个坐标上的点连线。这样，n 个样本形成的 n 个多边形就是一个雷达图。

【例 3.9】 2015 年某地城乡居民平均每人各项生活消费支出数据见表 3.18。试绘制雷达图。

表 3.18　2015 年某地城乡居民家庭平均每人生活消费支出/元

类别	城镇居民	农村居民
食品	1 958.31	820.52
衣着	500.46	95.95
设备用品及服务	439.29	75.45
医疗保健	318.07	87.57
交通和通信	395.01	93.13
娱乐文教服务	627.82	186.72
居住	500.49	258.34
杂项商品与服务	258.54	52.46
合计	4 997.99	1 670.14

根据以上数据绘制的雷达图如图 3.22 所示。从图 3.22 中可以很清楚地看到，城乡居民家庭的消费具有很大的相似性，即食品支出比重最大，杂项商品及服务最小，而且城市的消费水平普遍高于农村。

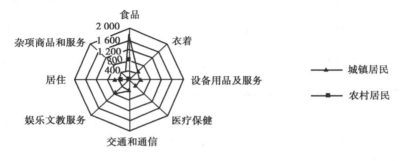

图 3.22　2015 年某地城乡居民家庭平均每人生活消费支出雷达图

3.4 统计表设计

3.4.1 统计表的结构

统计表是用于显示统计数据最基本的工具。在数据的搜集、整理、描述和分析过程中，我们都要使用统计表。许多杂乱的数据，既不便于阅读，也不便于理解和分析，一旦整理在一张统计表内，就会使这些数据变得一目了然，清晰易懂。充分利用和绘制好统计表是做好统计分析的基本要求。

统计表一般由4个主要部分组成，即表头、行标题、列标题和数字资料。必要时，可在统计表的下方加上表外附加，见表3.21。表头即统计表的名称，应放在表的上方，它所说明的是统计表的主要内容，如表号、总标题、计量单位等。行标题和列标题通常安排在统计表的第一列和第一行，它所表示的主要是所研究问题的类别名称和指标名称，通常也被称为"类别"。如果是时间序列数据，行标题和列标题也可以是时间，当数据较多时，通常将时间放在行标题的位置。表的其余部分是具体的数字资料。表外附加通常放在统计表的下方，主要包括资料来源、指标的注释和必要的说明内容。

统计表的形式多种多样，根据使用者的要求和统计数据本身的特点，可绘制形式多样的统计表。表3.19就是一种比较常见的统计表。

表3.19 2010—2011年某地区城镇居民家庭抽样调查资料表 ———— 表头

项　目	单　位	2010年	2011年
调查户数	户	3 150	3 150
平均每户家庭人口	人	3.21	3.2
平均每户就业人口	人	1.7	1.71
人均家庭总收入	元	26 896.86	30 218.76
人均消费性支出	元	18 489.53	20 251.82
住房总建筑面积	m²/人	34.13	34.4

资料来源:广东统计年鉴2012http://www.gdstats.gov.cn/tjnj/2012/table/10/10-02.htm。

由于使用者的目的以及统计数据的特点不同，统计表的设计在形式和结构上会有较大差异，但其设计上的基本要求则是一致的。总体上看，统计表的设计要求是"简练、明确、实用、美观，便于比较"。

3.4.2　统计表表式设计应注意的事项

①统计表应设计成由纵横交叉线条组成的长方形表格,长与宽之间保持适当的比例。

②线条的绘制。表的上下两端应以粗线绘制,表内纵横线以细线绘制,表格的左右两端一般不画线,采用"开口式"。

③合计栏的设置。统计表各纵列须合计时,一般应将合计列在最后一行,各横行若须合计时,可将合计列在最前一栏或最后一栏。

④栏数的编号。如果栏数较多,应当按顺序编号,习惯上主词栏部分分别编以"甲、乙、丙、丁……"序号,宾词栏编以(1)、(2)、(3)……序号。

3.4.3　统计表内容设计应注意的事项

1)表头(总标题)的设计

无论是总标题,还是横栏、纵栏标题都应简明扼要,简练而又准确得表述出统计资料的内容及所属的时间和空间范围,即标题内容应满足 3W 要求:统计数据的时间(When)、地点(Where)以及何种数据(What)。

2)指标数值

表中数字应填写整齐,对准位数。当数字本身为 0 或因数字太小而忽略不计时,可填写为"0";当缺某项数字资料时,可用符号"…"表示;不应有数字时用符号"—"表示,如品质标志值的合计项目。

3)计量单位

统计表必须注明数字资料的计量单位。当全表只有一种计量单位时,可以把它写在表头的右上方。如果表中各栏的指标数值计量单位不同,可在横行标题后添一列计量单位。

4)表外附加的设置

即注解与资料来源,为保证统计资料的科学性与严肃性,在统计表下,应注明资料来源,以对他人劳动成果的尊重,也备读者查阅使用。必要时,在统计表下加注说明。

3.5　Excel 在数据整理和图示中的应用

实验　用 Excel 进行数据的整理与图表显示

1)实验目的

①掌握利用 Excel 的"排序"命令对数据进行预处理的方法。

②掌握利用 Excel 的"自动筛选"和"高级筛选"命令对数据进行预处理。

③掌握利用 Excel 的"FREQUENCY"工具进行数据分组整理的方法。

④掌握利用 Excel 中"图表向导"和"直方图"工具制作频数和频率组合图(直方图与折线图的组合)的方法。

2)实验资料与要求

(1)资料

某企业 50 名销售人员的月销量见表 3.20。

表 3.20　某企业 50 名销售人员的月销量

A	B	C	D	E	F	G	H	I	J	K
146	176	198	227	298	137	173	194	222	267	
140	175	196	224	282	129	164	188	211	255	
135	171	191	219	260	126	162	186	209	252	
122	160	184	204	243	117	159	183	203	237	
100	153	181	201	229	112	157	181	203	232	

(2)要求

①用 Excel 对原始数据按照从小到大进行排序。

②用 Excel 从原始数据中筛选出月销量低于 150 台的数据。

③用 Excel 以组距为 30 台进行等距分组,并整理成频数分布表。

④用 Excel 绘制出频数和频率的组合图(直方图和折线图的组合)。

⑤用 Excel 分别绘制气泡图/雷达图/箱线图。

3)实验步骤与结果

(1)输入数据

在 A1 中输入标题"原始数据",然后把 50 名销售人员的月销量资料输入工作表 A2:A51 单元格中。

(2)用 Excel 进行数据排序

第 1 步:在 B1 中输入标题"排序结果";输入排序数据。将原始数据复制到 B2:B51。

第 2 步:选择待排序的数据区域:B2:B51。

第 3 步:执行排序命令。选择"数据"菜单中的"排序"命令,在弹出的"排序"对话框中进行设置,如图 3.23 所示。

第 4 步:显示排序结果。单击"确定"按钮后,即可得到排序结果,如图 3.23 所示的 B 列。

(3)用 Excel 进行数据筛选

第 1 步:输入筛选条件。在 C1 中输入标题"筛选条件",在 C2 中输入"原始数据",在 C3 中输入"<150"。

第 2 步:执行高级筛选命令。选择"数据"菜单中的"筛选"命令的"高级筛选"子命令,在弹出的"高级筛选"对话框中进行设置,如图 3.24 所示。

图 3.23 排序对话框

图 3.24 高级筛选对话框

第 3 步：显示筛选结果。单击"确定"按钮，即可得到筛选结果，见表 3.21。

表 3.21 排序和筛选结果

	A	B	C	D	E
1	原始数据	排序结果	筛选条件	筛选结果	
2	146	100	原始数据	原始数据	
3	140	112	<150	146	
4	135	117		140	
5	122	122		135	
6	100	126		122	
7	176	129		100	
8	175	135		137	
9	171	137		129	
10	160	140		126	
11	153	146		117	
12	198	153		112	
13	196	157			
14	191	159			
15	184	160			
16	181	162			
17	227	164			

（4）用 Excel 进行统计分组

有两种方法：一是利用"FREQUENCY"函数；二是利用"直方图"工具。

①利用"FREQUENCY"函数进行统计分组的操作方法

第1步：输入分组条件。在E1中输入列标题"分组"，在E2：E8中输入分组区间；在F1中输入列标题"组上限"，在F2：F8中输入各组上限。

第2步：调用"FREQUENCY"函数。选定G2：G8单元格，插入FREQUENCY函数，输入所需参数，如图3.25所示。

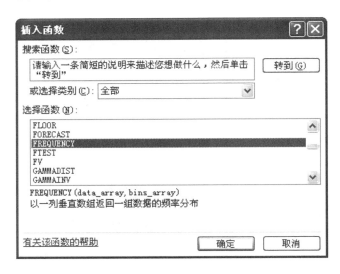

图3.25 插入FREQUENCY函数对话框

第3步：显示分组结果。按"Ctrl+Shift+Enter"组合键，结果如图3.26所示。

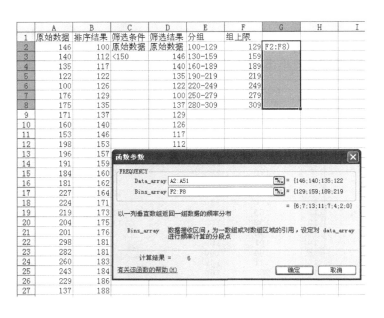

图3.26 FREQUENCY函数对话框

②利用"直方图"工具进行统计分组的操作方法

第1步:调用直方图工具。在工具菜单中单击"数据分析"选项,从其对话框的分析工具列表中选择"直方图",在弹出的"直方图"对话框中进行设置,如图3.27所示。

图3.27 插入直方图对话框

第2步:显示分组结果。单击"确定"按钮,即可得输出结果。过程如图3.28所示,输出结果如图3.29所示。

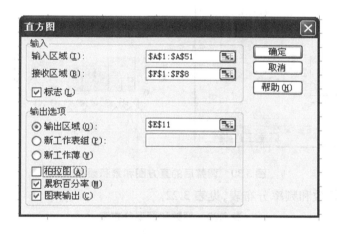

图3.28 直方图对话框

应当注意,图3.29实际上是一个柱形图,而不是直方图,若要把它变成直方图,可按以下操作:

a.用鼠标双击任一条柱子,打开"数据系列格式"对话框。

b.在对话框中选择选项标签,把分类间距改为0。

c.按确定后即可得到直方图,如图3.30所示。

(5)用Excel作频数和频率的组合图

用Excel绘制频数和频率的组合图右两种方式:一是利用"图表向导";二是利用"直方图"工具。

利用"直方图"工具绘制频数和累积频率组合图的方法在前面已介绍,下面介绍利用"图表向导"绘制频数和频率组合图(直方图和折线图的组合)的方法。

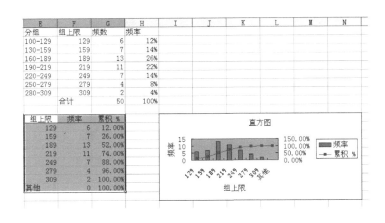

图 3.29　分组结果和直方图及累积频率

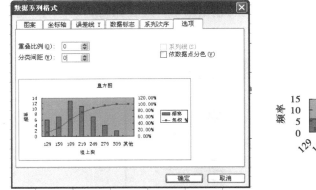 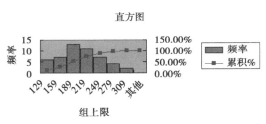

图 3.30　调整后的直方图和累积频率

第 1 步:列出频数和频率分布表,见表 3.22。

表 3.22　频数和频率分布表

E 分组	F 组上限	G 频数	H 频率
100—129	129	6	12%
130—159	159	7	14%
160—189	189	13	26%
190—219	219	11	22%
220—249	249	7	14%
250—279	279	4	8%
280—309	309	2	4%
	合计	50	100%

第 2 步:生成频数和频率柱形图。

①选择"插入"菜单栏中的"图表"命令,或单击"常用工具栏"中的"图表向导"按钮,弹出"图表类型"对话框,选择柱形图。过程如图 3.31 所示。

图 3.31　选择图标类型对话框

②单击"下一步"按钮,打开源数据对话框,在数据区域选项卡中输入数据区域:G2:H8,在系列选项卡中输入分类(X)轴标志:E2:E8;又单击"下一步"按钮,填写"图表选项",再单击"下一步"按钮,指定"图表位置";最后,单击"完成"按钮,即可得到频数和频率柱形图,如图 3.32 所示。

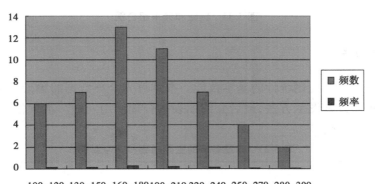

图 3.32　频数和频率的柱形图

第 3 步:改变频率系列的图表类型并为其添加次坐标轴。首先,选择频率系列,打开"图表类型"对话框,将频率系列改变成折线图;然后打开"数据系列格式"对话框,切换到坐标轴选项卡,选择次坐标轴;最后,单击"确定"按钮,结果如图 3.33 所示。

第 4 步:将频数系列的柱形图变成直方图。选择频数系列,打开"数据系列格式"对话框,切换到选项卡,将分类间距设置为 0,即可得到频数和频率得组合图。

第 5 步:加工修饰图表。设置标题/坐标轴格式等,最终结果如图 3.34 所示。

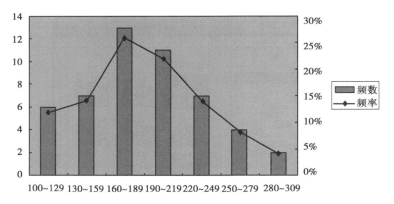

图 3.33 频数和频率的柱形-折线图

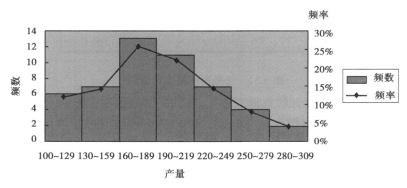

图 3.34 频数和频率组合图

【学习指导与小结】

数据的图表展示是应用统计的基本技能。本章首先介绍数据的预处理方法,然后介绍不同类型数据的整理与图示方法,最后介绍图表的合理使用问题。本章各节的主要内容和学习要点如表 3.23 所示。

表 3.23 本章各节的主要内容和学习要点

章节	主要内容	学习要点
3.1 统计数据的预处理	统计数据的审核	数据审核的目的 原始数据和二手数据的审核内容
	统计数据的筛选	数据筛选的目的 用 Excel 进行数据筛选
	统计数据的排序	数据排序的目的 分类数据和数值型数据的排序方法
	数据透视表	数据透视表的用途 用 Excel 进行数据透视

续表

章节	主要内容	学习要点
3.2　品质数据的整理与图示	分类数据的整理与图示	**概念**:频数,频数分布,比例,百分比,比率 用 Excel 制作分类数据的频数分布表 分类数据的图示:条形图,帕累托图,对比条形图,饼图
	顺序数据的整理与图示	**概念**:累积频数,累积频率 累积频数分布图
3.3　数值型数据的整理与图示	**数据分组**	**概念**:数据分组,单变量值分组,组距分组,等距分组,不等距分组,组距,组中值 **频数分布表的制作步骤** 用 Excel 制作频数分布表
	数值型数据的图示	直方图、茎叶图、箱线图的绘制 直方图与条形图的区别 茎叶图与直方图的区别 线图、散点图、气泡图、雷达图的绘制
3.4　统计表设计	统计表的结构	
	统计表表式设计应注意的事项	
	统计表内容设计应注意的事项	
3.5　Excel 在数据整理和图示中的应用	用 Excel 进行数据的整理与图表显示	

注:"加粗"部分为重点学习要点,应当重点学习并掌握。

【常用术语】

频数　频数分布　比例　比率　累积频数　数据分组　组距分组　组距　组中值　直方图　茎叶图　箱线图

【上机操作】

肥皂公司间的竞争①

自 1879 年宝洁公司推出象牙牌香皂以来,它一直是美国首屈一指的香皂制造商。但是,在 1991 年末,它的竞争者联合利华取代了宝洁行业老大的位置,抢占了 16 亿个人香皂市场 31.5% 的市场份额,而宝洁公司的市场份额为 30.5%。自从联合利华在 1895 年推出

---

① 肯·布莱克,等.以 Excel 为决策工具的商务与经济统计[M].张久琴,等,译.北京:机械工业出版社,2003:36.

Lifebuoy 香皂进入香皂市场以来,它一直在关注宝洁的动向。在 1999 年,联合利华推出它的新产品 Lever2000 适合整个家庭使用。由于香皂市场被细分为儿童用香皂、男士香皂及女士香皂,这就为该产品的推出创造了条件。联合利华认为开发家庭中每一个成员都能使用的香皂会有市场。消费者对此反应也非常强烈。在 1991 年,Lever2000 的销售额就达到了 1.13 亿美元,在个人香皂的销售战中,联合利华第一次走在了宝洁的前面。虽然宝洁公司香皂的销售数量还是位居第一,但是联合利华的产品定价更高,因此它的总销售额最大。

不用说,宝洁公司很快就对 Lever2000 的成功作出了反应。宝洁公司选择了几个的战略,包括为被视为男用香皂的舒肤佳重新定位。

最终,宝洁公司面对挑战,推出了玉兰油滋润沐浴香皂。在该产品推向全国销售的第一年,用于媒体宣传的资金为 2 400 万美元。新的沐浴香皂极其成功,帮助宝洁公司重新夺回了失去的市价份额。

1999 年美国前 10 大日用香皂的销售额见表 3.24。这些香皂都是由 4 大厂商所生产的:联合利华、宝洁、Dial 及高露洁-棕榄。

表 3.24　4 大厂商香皂销售额分布表

香　皂	制造商	销售额/百万美元
多芬	联合利华	271
Dial	Dial	193
Lever2000	联合利华	138
爱尔兰春天	高露洁-棕榄	121
激爽	宝洁	115
象牙	宝洁	94
Caress	联合利华	93
玉兰油	宝洁	69
舒肤佳	宝洁	48
Coast	宝洁	44

1983 年,香皂市场份额分布为:宝洁占 37.1%,联合利华占 24%,Dial 占 15%,高露洁-棕榄占 6.5%,其他厂商占 17.4%。到了 1991 年,香皂市场份额分布为:联合利华占 31.5%,宝洁占 30%,Dial 占 19%,高露洁-棕榄占 8%,其他厂商占 11%。

【讨论】

①假设你正在为宝洁公司出一份宝洁公司及其他公司 1983 年、1991 年和 1999 年的市场份额报告。利用 Excel 绘出每一年的个人香皂市场的市场份额图。假设 1999 年所有其他厂商的销售额为 1.19 亿美元,研究图形中关于不同公司的市场份额,你能观察到什么? 特别是与以前年度相比,宝洁公司的表现如何?

②假设宝洁公司每周大约卖出 2 000 万块香皂,但需求并不稳定,该公司的生产经理想

更好地掌握该年度香皂销售的分布情况。假设下面给出的以百万块为单位的销售数字为该年中香皂每周的销售数量。用柱形图表示这些数据,从图中你能得到什么有助于生产(及销售)人员的信息?

17.1	19.6	15.4	17.4	15.0	18.5	20.6	18.4	20.0	20.9
19.3	18.2	14.7	17.1	12.2	19.9	18.7	20.4	20.3	15.5
16.8	19.1	20.4	15.4	20.3	17.5	17.0	18.3	13.6	39.8
20.7	21.3	22.5	21.4	23.4	23.1	22.8	21.4	21.0	25.2
26.3	23.9	30.6	25.2	26.2	26.9	32.8	26.3	26.6	24.3
26.2	23.8								

【思考与练习】

一、思考题

1.数据的预处理包括哪些内容?

2.数值型数据分组整理的方法有哪些?简述组距分组的步骤。

3.常用的统计图有哪些?应该如何使用?

4.简述统计表的结构和设计统计表应该注意的问题。

二、练习题

1.某行业管理局所属 40 个企业 2010 年的产品销售收入数据(单位:万元)如下:

152	124	129	116	100	103	92	95	127	104
105	119	114	115	87	103	118	142	135	125
117	108	105	110	107	137	120	136	117	108
97	88	123	115	119	138	112	146	113	126

要求:对上面的数据进行适当分组,编制次数分布表,并计算出累计频数和累计频率。

按规定,销售收入在 125 万元以上为先进企业,115 万~125 万元为良好企业,105 万~115 万元为一般企业,105 万元以下为落后企业,按先进企业/良好企业/一般企业/落后企业进行分组。

2.2001—2011 年我国的国内生产总值数据见表 3.25。

表 3.25　2001—2011 年我国的国内生产总值数据

时间/年份	国内生产总值/亿元
2001	109 655.170 6
2002	120 332.689 3
2003	135 822.756 1
2004	159 878.337 9
2005	184 937.369 0
2006	216 314.425 9

续表

时间/年份	国内生产总值/亿元
2007	265 810.305 8
2008	314 045.427 1
2009	340 902.812 6
2010	401 512.795 2
2011	472 881.557 8

资料来源:中华人民共和国国家统计局官方网站:http://www.stats.gov.cn/。

其中,在 2011 年的国内生产总值中,第一产业为 47 486.21 亿元,第二产业为 220 412.8 亿元,第三产业为 204 982.5 亿元。

要求:(1)根据 2001—2011 年的国内生产总值数据,绘制线图。

(2)根据 2011 年的国内生产总值及构成数据,绘制饼图。

3.已知某班级 50 名学生的《统计学》考试成绩资料如下:

50　70　80　69　79　99　51　71　81　68　78

99　54　72　83　67　77　97　55　72　84　58

73　85　66　76　95　65　75　91　59　74　86

61　74　86　61　74　86　61　74　86　64　75

90　63　75　88　62　74

要求:

(1)试根据上述资料进行数据分组并编制频数分布表。

(2)在频数分布表中计算出向上和向下累积频数。

(3)根据所编制的频数分布表编制茎叶图和直方图,根据直方图说明学生考试成绩分布属于哪一种类型。

第4章 数据分布特征的测度

> 缺乏数字处理技巧和文盲一样,将会被当今这个数字化社会所抛弃。透过复杂琐碎的数字,抓住问题本质的数字处理技巧,将鼎力助您作出英明决策。[①]

【学习目标】

本章的主要学习目标是向读者介绍数据分布特征及测度方法。目的是让读者了解各种数据分布特征测度的意义,理解数据分布的各测度值的特点及应用场合;熟练掌握各测度值的计算方法;理解偏态与峰态的测度方法;能够利用 Excel 计算各描述统计量,并对 Excel 的输出结果进行解释和分析;能够应用各种描述指标,对实际问题进行有效的分析并为推断统计学方法的学习打好基础。

【知识点浏览】

1. 统计数据集中趋势的含义、计算方法及分析应用。
2. 统计数据离中趋势的含义、计算方法及分析应用。
3. 统计数据分布偏度和峰度的含义及计算方法与应用。

【开篇案例】

华盛顿大学医疗中心的彭斯医院济病计划[②]

位于华盛顿大学医疗中心的彭斯医院(Bames Hospital)建于 1914 年,它主要给圣路易斯及其邻近地区的人们提供健康保健服务。该医院被公认为是美国最好的医院之一。彭斯医院的济病计划大大提高了病人和家属的生活质量。济病队由下列人员组成:医务主任、协调

---

① 《剑桥当代商务决策分析》系列丛书之一《定量决策分析》扉页。

② 大卫·R.安德森,等.商务与经济统计学精要[M].陆成来,等,译.大连:东北财经大学出版社,汤姆森国际出版集团,2000:67.

者、注册护理人员、家庭和住院病人注册护士、家庭健康护理员、社会工作人员、牧师、营养学家、训练有素的志愿者以及其他辅助服务的专业人员。济病队的协作和努力,病人及其家属得到了战胜疾病、孤独和死亡的压力所必需的指导和支持。

在济病计划的协调和执行过程中,月报和季度汇总报表帮助济病人员监察不断发展中的服务水平,统计数据是检查计划贯彻政策的基础。

例如,该院收集的有关病人接受济病计划服务时间长短的数据。367 个病人的样本记录显示病人接受服务的时间在 1~185 天。频数分布对于概括和交流服务时间数据是很有帮助的。另外,下面的数量描述统计方法也提供了关于病人接受济病计划服务时间的有价值的信息:

平均数:35.7 天,中位数:17 天,众数:1 天。

这些统计指标的解释是:病人接受济病计划服务的平均数或均值时间是 35.7 天,即 1 个多月时间。中位数显示:一半病人接受济病计划服务的时间为 17 天或更短的时间。众数 1 天是发生频率最高的数据值,它表明大多数病人接受济病计划服务的时间都很短。

其他关于济病计划的统计概括指标包括允许接受服务的病人数、病人在家的天数与住院时间、出院病人数、病人在家和在医院的死亡数目。这些概括指标需根据病人和医疗范围进行分析。总之,描述方法提供了关于济病计划服务方面有价值的信息。

彭斯医院的济病协调员,波拉·H.吉安尼诺女士(Paula·H.Giannino)给我们提供了这个统计应用案例。

【思考与讨论】

1.华盛顿大学医疗中心的彭斯医院济病计划属于何种服务? 应用了哪些统计方法?

2.这些方法对华盛顿大学医疗中心的彭斯医院提供了哪些有价值的信息?

3.如果你是一名志愿者,你认为该计划还可应用哪些统计方法?

统计数据经过整理和显示后,我们对数据分布的类型和特点就有了一个大致的了解,但这种了解只是表面上的,还缺少代表性的数量特征值来准确地描述出统计数据的分布。对统计数据分布的特征,可从 3 个方面进行测度和描述:一是分布的集中趋势;二是分布的离散程度;三是分布的偏态和峰度。这 3 个方面分别反映了数据分布的测度特征。

4.1　集中趋势的测度

集中趋势的描述是统计数据描述的重要内容。测度集中趋势也就是寻找数据一般水平的代表值或中心值。以武汉市每家每户的居民生活用电量为例,大多数居民家庭的用电量在平均每户用电量水平的附近变化。于是,平均每户用电量即可作为武汉地区居民用电量的代表值,反映该地区居民用电量的情况。

◎定义 4.1：集中趋势（central tendency）是指一组数据向某一中心值靠拢的倾向，它反映了数据聚集的中心所在。

在本节中，我们将从统计数据的不同类型出发，介绍集中趋势的测度指标：众数、中位数和平均数。

4.1.1　品质数据

1）分类数据：众数

◎定义 4.2：众数（mode）是指一组数据出现次数最多的变量值，通常用 M_o 表示。

众数主要用于测度分类数据的集中趋势，同时也适用于顺序数据以及数值型数据集中趋势的测度值。需注意的是，只有当数据较多，具有明显的集中趋势时，计算众数才有意义，才可利用它来作为某种决策的参考依据。例如，纺织企业职工"性别"中"女性"人数最多，则"女性"为众数。又如，鞋厂在制订各种尺码鞋子的生产计划时，市场上销量最大的型号是众数，也是生产厂家或经销商应该重点生产和销售的型号。

【思考与讨论】

第 3 章例 3.1 中提供"性别"和"家庭所在地区"有无"众数"？

【例 4.1】　某城市随机对 200 位居民关注广告类型的情况进行了调查，并将每位居民选择的广告类型都记录下来了，请根据表 4.1 中不同广告类型的频数分布，计算众数。

表 4.1　不同广告类型的频数分布表

广告类型	频数
商品广告	112
服务广告	51
金融广告	9
房地产广告	16
招生招聘广告	10
其他广告	2
合计	200

从表 4.1 可以看出，在所调查的 200 人当中，关注商品广告的人数最多，为 112 人，占总被调查人数的 56%。因此，众数为"商品广告"这一类别，即 $M_o =$ 商品广告。该众数说明居民对商品广告的关注度较高。

众数是一个位置代表值，它的特点是不受数据极端值的影响，局限性是应用场合比较有限。例如,在编制物价指数时,农贸市场上某种商品的价格常以很多摊位报价的众数值为代表。另外,众数具有不确定性。如果数据的分布没有明显的集中趋势,众数就不存在;如果有多个高峰点,就有多个众数。例如,一组变量为 1,2,2,3,4,4,5,6,则众数是 2 和 4;若变量值为 2,2,3,3,4,4,则不存在众数,因为 2,3 和 4 出现的次数一样,没有明显的集中趋势。

2)顺序数据:中位数和四分位数

(1)中位数

> ◎定义 4.3:中位数是一组数据按一定顺序排序后,处于中间位置上的数值,用 M_e 表示。

中位数将全部数据排序后等分成两部分,每部分包含 50% 的数据,一部分数据比中位数大,另一部分则比中位数小。所以只适用于顺序数据和数值型数据。用中位数来代表总体中所有变量值的一般水平,可避免极端值的影响,在有的情况下更具有代表性。

对于未经过分组整理的顺序数据和数值型数据,其中位数的计算步骤如下:

第 1 步:排序。

第 2 步:确定中位数的位置,其公式为

$$中位数位置 = \frac{n+1}{2} \tag{4.1}$$

式中,n 为数据的个数。

第 3 步:计算中位数的数值

$$M_e = \begin{cases} x_{\frac{n+1}{2}} & 当 n 为奇数时 \\ \frac{1}{2}(x_{\frac{n}{2}} + x_{\frac{n}{2}+1}) & 当 n 为偶数时 \end{cases} \tag{4.2}$$

式中,$x_{\frac{n+1}{2}}$,$x_{\frac{n}{2}}$,$x_{\frac{n}{2}+1}$ 分别是 $\frac{n+1}{2}$,$\frac{n}{2}$,$\frac{n}{2}+1$ 位置的变量值。

【例 4.2】 在某城市中随机抽取 9 个家庭,调查得到每个家庭的人均月收入数据如下(单位:元),计算人均月收入的中位数:

> 960　850　1 500　750　2 000　1 650　780　1 250

解 第 1 步:先将上面的数据排序,结果为

> 750　780　850　960　1 080　1 250　1 500　1 650　2 000

第 2 步:确定中位数的位置 = (9+1)÷2 = 5

第 3 步:计算中位数的数值,即

$$M_e = x_{\frac{n+1}{2}} = 1\ 080 \text{ 元}$$

假定抽取了 10 个家庭,每个家庭的人均月收入数据为

> 660　750　780　850　960　1 080　1 250　1 500　1 650　2 000

这时,中位数位置 = (10+1)÷2 = 5.5,$M_e = \frac{960+1\ 080}{2} \text{元} = 1\ 020 \text{ 元}$,即中位数为 1 020。

【思考与讨论】

1.某车间的一个生产小组共 7 名生产工人,他们的日产量(件)为:6,8,4,6,9,14,12(单位:件),计算这 7 名生产工人日产量的中位数。

2.如果是顺序数据,如何确定中位数?

（2）四分位数

四分位数是把数据按照从小到大顺序排列后,将变量值分为 4 个相等部分,对应的 3 个四分位点的具体变量值。

> ◎定义 4.4:四分位数(quartile)是指一组数据排序后处于 25% 和 75% 位置上的值,也称四分位点。

位置点的确定方法如下,然后由四分位点的位置确定四分位数:

$$Q_1 = \frac{n+1}{4} \qquad M_e = Q_2 = \frac{2(n+1)}{4} \qquad Q_3 = \frac{3(n+1)}{4}$$

【例 4.3】 根据例 4.1 中 9 个家庭的收入调查数据,计算人均月收入的四分位数。

解 $Q_1 = \frac{n+1}{4} = \frac{9+1}{4} = 2.5$

即 Q_1 在第 2 个数值(780)和第 3 个数值(850)之间 0.5 的位置上,故

$$Q_1 = \frac{780 + 850}{2} 元 = 815 元$$

$$Q_3 = \frac{3(n+1)}{4} = \frac{3(9+1)}{4} = 7.5 元$$

即 Q_3 在第 7 个数值(1 500)和第 8 个数值(1 650)之间 0.5 的位置上,故

$$Q_3 = \frac{1\,500 + 1\,650}{2} 元 = 1\,575 元$$

Q_1 与 Q_3 之间包含了 50% 的数据,因此,可以说有一半的家庭人均月收入在 815~1 575 元。

【思考与讨论】

12 个工人日加工零件数分别为 15,16,18,18,21,22,23,23,23,24,26,28,求其四分位数。

4.1.2 数值型数据:平均数

平均数是用于反映所有数值型数据的一般水平。根据计算方法不同,有算术平均数和几何平均数之分。平均数表明所有变量值的集中趋势,受极端值的影响,它是集中趋势的最主要测度值,主要用于数值型数据集中趋势的测度。

1)算术平均数

算术平均数是统计中最常用的一种平均数。计算算术平均数的基本公式为

$$\text{算术平均数} = \frac{\text{总体标志总量}}{\text{总体单位总量}} \tag{4.3}$$

例如,某工业企业某月某职工工资总额为 100 万元,职工总数为 800 人,则该企业职工月平均工资为 1 000 000 元/800＝1 250 元。在实际工作中,由于资料的表现形式不同,算术平均数可分为简单算术平均数和加权算术平均数两种。

（1）简单算术平均数

简单算术平均数（simple arithmetic mean）主要用于未分组数据,将总体各单位的标志值简单加总得到的标志总量除以单位总量即得简单算术平均数。设一组数据为 $x_1, x_2, \cdots, x_n$,则均值 $\bar{x}$ 的计算公式为

$$\bar{x} = \frac{x_1 + x_2 + \cdots + x_n}{n} = \frac{\sum_{i=1}^{n} x_i}{n} \tag{4.4}$$

【例 4.4】 根据下面的例子,计算 10 个家庭的平均住房面积。

$$55 \quad 75 \quad 75 \quad 90 \quad 90 \quad 90 \quad 90 \quad 105 \quad 120 \quad 150$$

$$\bar{x} = \frac{55 + 75 + \cdots + 120 + 150}{10} = 94 \text{ m}^2$$

即 10 个家庭平均住房面积为 94 m²。

（2）加权算术平均数

加权算术平均数（weighted arithmetic mean）主要用于数据已经分组,并编制了频数分布表的条件下。先将各组标志值乘以相应的各组单位数（频数）,求得各组标志总量后相加求得总体标志总量,再除以总体单位总量即求得加权算术平均数。设原始数据被分成 k 组,各组的组中值为 $x_1, x_2, \cdots, x_k$,各组变量值出现的频数分别为 $f_1, f_2, \cdots, f_k$,则均值的计算公式可写为

$$\bar{x} = \frac{x_1 f_1 + x_2 f_2 + \cdots + x_k f_k}{f_1 + f_2 + \cdots + f_k} = \frac{\sum_{i=1}^{k} x_i f_i}{\sum_{i=1}^{k} f_i} \tag{4.5}$$

【例 4.5】 假定在某城市中随机抽取 50 个家庭,调查住房面积,经分组后结果见表 4.2,计算 50 个家庭的平均住房面积。

表 4.2 某城市 50 个家庭住房面积均值计算表

按住房面积分组/m²	组中值 x_i	频数 f_i	$x_i f_i$
70 以下	60	7	420
70~90	80	10	800
90~110	100	18	1 800
110~130	120	9	1 080
130 以上	140	6	840
合计	—	50	4 940

代入式(4.5)得

$$\bar{x} = \frac{\sum_{i=1}^{k} x_i f_i}{\sum_{i=1}^{k} f_i} = \frac{4\ 940}{50}\ \mathrm{m}^2 = 98.8\ \mathrm{m}^2$$

从加权均值可以看出,其数值的大小不仅受各组变量值 x_i 大小的影响,而且受各组变量值出现的频数即权数 f_i 大小的影响。如果某一组的权数较大,说明该组的数据较多,那么,该组数据的大小对均值的影响就越大;反之,则越小。实际上,我们将加权均值变形为下面的形式,就能更清楚地看出这一点。

$$\bar{x} = \frac{\sum_{i=1}^{k} x_i f_i}{\sum_{i=1}^{k} f_i} = \sum_{i=1}^{k} x_i \cdot \frac{f_i}{\sum_{i=1}^{k} f_i} \tag{4.6}$$

由式(4.6)可以清楚地看出,加权均值受各组变量 x_i 值大小和各组权数 $f_i / \sum_{i=1}^{k} f_i$ 大小的影响。当掌握的不是各组变量值出现的频数,而是频率时,也可直接根据式(4.6)计算均值。

2) 几何平均数

几何平均数主要用于计算比率或速度的平均值。当掌握的变量值本身是比率的形式,而且各比率的乘积等于总的比率,这时就应采用几何平均法计算平均比率。

> ◎定义 4.5:几何平均数(geometric mean)是若干个变量值的连乘的 n 次方根,用 G_m 表示。

(1)简单几何平均数

简单几何平均数是 n 个变量值乘积的 n 次方根,计算公式为

$$G_m = \sqrt[n]{x_1 \times x_2 \times \cdots \times x_n} = \sqrt[n]{\prod_{i=1}^{n} x_i} \tag{4.7}$$

式中,G 表示几何平均数;$\prod$ 为连乘符号。

【例 4.6】 一位投资者持有一种股票,在 2010,2011,2012 和 2013 年收益率分别为 4.5%,2.0%,3.5%,5.4%。计算该投资者在这 4 年内的平均收益率。

解 根据几何平均数的计算公式得

$$G = \sqrt[n]{x_1 \times x_2 \times \cdots \times x_n} = \sqrt[4]{104.5\% \times 102.0\% \times 103.5\% \times 105.4\%} = 103.84\%$$

即该投资者的年平均收益率为 103.84%－100%＝3.84%。

(2)加权几何平均数

对于每个变量值的次数不同的分组资料,采用加权几何平均数。其计算公式为

$$G_m = \sqrt[f+f_2+\cdots+f_n]{x_1^{f_1} \times x_2^{f_2} \times \cdots \times x_n^{f_n} \times} = \sum f \sqrt[n]{\prod_{i=1}^{n} x_i^{f_i}} \tag{4.8}$$

【例 4.7】 某商业银行某笔投资是按复利计算的,其 10 年的利率分别为:开始的 4 年为 3%,随后的 2 年为 5%,接着 3 年为 10%,最后 1 年为 15%。要求计算平均年利率。

解 根据式(4.8)计算几何平均数得

$$G_{\mathrm{m}} = \sqrt[f+f_2+\cdots+f_n]{x_1^{f_1} \times x_2^{f_2} \times \cdots \times x_n^{f_n} \times} = \sum f \sqrt[n]{\prod_{i=1}^{n} x_i^{f_i}}$$

$$= \sqrt[10]{1.03^4 \times 1.05^2 \times 1.1^3 \times 1.15^1} = 1.066\ 3\ 或\ 106.63\%$$

即平均年利率为 106.63%-100% = 6.63%。几何平均数适用于具有等比或近似等比的数列。但如果变量值中有 0 或者负数,计算结果将失去意义。

4.1.3 众数、中位数和平均数的比较

1) 众数、中位数和均值的关系

从分布的角度看,众数始终是一组数据分布的最高峰值,中位数是处于一组数据中间位置上的值,而举止则是全部数据的算术平均。因此,对同一组数据计算众数、中位数和均值,三者之间具有以下关系:在单峰分布条件下,如果数据的分布是对称的,则众数 M_0、中位数 M_e 和均值 X 必定相等,即 $M_0 = M_e = \overline{X}$;如果数据是左偏分布,说明数据存在极小值,必然拉动均值向极小值一方靠,而众数和中位数由于位置是代表值,不受极值的影响,因此三者之间的关系表现为:$\overline{X} < M_e < M_0$;如果数据是右偏分布,说明数据存在极大值,必然拉动均值向极大值一边靠,则 $M_0 < M_e < \overline{X}$,如图 4.1 所示。

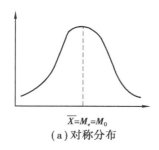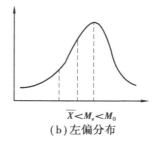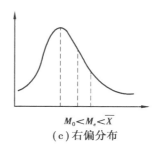

$\overline{X} = M_e = M_0$ $\overline{X} < M_e < M_0$ $M_0 < M_e < \overline{X}$
（a）对称分布   （b）左偏分布   （c）右偏分布

图 4.1 众数、中位数和均值的关系图

2) 众数、中位数和均值的特点与应用场合

众数、中位数和算术平均数各自具有不同的特点,掌握它们之间的关系和各自的不同特点,有助于在实际应用中选择合理的测度值来描述数据的集中趋势。

①虽然对于顺序数据以及数值型数据也可以计算众数,但众数主要适合于作为分类数据的集中趋势测度值,而且众数只有在数据量较多时才有意义,当数据量较少时,不宜使用众数。

②中位数以及其他分位数主要适用于作为顺序数据的集中趋势测度值,虽然对于顺序数据也可以使用众数,但以中位数为宜。

③算术平均数适合用于数值型数据的集中趋势测度值,特别是当分布比较规则,不存在

极端值比较偏离现象时,用算术平均数代表集中趋势最合适,但平均数的主要缺点是易受数据极端值的影响,对于偏态分布的数据,平均数的代表性差。因此,当数据为偏态分布,特别是偏斜的程度较大时,可考虑选择众数或中位数等位置代表,这时它们的代表性要比平均数好。

④算术平均数包含的信息是最多的、最丰富的,算术平均数具有两个重要的数学性质:所有观测值与算术平均数差的离差和等于零,如式(4.9)所示;所有观测值与算术平均数的离差平方和为最小,如式(4.10)所示。即

$$\sum_{i=1}^{n} (x_i - \bar{x}) = 0 \qquad (4.9)$$

$$\sum_{i=1}^{n} (x_i - \bar{x})^2 = \min \qquad (4.10)$$

表 4.3 列出了数据的类型和所适用的集中趋势测度值。

表 4.3　数据类型和所适用的集中趋势测度值

数据类型	分类数据	顺序数据	间隔数据	比率数据
	*众数	*中位数	*平均数	*平均数
	—	四分位数	众数	几何平均数
适用的测度值	—	众数	中位数	中位数
	—	—	四分位数	四分位数
	—	—	—	众数

注:* 表示该数据类型最适合用的测度值。

4.2　离散程度的测度

集中趋势只是统计总体数据分布的特征之一,由于个体的差异性,总体中的各数据还呈现出与集中趋势的代表值相分散的离中趋势,这是数据的另一特征,它所反映的是各变量值远离其中心值的程度。因此,对统计数据的分析,除了要反映其分布的集中趋势外,还要反映统计数据的离散程度,以达到对数据变动规律的全面描述。

◎定义 4.6:离散程度又称"离中趋势",是指一组数据远离中心值的程度。它反映了总体中各单位标志值的变异程度和平均数的代表水平。

根据所依据数据类型的不同,数据离散程度的主要指标有极差、平均差、四分位差、方差和标准差以及离散系数等。测度离散程度的主要作用如下:

1) 反映现象总体中变量分布的离中趋势

总体各单位的标志值存在差异,标志变动度表明总体各单位标志值的分散程度。变量

值的差异越大,离中趋势也越大;反之,变量值越小,离中趋势也越小。

2) 衡量均值的代表性

均值作为总体数量标志的代表值,其代表性取决于总体各数据的差异程度。当总体中各数据的变异程度越大,均值的代表性就越小;反之,总体中各数据的变异程度越小,均值的代表性就越大。

3) 测定现象变动的均匀性或稳定性程度

离散程度能够表明生产过程的节奏性和其他活动的均衡性,可作为企业产品质量控制和评价经济管理工作的依据。

4.2.1 品质数据

一般来说,如果集中趋势用众数描述,则离中趋势用异众比率来描述;如果集中趋势用中位数描述,则离中趋势用四分位差描述。

1) 分类数据:异众比率

◎定义 4.7:异众比率(variation)又称离异比率或变差比,是指当使用众数指标时非众数组的次数占总次数的比率,用 V_r 表示。

异众比率计算公式为

$$V_r = \frac{\sum f_i - f_m}{\sum f_i} = 1 - \frac{f_m}{\sum f_i} \tag{4.11}$$

式中,V_r 为异众比率;$\sum f_i$ 为变量值的总频数(总次数);f_m 为众数组的频数(众数次数)。

异众比率的意义是指非众数变量值在总体中的比重。异众比率越大,各变量值相对于众数越离散,众数的代表性就越差;异众比率越小,各变量值相对于众数越集中,那么,众数的代表性越好。异众比率主要适合测度分类数据的离散程度,当然对于顺序数据以及数值型数据也可以计算异众比率。

【例 4.8】 某单位 120 名职工婚姻状况,统计结果为:未婚 20 人,已婚 70 人,离婚 12人,丧偶 18 人。显然,已婚 70 人为众数,则

$$V_r = \frac{\sum f_i - f_m}{\sum f_i} = \frac{120 - 70}{120} \approx 0.42$$

由结果可知,异众比率为 0.42,也即在所给资料中,众数代表性不是很好。

2) 顺序数据:四分位差

◎定义 4.8:四分位差(quartile deviation)是上四分位数与下四分位数的差值,也称内距或四分间距(inter-quartile range,IQR),用 Q_d 表示。

四分位差其计算公式为

$$Q_d = Q_u - Q_L \tag{4.12}$$

四分位差是在数列中剔除最大和最小各 25% 的数据,而反映中间 50% 数据的离散程度,其数值越小,说明中间的数据越集中;数值越大,说明中间的数据越分散。四分位差不受极值的影响。由于中位数处于数据的中间位置,因此,四分位差的大小在一定程度上也说明了中位数对一组数据的代表程度,四分位差越大,中位数的代表性越差;反之亦然。

四分位差主要用于测度顺序数据和数值型数据的离散程度。

4.2.2 数值型数据

测度数值型数据离散程度的标志变异指标主要有极差、平均差、方差与标准差。其中,最常用的方法是方差和标准差。

1)极差

◎定义 4.9:极差(range)也称全距,是一组数据的最大值与最小值之差,用 R 表示。

极差的计算公式为

$$R = \max(x_i) - \min(x_i) \tag{4.13}$$

式中,$\max(x_i)$ 和 $\min(x_i)$ 分别表示一组数据的最大值和最小值。

【例 4.9】 现有甲乙两组数据资料:

甲组:20　40　60　80　100
乙组:50　55　60　65　70

试计算两组数据的极差。

解 两组数据的极差为

$$R_甲 = 100 - 20 = 80$$
$$R_乙 = 70 - 50 = 20$$

虽然甲乙两组数据的算术平均数相同,都为 60,但两组数据变动范围是不一样的。根据极差的定义可知,甲组数据之间的差异远远大于乙组,即乙组平均数的代表性要大于甲组。

极差只能表明两极端值之间的离散程度,不能反映所有变量值的离散程度。考虑所有变量值的离散程度,就要用"平均差"。

2)平均差

◎定义 4.10:平均差(mean deviation)也称平均离差,是各变量值与其平均数离差绝对值的平均数,通常用 M_d 表示。

由于各变量值与其平均数离差之和等于零,因此,在计算平均差时,应取绝对值。平均差的计算根据掌握数据资料不同而采用简单平均式和加权平均式两种方法。

(1)简单平均式

如果掌握的是未分组资料时,采用简单平均式计算。其公式为

$$M_d = \frac{\sum_{i=1}^{n} |x_i - \bar{x}|}{n} \tag{4.14}$$

【例 4.10】 在 5，11，7，8，9 这组数据中，其平均数为 8，计算平均差。

解 平均差为

$$M_d = \frac{\sum_{i=1}^{n} |x_i - \bar{x}|}{n} = \frac{|5-8| + |11-8| + |7-8| + |8-8| + |9-8|}{5} = 1.6$$

在可比的情况下，一般平均差的数值越大，则其平均数的代表性越小，说明该组变量值分布越分散；反之，平均差的数值越小，则其平均数的代表性越大，说明该组变量值分布越集中。本题中平均差较小，说明该组数据分布较集中。

（2）加权平均式

如果掌握的是已分组资料或分配数列时，计算平均差就应该采用加权平均式。其公式为

$$M_d = \frac{\sum_{i=1}^{n} |M_i - \bar{x}| f_i}{n} \tag{4.15}$$

【例 4.11】 某企业 100 名工人日产量分组资料见表 4.4，计算 100 名工人日产量平均差。

表 4.4　某企业 100 名员工日产量分组资料表

日产量分组/件	组中值 M_i	工人数 f_i	$M_i f_i$	$|M_i - \bar{x}|$	$|M_i - \bar{x}| f_i$
20～30	25	10	250	17.5	175.0
30～40	35	25	875	7.5	187.5
40～50	45	45	2 025	2.5	112.5
50～60	55	20	1 100	12.5	250.0
合计	—	100	4 250	—	725.0

解 根据式（4.15），则

$$M_d = \frac{\sum_{i=1}^{n} |M_i - \bar{x}| f_i}{n} = \frac{725}{100} \text{件} = 7.25 \text{件}$$

上列资料表明，全厂每个职工的日产量与全厂工人的日平均产量平均相差 7.25 件。

3）方差与标准差

◎定义 4.11：方差（variance）是指总体中各观察值与其平均值离差平方的平均数，通常用 σ^2 表示。

◎定义 4.12：标准差（standard deviation）是指方差的平方根，通常用 σ 表示。

方差（或标准差）是测度离散程度最常用的指标，它反映了每个数据与其平均数相比平均相差的数值。因此，它是离散程度最科学的测度的指标，实践中应用十分广泛。

方差和标准差的思路与平均差基本相同，只是在数学处理方法上与平均差不同：对于总体中各变量值与算术平均数的正负离差相互抵消为 0 的问题，平均差采用绝对值的方法来避免。而标准差则是采用平方的方法来避免。然后再对离差的平方计算算术平均数，并开方取其正根，求出标准差。方差和标准差的处理方法得到了数学支持。

（1）总体方差与标准差

设总体方差为 σ^2，标准差为 σ，均值为 μ，组中值为 M_i。对于未经整理的原始数据，总体方差和标准差的计算公式为

$$\sigma^2 = \frac{\sum_{i=1}^{N} (x_i - \mu)^2}{N} \tag{4.16}$$

$$\sigma = \sqrt{\frac{\sum_{i=1}^{N} (x_i - \mu)^2}{N}} \tag{4.17}$$

式中，x_i 为原始数据；N 为原始数据的个数。

对于组距分组数据，总体方差和标准差的计算公式为

$$\sigma^2 = \frac{\sum_{i=1}^{k} (M_i - \mu)^2 f_i}{N} \tag{4.18}$$

$$\sigma^2 = \sqrt{\frac{\sum_{i=1}^{k} (M_i - \mu)^2 f_i}{N}} \tag{4.19}$$

式中，k 为组距分组的组数；$N = \sum f_i$。

（2）样本方差与标准差

设样本方差为 s^2，标准差为 s，均值为 $\bar{x}$，组中值为 M_i。对于未经整理的原始数据，样本方差和标准差的计算公式为

$$s^2 = \frac{\sum_{i=1}^{n} (x_i - \bar{x})^2}{n - 1} \tag{4.20}$$

$$s = \sqrt{\frac{\sum_{i=1}^{n} (x_i - \bar{x})^2}{n - 1}} \tag{4.21}$$

式中，x_i 为原始数据；n 为原始数据的个数。

对于组距分组数据，样本方差和标准差的计算公式为

$$s^2 = \frac{\sum_{i=1}^{k}(M_i - \overline{x})^2 f_i}{\sum_{i=1}^{n} f_i - 1} \tag{4.22}$$

$$s = \sqrt{\frac{\sum_{i=1}^{k}(M_i - \overline{x})^2 f_i}{\sum_{i=1}^{n} f_i - 1}} \tag{4.23}$$

式中，k 为组距分组的组数；$n = \sum f_i$。

标准差与变量值的计量单位相同，其实际意义比较清楚。因此，在对社会经济现象进行分析时主要使用标准差。

【例 4.12】 某车间有两个班组 10 位工人的日产零件数排列如下：

甲组：20,25,30,35,50,70,75,85,90,120

乙组：50,51,52,53,56,60,62,71,72,73

解　$\overline{x}_{甲} = 60$ 件，$\overline{x}_{乙} = 60$ 件

$$\sigma_{甲} = \sqrt{\frac{(20-60)^2 + (25-60)^2 + \cdots + (120-60)^2}{10}} \text{件} = \sqrt{\frac{9\,900}{10}} \approx 31.46 \text{件}$$

$$\sigma_{乙} = \sqrt{\frac{(50-60)^2 + (51-60)^2 + \cdots + (73-60)^2}{10}} \text{件} \approx 8.6 \text{件}$$

即甲乙两组在日均产量相等的情况下，甲组标准差为 31.46 件，乙组标准差为 8.6 件，说明甲组平均数的代表性小于乙组。

【例 4.13】 根据表 4.5 中的数据，计算 50 个家庭住房面积的样本标准差。

表 4.5　某城市 50 个家庭住房面积样本标准差计算表

按住房面积分组/m^2	组中值/M_i	频数/f_i	$(M_i - \overline{x})^2$	$(M_i - \overline{x})^2 f_i$
70 以下	60	7	1 505.44	10 538.08
70~90	80	10	353.44	3 534.4
90~110	100	18	1.44	25.92
110~130	120	9	449.44	4 044.96
130 以上	140	6	1 697.44	10 184.64
合计	—	50	4 007.2	28 328

解　根据上面的计算公式，得

$$s = \sqrt{\frac{\sum_{i=1}^{k}(M_i - \overline{x})^2 f_i}{\sum_{i=1}^{n} f_i - 1}} = \sqrt{\frac{28\,328}{50-1}} \ m^2 = 24.04 \ m^2$$

结果表明,每个家庭的住房面积与平均数相比,平均相差 24.04 m^2。

4.2.3　相对位置的度量:标准分数

有了平均数和标准差之后,可计算一组数据中各个数值的标准分数,以测度每个数据在该组数据中的相对位置,并可用它来判断一组数据中是否有离群数据。

1)标准分数

> ◎定义 4.13:标准分数(standard score)也称标准化值,是指变量值与其平均数的离差除以标准差后的值,通常用 z_i 表示。

标准分数是对某一个值在一组数据中相对位置的度量,也即在平均数之上或之下多少个标准差的位置。它是一个抽象值,不受原始分数单位的影响,它是等距变量,可接受加减运算的处理。标准分数具有平均数为 0,标准差为 1 的特性,即

$$\bar{z} = \frac{\sum z_i}{n} = \frac{1}{n} \cdot \frac{\sum (x_i - \bar{x})}{s} = \frac{1}{n} \cdot \frac{0}{s} = 0$$

$$s_z^2 = \frac{\sum (z_i - \bar{z})^2}{n-1} = \frac{\sum (z_i - 0)^2}{n-1} = \frac{\sum z^2}{n-1} = \frac{1}{n-1} \cdot \frac{\sum (x_i - \bar{x})^2}{s^2} = \frac{s^2}{s^2} = 1$$

例如,有 25,28,31,34,37,40,43 这样一组数据,其平均数为 34,标准差为 6,z 分数变化如图 4.2 所示。从图 4.2 中可以看出,z 分数只是将原始数据进行了线性变换,它并没有改变一个数据在该组数据中的位置,也没有改变该组数分布的形状,而只是将该组数据变为均值为 0,标准差为 1。

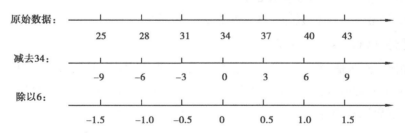

图 4.2　z 分数变换图

标准分数的计算公式为

$$z_i = \frac{x_i - \bar{x}}{s} \tag{4.24}$$

式中:z_i 为标准分数;x_i 为原始分数;$\bar{x}$ 为平均数;s 为样本标准差。

【例 4.14】　某班进行数学和语文测验。已知数学测验的平均分为 70 分,标准差为 5 分;语文的平均分为 80 分,标准差为 10 分:甲生数学得了 75 分,语文得了 85 分,问甲生哪科成绩在班上的位置较高?

解 由于数学与语文的平均分不同,标准差不同,不能用原始分数直接比较,只有将原始分数转换为标准分数,才能判断哪一种成绩的位置高。

按照标准分数的计算公式,得

$$z_{数学} = \frac{75 - 70}{5} = 1$$

$$z_{语文} = \frac{85 - 80}{10} = 0.5$$

由上计算可见,甲生的数学成绩高于平均数一个标准差的位置,而语文成绩高于平均数 0.5 个标准差的位置,虽然他的语文原始分数要高数学的原始分数 10 分,但其相对位置却是数学高于语文。

由上可知,标准分数是以标准差为单位,有相对零点的等距量数,它具有可比性、可加性。不管原来分布的平均数、标准差如何,相同的标准分数表示在分布中处于同样的相对位置,它可以直接合成运算。由于标准分数是含义明确、单位等值的导出分数,因此,在实际测量中使用较为广泛。

但标准分数也有缺点,它有负数和小数,与人们所熟悉的百分制相差太远,不易为人们所接受,也给以后的统计带来麻烦。因此,需要对之进行进一步的转换。

2) 经验法则

经验法则可表述如下:

当一组数据对称分布时:

约有 68% 的数据在平均数加减 1 个标准差的范围之内。

约有 95% 的数据在平均数加减 2 个标准差的范围之内。

约有 99% 的数据在平均数加减 3 个标准差的范围之内。

3) 切比雪夫(Chebyshev)不等式

如果一组数据不是对称分布,经验法则就不再使用,这时可使用切比雪夫不等式(Chebyshev's inequality),它对任何分布形状的数据都适用。需要注意的是切比雪夫不等式提供的是"下界",也就是"所占比例至少为多少"。

对于任意分布形态的数据,根据切比雪夫不等式,至少有 $\left(1 - \frac{1}{k^2}\right)$ 的数据落在平均数加减 k 个标准差之内。其中,k 是大于 1 的任意值,但不一定是整数。

对于 $k = 2, 3, 4$,该不等式的含义是:

至少有 75% 的数据落在平均数加减 2 个标准差的范围之内。

至少有 89% 的数据落在平均数加减 3 个标准差的范围之内。

至少有 94% 的数据落在平均数加减 4 个标准差的范围之内。

【例 4.15】 某长途电话局打长途电话的顾客平均等待的时间为 8 min,标准差是 2 min。根据切比雪夫定理进行推断可以得出什么结论?

解 由此推断,如 $k = 2$,则至多有 $\dfrac{1}{k^2} = \dfrac{1}{4} = 25\%$ 的顾客等待时间超过 12 min $(8+2×2=12)$ 或少于 4 min $(8-2×2=4)$。也即至少有 75% 的顾客等了 4~12 min。

4.2.4 相对离散程度:离散系数

上面介绍的极差、平均差、方差和标准差都是反映数据分散程度的绝对值,其数值的大小一方面取决于原变量值本身水平高低的影响;另一方面,它们与受采用不同计量单位计量的影响。因此,对于平均水平不同或计量单位不同的几组数据进行对比时,则不能用上述离散程度的测度值直接比较其离散程度的。为消除变量值水平高低和计量单位不同对离散程度测度值的影响,需要计算离散系数。

> ◎定义 4.14:离散系数(coefficient of variation)又称变异系数或标准差系数,是数量数据的各离散程度指标与其算术平均数的比值,通常用 ν 表示。

离散系数是测度数据离散程度的相对统计量。如将极差与其平均数相比,得到极差系数;如将平均差与其平均数对比,得到平均差系数;如将标准差与其平均数对比,得到标准差系数。离差系数通常是就标准差来计算的,故也称标准差系数。其计算公式为

$$\nu = \frac{\sigma}{\mu} \text{ 或 } \nu = \frac{s}{\bar{x}} \tag{4.25}$$

离散系数的作用主要是用于比较对不同组别数据的离散程度。离散系数大的说明数据的离散程度也就大,离散系数小的说明数据的离散程度也就小。

【例 4.16】 某集团公司所属的 8 家子公司,其产品销售数据见表 4.6。试比较产品销售额与销售利润的离散程度。

表 4.6 某集团公司所属 8 家企业的产品销售数据

子公司编号	产品销售额 x_1/万元	销售利润 x_2/万元
1	170	8.1
2	220	12.5
3	390	18.0
4	430	22.0
5	480	26.5
6	650	40.0
7	950	64.0
8	1 000	69.0

解 由于销售额与利润额的数据水平不同,不能直接用标准差进行比较,需要计算离散系数。由表中数据计算得

$$\overline{x_1} = 536.25 \text{ 万元} \qquad s_1 = 289.22 \text{ 万元} \qquad \nu_1 = \frac{289.22}{536.25} = 0.539$$

$$\overline{x_2} = 32.521\ 5(万元) \qquad s_2 = 21.60(万元) \qquad \nu_2 = \frac{21.60}{32.512\ 5} = 0.664$$

计算结果表明,$\nu_1 < \nu_2$,说明产品销售额的离散程度小于销售利润的离散程度。

对于不同类型的数据选用哪一个测度值来反映数据的离散程度,要根据所掌握的数据类型和分析目的来确定。数据类型和所适用的离散程度测度值的归纳总结见表4.7。

表 4.7　数据类型和所适用的离散程度测度值

数据类型	分类数据	顺序数据	数值型数据
适用的测度值	异众比率	四分位差	方差或标准差
	—	异众比率	*离散系数(比较时用)
	—	—	平均差
	—	—	极差
	—	—	四分位差
	—	—	异众比率

注:* 表示该数据类型最适合用的测度值。

4.3　偏态与峰态的测度

集中趋势和离散程度是数据分布的两个重要特征,但要全面了解数据分布的特点,还需要掌握数据分布的形状是否对称、偏斜的程度以及扁平程度等。反映这些分布特征的测度值有两个:偏态与峰度。

4.3.1　偏态的测度

在客观实际生活中,一些经济变量的次数分配往往是非对称型的,如收入分配、市场占有份额、资源配置等,这些经济变量经分组后,总体各单位在不同的分组变量值下分布并不均匀对称,而呈现出偏斜的分布状况,统计上将其称为偏态分布。

◎定义 4.15:偏态(skewness)是指数据分布的偏斜方向和程度。

利用众数、中位数和平均数之间的关系就可以判断分布是对称、左偏还是右偏。显然,判断偏态的方向并不困难,但要测度偏斜的程度则需要计算偏态系数。统计分析中测定偏态系数的方法很多。

设样本标准差为 s,均值为 $\overline{x}$,组中值为 M。对于未经整理的原始数据,偏态系数的计算

公式为

$$SK = \frac{n \sum (x_i - \bar{x})^3}{(n-1)(n-2)s^3} \tag{4.26}$$

对于组距分组数据,偏态系数的计算公式为

$$SK = \frac{\sum_{i=1}^{k} (M_i - \bar{x})^3 f_i}{ns^3} \tag{4.27}$$

从式(4.27)可以看到,它是离差三次方的平均数再除以标准差的三次方。

当 $SK = 0$ 时,对称分布;

当 $SK < 0$ 时,左偏,表示小于平均数的标志值分布较分散;

当 $SK > 0$ 时,右偏,表示大于平均数的标志值分布较分散。

偏态系数的数值一般在 0 与±3 之间,越接近 0,分布的偏斜度越小;越接近±3,分布的偏斜度越大。一般来说,偏态系数大于 1 或小于−1,被称为高度偏态分布;偏态系数在 0.5 ~ 1 或−1 ~ −0.5,被认为是中等偏态分布;偏态系数越接近 0,偏斜程度就越低 。

【例 4.17】 根据表 4.8 的数据计算家庭住房面积的偏态系数。

表 4.8 某城市 50 个家庭住房面积偏态及峰态系数计算表

按住房面积分组/m²	组中值 M_i	频数 f_i	$(M_i - \bar{x})^3 f_i$	$(M_i - \bar{x})^4 f_i$
70 以下	60	7	−408 877.50	15 864 447.16
70~90	80	10	−66 446.72	1 249 198.34
90~110	100	18	31.10	37.32
110~130	120	9	85 753.15	1 817 966.82
130 以上	140	6	419 607.17	17 287 815.32
合计	—	50	30067.20	36 219 464.96

将计算结果代入式(4.27),得

$$SK = \frac{\sum_{i=1}^{k} (M_i - \bar{x})^3 f_i}{ns^3} = \frac{\sum_{i=1}^{k} (M_i - 98.8)^3 f_i}{50 \times (24.04)^3} = \frac{30\ 067.20}{50 \times (24.04)^3} = 0.043\ 3$$

由计算结果可以看出,偏态系数为正值,但与 0 的差异不大,说明家庭住房面积为轻微右偏分布,即说明家庭住房面积接近对称分布。

4.3.2 峰态的测度

◎定义 4.16:峰态(Kurtosis)是指数据分布的尖峭状况和程度。

峰态是次数分布的另一个数量特征。这个特征是:某种次数分布与正态分布相比较,是尖顶,还是平顶,其尖顶或平顶的程度如何,峰度是次数分布曲线顶端的尖峭程度。峰度通常分为3种:正态峰度、尖顶峰度和平顶峰度,如图4.3所示。如果分布的形状比正态分布更高、更瘦,则称为尖峰分布;如果分布的形状比正态分布更矮、更胖,则称为平峰分布。

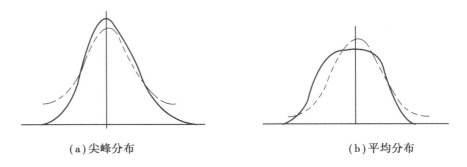

(a)尖峰分布　　　　　　　　　　　　　(b)平均分布

图4.3　峰度分类图

◎定义4.17:峰态系数是指数据分布的平峰或尖峰程度,记作 K。

峰度系数是统计中描述次数分布状态的又一个重要特征值,用以测定邻近数值周围变量值分布的集中或分散程度。它以四阶中心动差与标准差的四次方对比,以此来判断各分布曲线峰度的尖平程度。公式如下:

在未分组的情况下:

$$K = \frac{n(n+1)\sum(x_i - \bar{x})^4 - 3\left[\sum(x_i - \bar{x})^2\right]^2(n-1)}{(n-1)(n-2)(n-3)s^4} \tag{4.28}$$

在分组的情况下:

$$K = \frac{\sum_{i=1}^{k}(M_i - \bar{x})^4 f_i}{ns^4} - 3 \tag{4.29}$$

式中,K 是峰度系数,它除以 s^2(标准差的四次方)是为了消除单位量纲的影响,而得到以无名数表示的相对数形式,以便在不同的分布曲线之间进行比较。

根据峰态系数可判定峰度的扁平或尖峰状况。判定原则为:峰态系数 $K=0$ 为峰度适中;峰态系数 $K<0$ 为扁平分布;峰态系数 $K>0$ 为尖峰分布。

当 $K=3$ 时,次数分配为正态曲线。

当 $K<3$ 时,次数分配为平顶曲线;表明离中趋势显著,集中趋势低;

当 $K>3$ 时,次数分配为尖顶曲线,表明集中趋势显著,离中趋势低。

【例4.18】　根据表4.5的数据计算家庭住房面积的峰态系数。

解　根据表4.8的计算结果,代入式(4.29)得

$$k = \frac{\sum\limits_{i=1}^{k}(M_i - \bar{x})^4 f_i}{ns^4} - 3 = \frac{36\,219\,464.96}{50 \times (24.04)^4} - 3 = -0.831$$

由计算结果可以看出,峰态系数<0,但与 0 的差异不大,说明家庭住房面积为轻微扁平分布。

4.4 Excel 在数据测度中的应用

实验 用 Excel 进行描述统计指标的计算

1) 实验目的

①掌握利用 Excel 的"描述统计"工具计算描述统计指标的方法。

②掌握利用 Excel 的"统计函数"计算描述统计指标的方法。

2) 实验资料与要求

(1) 资料

【例 4.19】 某班有 50 名学生,他们的体重数据见表 4.9,用 Excel 计算出这些数据的描述统计量。

表 4.9　50 名学生的体重数据/kg

	A	B	C	D	E
1	51	53	52	63	62
2	53	44	41	46	43
3	41	46	54	50	47
4	44	51	53	52	55
5	57	52	49	44	57
6	47	38	43	46	53
7	51	55	50	50	47
8	44	49	57	69	58
9	57	56	56	42	39
10	53	42	52	36	42

(2) 要求

①计算描述集中趋势的统计指标:算术平均数、中位数、众数。

②计算描述离中趋势的统计指标:极差、方差、标准差、离散系数。

③计算描述形态分布的统计指标:偏态系数、峰态系数。

3) 实验步骤与结果

(1) 未分组数据统计指标的计算

解 用 Excel 计算表中数据的描述统计量的具体操作步骤如下:

第 1 步:将表中的数据输入 Excel 表中的某一列,在这里把这些数据输入 Excel 中的第一列(见图 4.4)。

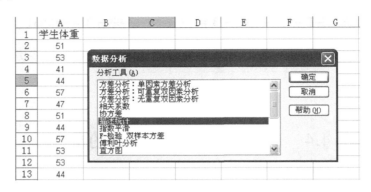

图 4.4　插入描述统计对话框

第 2 步:在工具栏中选择"工具",在下拉菜单中选择"数据分析"选项,在分析工具中选择"描述统计"(见图 4.5)。

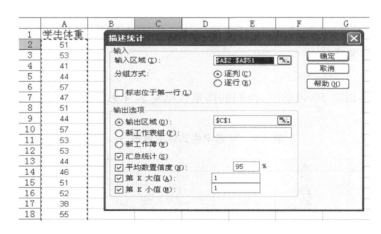

图 4.5　描述统计的对话框

第 3 步:当出现对话框时,在"输入区域"方框内输入 A2:A51,在"输出区域"中选择输出区域 C1(或选择"新工作表"),选择"汇总统计"(该选项给出全部描述统计量),然后选择"确定",就会出现如图 4.6 所示的输出结果。

上面结果中,平均指算术平均数;标准误差指样本平均数的标准差;中值即中位数;模式指众数;标准偏差指样本标准差;峰值即峰度系数;偏斜度即偏度系数;区域指极差。从表中的结果可以看出,学生体重的最大值达到 69 kg,最小值有 36 kg,平均体重为 49.84 kg,峰度为 0.15>0,说明学生的体重分布与正态分布相比略有一些尖峰,偏度为 0.27,是正值,但数值不是很大,说明学生的体重分布为右偏分布,且偏斜程度不是很大。

(2)已分组数据统计指标的计算

Excel 中用于计算已分组数据统计指标的方法是:利用"统计函数""数学函数""公示编辑"和"公式复制"等功能进行。基本步骤如下:

	A	B	C	D	E
1	学生体重		列1		
2	51				
3	53		平均	49.84	
4	41		标准误差	0.96229318	
5	44		中位数	50.5	
6	57		众数	53	
7	47		标准差	6.80444033	
8	51		方差	46.3004082	
9	44		峰度	0.146555	
10	57		偏度	0.27336198	
11	53		区域	33	
12	53		最小值	36	
13	44		最大值	69	
14	46		求和	2492	
15	51		观测数	50	
16	52		最大(1)	69	
17	38		最小(1)	36	
18	55		置信度(95.0%)	1.93380051	
19	49				

图 4.6　Excel 计算出的描述统计量结果

第 1 步:输入分组数据。按列表形式输入分组数据,包括分组和频数。

第 2 步:计算相关数据。通过编辑公式并拖拽复制公式计算出与统计指标相关的数据,如组中值、频率、累积频数、与均值的偏差等。

第 3 步:计算统计指标。将相关数据代入统计指标公式即可计算出所需要的指标数值。

【学习指导与小结】

本章从 3 个方面介绍了统计数据分布特征的测度和描述:一是数据分布的集中趋势;二是数据分布的离散程度;三是数据分布的偏态和峰态。本章各节的主要内容和学习要点见表 4.10。

表 4.10　本章各节的主要内容和学习要点

章　节	主要内容	学习要点
4.1　集中趋势的度量	品质数据	概念:众数,中位数,四分位数 众数的特点 中位数和四分位数的特点 中位数和四分位数的计算
	数值型数据:平均数	概念:简单平均数,几何平均数 简单平均数和加权平均数的计算 几何平均数的计算和应用场合
	众数、中位数和平均数的比较	众数、中位数和平均数在分布上的关系 众数、中位数和平均数的特点及应用场合

续表

章　节	主要内容	学习要点
4.2　离散程度的测度	品质数据	概念:异众比率,四分位差 异众比率的计算和应用场合 四分位差的计算和应用场合
	数值型数据	概念:极差,平均差,方差,标准差,标准分数,离散系数 极差的计算和特点 平均差的计算和特点 **样本方差和标准差的计算** **总体方差和标准差的计算** **标准分数的计算和应用** **经验法则** **切比雪夫不等式** 离散系数的计算 **离散系数的用途**
4.3　偏态与峰态的测度	偏态及其测度	概念:偏态,偏态系数 偏态系数的计算 偏态系数数值的意义
	峰态及其测度	概念:峰态,峰态系数 峰态系数的计算 峰态系数数值的意义 **用 Excel 计算描述统计量**
4.4　Excel 在数据测度中的应用	用 Excel 进行描述统计指标的计算	

注:"加粗"部分为重点学习要点,应当重点学习并掌握。

【常用术语】

众数　中位数　四分位数　平均数　几何平均数　异众比率　四分位差　极差　平均差　方差　标准差　标准分数　离散系数　偏态　偏态系数　峰态　峰态系数

【案例讨论】

可口可乐在俄罗斯的包装越变越小[①]

可口可乐公司是世界第一大软饮料销售公司。每天平均有 9 000 万份可口可乐、健怡可乐、雪碧、芬达和可口可乐的其他产品供世界各地的人们享用。这个公司有着世界上最大的软饮料生产和销售系统,其销售值比世界第二大软饮料公司的销售多 1 倍。可口可乐产品在世界上 200 多个国家都有销售。

有几个原因使这家公司相信,他们的产品会变得越来越国际化。一个原因是世界可支配收入在增加,另一个是在美国和欧洲以外的其他地区,人口正趋于年轻化。此外,随着政治障碍的消除和交通困难的解决,进入国际市场变得越来越容易。另外,还有一个原因是全球共同的观念,习惯和兴趣创造了市场机会。公司任务的一部分就是使可口可乐保持世界最具有仅仅是的商标的地位,并充分利用这个世界上最有效的、分布最大的销售系统。

在 1999 年 6 月,可口可乐公司在俄罗斯的 Volgograd 引入了 200 mL(大约 6.8 盎司)装的可乐瓶,发动了面向贫穷的消费者的销售攻势。这个策略在其他国家,如印度是很成功的。这样的可乐一瓶卖 12 美分,几乎人人都买得起。

【讨论】

1.因为瓶装机械的不稳定,所以很可能每瓶装的都不一定恰好是 200 mL。有的多些,有的少些。因为 200 mL 的容量有些随机,一个生产工程师想从第一批产品中抽出一些进行检验,以确定它们是否很接近 200 mL 的标定容量。假设下面的数据是从 50 瓶样本中得出的容量数值。请用本章介绍的方法来描述此样本(要考虑中心趋势测度值、方差和偏度)。在这个分析之上,讨论装瓶过程的工作情况(计量单位:盎司)。

6.1	5.9	6.2	6.2	6.0	6.1	6.9	6.1	6.3	6.5
5.7	6.4	6.3	5.8	5.3	6.1	5.4	5.6	5.2	6.2
6.4	5.8	5.9	6.2	5.6	5.6	6.4	6.4	6.6	6.6
6.1	6.8	5.9	6.0	5.9	6.3	6.5	5.9	7.1	5.7
6.2	6.5	6.2	5.7	6.9	6.2	5.5	6.6	6.3	5.8

2.根据以上数据,应用 Excel 输出"描述统计"结果,并给管理员写一个简短的分析报告。

[①] 肯·布莱克,等.以 Excel 为决策工具的商务与经济统计[M].张久琴,等,译.北京:机械工业出版社,2003:71.

【思考与练习】

一、思考题

1.什么叫集中趋势？测度集中趋势常用指标有哪些？

2.均值、众数和中位数有何关系？

3. 什么叫离散趋势？测度离散趋势常用指标有哪些？

4.为什么要计算离散系数？

二、练习题

1.随机抽取 30 个网络用户,得到他们的年龄数据见表 4.11。

表 4.11　年龄数据/周岁

25	42	28	27	43	27
27	26	60	47	35	38
19	17	23	38	46	32
36	34	41	30	19	27
46	56	52	40	26	30

（1）计算众数、中位数。

（2）根据定义公式计算四分位数。

（3）计算平均数和标准差。

（4）计算偏态系数和峰态系数。

（5）对网民年龄的分布特征进行综合分析。

2.某银行为缩短顾客到银行办理业务等待的时间,准备采用两种排队方式进行试验:一种是所有顾客都进入一个等待队列;另一种是顾客在 3 个业务窗口处列队三排等待。为比较哪种排队方式使顾客等待的时间更短,两种排队方式各随机抽取的 9 名顾客,得到第一中排队方式的平均等待时间为 7.2 min,标准差为 1.97 min,第二种排队方式的等待时间见表 4.12。

表 4.12　等待时间/min

| 5.5 | 6.6 | 6.7 | 6.8 | 7.1 | 7.3 | 7.4 | 7.8 | 7.8 |

（1）画出第二种排队方式等待时间的茎叶图。

（2）计算第二种排队方式等待时间的平均数和标准差。

（3）比较两种排队方式等待时间的离散程度。

（4）如果让你选择一种排队方式,你会选择哪一种？试说明理由。

3.某百货公司6月份各天的销售额数据见表4.13。

表4.13 销售额数据/万元

257	281	322	297	274
271	303	236	261	263
272	238	280	268	240
276	301	249	252	267
292	273	265	269	258
284	310	291	278	295

（1）计算该百货公司日销售额的均值、中位数。

（2）计算日销售额的标准差。

4.一条成品生产线平均每天的产量为3 700件，标准差为50件。如果某一天的产量低于或高于平均产量，并落入正负两个标准差的范围之外，就认为该生产线"失去控制"。表4.14是一周内各天的产量，该生产线哪几天失去了控制？

表4.14 一周内各天的产品/件

时间	周一	周二	周三	周四	周五	周六	周日
产量	3 850	3 670	3 690	3 720	3 610	3 590	3 700

5.对10名成年人和10名幼儿的身高进行抽样调查，结果见表4.15。

表4.15 身高抽样调查结果/cm

成年组	166	169	172	177	180	170	172	174	168	173
幼儿组	68	69	68	70	71	73	72	73	74	75

（1）要比较成年组和幼儿组的身高差异，你会采用什么样的指标测度值？为什么？

（2）比较分析哪一组的身高差异大。

第5章 抽样分布与参数估计

【名言采撷】

> 你不必吃完整一头牛,才知道它的肉是咬不动的。
>
> ——Samel Johnson

【学习目标】

本章是推断统计的开端,其主要学习目标是要求学生在理解推断统计基本思想的基础上,理解抽样分布、估计量与估计值的概念、点估计与区间估计的区别;重点在掌握一个总体均值、总体比例的区间估计方法和一个总体参数估计时样本容量的确定方法。

【知识点浏览】

1.一个总体参数估计时样本统计量的抽样分布。
2.一个总体均值的区间估计。
3.一个总体比例的区间估计。
4.一个总体方差的区间估计。
5.估计总体均值时样本容量的确定。
6.估计总体比例时样本容量的确定。

【开篇案例】

广告商的抽样调查[①]

广告可以帮助我们了解相关产品的信息,同时更是广告商用来营销的重要手段。广告商对有多少人在收看它们打广告的节目非常感兴趣,这一目的可通过统计技术来达到。很

---

① 凯勒,沃拉克.统计学:在经济和管理中的应用[M].王琪延,郝志敏,廉晓红,等,译.6版.北京:中国人民大学出版社,2006:402.

多广告公司对电视观众都用抽样调查来了解他们收看什么节目,其中最为著名的公司是A.C.尼尔森(Nielsen)公司。尼尔森公司的评级是以1 000~2 000户随机抽样家庭的样本为基础的。在这些家庭的电视上,有个装置可以记录电视接收的频道,然后评级体系会自动计算出每个节目被收看的比例,从而使广告商确定每个节目有多少观众以及各种广告的潜在价值。

假设尼尔森公司在1998年9月28日(周一)晚上11:40调查了2 000名电视观众。哥伦比亚广播公司可以样本数据估计出潜在的1亿台电视机的总体中有多少台在接收"今晚秀"节目。

【思考与讨论】

1.列举生活中的参数估计应用的实例。

2.学习参数估计的统计方法对你有必要吗? 你有何体会?

统计推断是通过样本得到有关总体的信息的过程。有两种方法常用来对总体进行推断:参数估计和假设检验。本章将介绍参数估计的基本知识,并结合相关实例进行说明。

5.1 一个总体参数估计时样本统计量的抽样分布

在进行参数估计之前,我们需要知道如何通过样本得到总体信息。这就需要对统计推断的基础理论依据——抽样分布(sampling distribution)有一定的认识。统计推断目的在于推断总体特征,而这种推断的基础就是抽样分布。回想一下,在前面章节所学过的相关内容:参数用于描述总体;参数一般都是未知的;通过从总体中抽取随机样本来获取必要的数据;利用这些数据来计算一个或更多的统计量。

例如,为了估计总体的均值,就要计算样本均值。虽然样本均值与总体均值之间有一定的差距,但我们可以预期它们是很接近的。但是,接近程度到底如何? 我们还必须能度量它们接近的程度。抽样分布正好可以帮助我们解决这个问题,在知道样本均值和总体均值接近程度的基础上,就可对总体均值进行估计了。

什么是抽样分布呢? 要理解这个概念的内涵,我们有必要介绍两种和它相关但性质不同的分布:总体分布和样本分布。

在统计学中来陈述分布,可通俗地将其理解为数据集合反映出的特征,对数值型数据而言,最明显又可与函数联系起来的特征就是频数分布了。理解了这个,总体分布和样本分布的定义就呼之欲出了。

◎定义 5.1：总体中所有数据所形成的相对频数分布，称为**总体分布**（population distribution）。

在前面第 1 章中，我们陈述过总体分为有限总体和无限总体，现实中，无限总体是较为普遍的，有时即使是有限的，但是从成本或者破坏性上考虑，我们往往也得不到总体里面的所有数据。因此，总体分布往往事先是不知道的。但是，我们又需要知道总体分布的相关信息，所以通常根据经验大致了解总体的分布类型，或者假定总体服从某种分布等。因为最终我们作为研究者所关心的并不是所有数据到底是如何分布，而是通过总体的参数来知道总体的特征。知道总体分布的定义之后，样本分布的定义就可以以此类推了。

◎定义 5.2：从总体中随机抽取一个样本，这一个样本中所有数据所形成的相对频数分布，称为**样本分布**（sample distribution）。

因为样本是从总体中抽取的，来自于总体，所以其能反映总体的相关信息和特征也是理所当然，这也是为什么样本分布也称经验分布。但是，样本是随机抽取的，只是总体中的一部分，当这部分只是总体中很小的一部分时，即当样本容量很小时，这种代表性就会被大大削减。那么，到底怎么根据样本推断总体的特征呢？

在第 1 章中，我们曾经介绍过参数和统计量的概念。描述总体特征值的称为参数，常用的总体参数有总体平均数 μ（mu）、总体标准差 σ（sigma）、总体比例 π（pai）；而描述样本数量特征值的称为统计量。常用的统计量有样本平均数 $\bar{x}$（x-bar）、样本标准差 s、样本比例 p。因为总体一般是未知但确定的，也就是说总体所有数据到底是多少怎么分布的我们不知道，但是并不会因为我们不知道，这些数据就不存在，数据在那儿等待我们发现。因此，总体参数其实是一个未知的常数。但是，统计量却不一样，首先，我们要明确一点，抽样这个行为是可以重复进行的，每进行一次，就可得到一个样本，得到一个样本，就可算出这个样本的相关统计量。既然抽样可以进行无数次，那说明对应的统计量并不是只有一个，能抽取多少个样本，就有多少个样本统计量。因为抽样是随机的，所以我们说统计量是一个随机变量，而样本统计量的组合构成的频数分布就是抽样分布。

◎定义 5.3：从总体中重复随机抽取容量为 n 的样本时，由该统计量的所有可能取值形成的相对频数分布（sampling distribution），称为**某个统计量的抽样分布**。

由于现实中不可能将所有的样本都抽出来，因此，统计量的抽样分布实际上是一种理论分布。如图 5.1 所示，我们对前面讲到的 3 种不同性质的分布进行了总结归纳。

小结

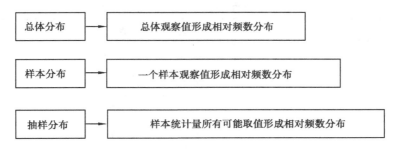

图 5.1　3 种不同性质的分布

5.1.1　样本均值的抽样分布

现在来学习如何通过抽样分布实现推断统计。前面已经说过,总体最主要的 3 个特征值分别是总体平均数 μ、总体标准差 σ、总体比例 π。现在就来探究一下样本平均数 $\bar{x}$、样本标准差 s、样本比例 p 这 3 个样本统计量的抽样分布到底是怎样的? 和总体的对应特征值之间是什么关系?

> ◎定义 5.4:从总体中重复随机抽取容量为 n 的样本时,由样本平均数的所有可能
> 取值形成的频数分布,称为**样本平均数的抽样分布**。

1) 样本均值 $\bar{x}$ 抽样分布的形成过程

下面举一个简单的例子来介绍样本平均数抽样分布的形成过程。

【例 5.1】　设一个总体,含有 4 个元素(个体),即总体单位数 $N=4$。4 个单位具体变量值分别为 $x_1=5, x_2=6, x_3=7, x_4=8$。求总体的均值、方差及分布。

解　总体 4 个元素每个出现一次,每个取值概率为 1/4,属均匀分布。

依题意可计算总体参数如下:

总体均值

$$\mu = \frac{\sum\limits_{i=1}^{4} x_i}{N} = \frac{26}{4} = 6.5$$

总体方差

$$\sigma^2 = \frac{\sum\limits_{i=1}^{N} (x_i - \mu)^2}{N} = \frac{5}{4} = 1.25$$

现从总体中抽取 $n=2$ 的简单随机样本,在重复抽样条件下,共有 $4^2=16$ 个样本。所有

样本的结果见表 5.1。

表 5.1　16 个可能的样本

所有可能的 $n=2$ 的样本（共 16 个）			
第 1 个观察值	第 2 个观察值			
	5	6	7	8
5	5,5	5,6	5,7	5,8
6	6,5	6,6	6,7	6,8
7	7,5	7,6	7,7	7,8
8	8,5	8,6	8,7	8,8

根据表 5.1 可计算出各样本的均值，计算结果见表 5.2。

表 5.2　16 个可能样本的均值 $\bar{x}$

第一个观察值	第二个观察值			
	5	6	7	8
5	5	5.5	6	6.5
6	5.5	6	6.5	7
7	6	6.5	7	7.5
8	6.5	7	7.5	8

由于每个样本被抽中的概率相同，均为 1/16。将样本均值经整理后见表 5.3。

表 5.3　样本均值 $\bar{x}$ 的分布

$\bar{x}$ 的取值	$\bar{x}$ 的个数	$\bar{x}$ 取值的概率 $P(\bar{x})$
5.0	1	1/16
5.5	2	2/16
6.0	3	3/16
6.5	4	4/16
7.0	3	3/16
7.5	2	2/16
8.0	1	1/16

$$\mu_{\bar{x}} = \frac{\sum_{i=1}^{n} \overline{X_i}}{M} = \frac{5 \times 1 + 5.5 \times 2 + 6 \times 3 + 6.5 \times 4 + 7 \times 3 + 8 \times 1}{16} = 6.5 = \mu$$

$$\sigma^2\bar{x} = \frac{\sum_{i=1}^{n}(\overline{X_i} - \mu_{\bar{x}})}{M}$$

$$= \frac{(5-6.5)^2 \times 1 + (5.5-6.5)^2 \times 2 + (6-6.5)^2 \times 3 + (6.5-6.5)^2 \times 4 + (7-6.5)^2 \times 3 + (7-6.5)^2 \times 2 + (8-6.5)^2 \times 1}{16}$$

$$= 0.625 = \frac{\sigma^2}{n}$$

通过比较总体分布和样本均值的抽样分布,不难看出它们的区别。总体分布为均匀分布,而样本均值的抽样分布在形状上是对称的。

样本均值的形成过程和基本分布形状可从上面例子的演算过程中得知,但要深入分析样本均值抽样分布和总体的分布之间的对应关系,还要了解样本均值分布的性质和特征,并进一步总结出其中的规律。

2)$\bar{x}$ 抽样分布的形式

经试验表明,$\bar{x}$ 抽样分布的形式并不是一成不变的,而是与其来自总体的分布和抽取的样本容量大小有关,感兴趣的同学可以自己举例论证一下。

统计中我们用得最多是现实生活中普遍存在的正态分布。如果原有总体是正态分布,那么,不管你抽取样本容量为多少,样本均值的抽样分布都服从正态分布。但是,如果原有总体不服从正态分布的话,样本均值的分布就与所抽取的样本容量有关了。

统计学上著名的中心极限定理就对这一规律进行了描述。

> ◎定义5.5:中心极限定理(central limit theorem)可以表述为设从均值为 μ,方差为 σ^2 的一个任意总体中抽取容量为 n 的样本,在样本容量 n 足够大(通常要求 $n \geq 30$)时,样本均值的抽样分布近似服从均值为 μ、方差为 σ^2/n 的正态分布。

样本容量越大,样本均值的抽样分布与正态分布的近似程度越高。这里暗示的近似程度取决于总体的概率分布以及样本容量。如果总体是正态的,则样本容量 n 取任何值时,$\bar{x}$ 都服从正态分布;当总体服从正态分布 $N \sim (\mu, \sigma^2)$ 时,来自该总体的所有容量为 n 的样本的均值 $\bar{x}$ 也服从正态分布,$\bar{x}$ 的数学期望为 μ,方差为 σ^2/n。即 $\bar{x} \sim N(\mu, \sigma^2/n)$。

如果总体不是正态的,则只有在样本容量 n 取比较大的值时,$\bar{x}$ 才近似服从正态分布。在许多实际情形中,样本容量为30可能就已经足够大到可用正态分布来近似代替 $\bar{x}$ 的抽样分布。然而,如果总体是极端非正态的,抽样分布即使在 n 值相当大时也是非正态的。该定理可用图5.2来证明,图5.2展示了随着样本容量的增大,样本均值趋于正态的过程。

3)样本均值抽样分布的特征

就像前面几章学到的,我们关心样本的特征值主要是数学期望和方差。这两个特征一方面与总体的均值和方差有关,另一方面也与抽样的方法是重复抽样还是不重复抽样有关。

假设总体共有 N 个元素,总体的均值为 μ,方差为 σ^2,从中抽取容量为 n 的样本,样本均值抽样分布的均值(为了便于区别,称为样本均值的数学期望)记为 $E(\bar{x})$,样本均值的方差记为 $\sigma^2_{\bar{X}}$。

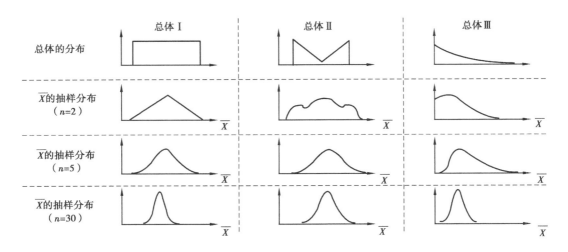

图 5.2 $\bar{x}$ 的分布趋于正态分布的过程①

4）样本均值的数学期望与方差

（1）样本均值的数学期望

$$E(\overline{X}) = \mu \tag{5.1}$$

（2）样本均值的方差

①重复抽样

$$\sigma_{\overline{X}}^{2} = \frac{\sigma^{2}}{n} \tag{5.2}$$

②不重复抽样

$$\sigma_{\overline{X}}^{2} = \frac{\sigma^{2}}{n}\left(\frac{N-n}{N-1}\right) = \frac{\sigma^{2}}{n}\left(1 - \frac{n-1}{N-1}\right) \tag{5.3}$$

从上述的归纳可知,前面例子显现的规律在这里进行了一般化概括。相比重复抽样情况下,不重复抽样条件下样本均值的方差多了一个修正系数$\frac{N-n}{N-1}$。当样本容量 n 相对总体 N 较小时,即 $N \to \infty$ 时,$\frac{N-n}{N-1}$趋于 1,不重复抽样和重复抽样也就趋同了。对于无限总体和抽样比$\frac{n}{N}$很小的有限总体,不重复抽样条件下样本均值的方差也可按重复抽样式(5.2)来计算。

关于样本均值抽样分布的特征要注意结合中心极限定理,如果是正态总体,则样本均值服从正态分布。如果是非正态总体,那就应扩大样本容量,才能使样本均值近似服从正态分布。

5）统计量的标准误

样本统计量是用来推断对应总体参数的依据,推断的误差用什么特征值来度量呢? 打个比方,用样本均值来估计总体均值,两者的接近程度如何度量? 前面我们刚刚论证得出样

---

① 贾俊平.统计学[M].6 版.北京:中国人民大学出版社,2015:144.

本均值的数学期望等于总体均值,那么,反映各变量与其均值之间差异程度的指标标准差就可以达到这一目的了。

> ◎定义 5.6:**统计量的标准误**(standard error)是指样本统计量的抽样分布的标准差,也称标准误差。

以样本均值估计总体均值为例,所有可能的样本均值的标准差(均方差)即是样本均值的抽样标准误差,可测度所有样本均值的离散程度,也称标准误差(抽样平均误差)。

在重复抽样条件下,n 为样本容量,抽样平均误差为

$$\sigma_{\bar{X}} = \frac{\sigma}{\sqrt{n}} \tag{5.4}$$

从式(5.4)中可以得出抽样平均误差的以下特征:小于总体标准差;测度样本均值估计总体均值的精确程度,$\sigma_{\bar{X}}$ 越大,则估计精度减小;样本容量越大,在其他条件不变的情况下,抽样平均误差越小。

6)估计标准误差

> ◎定义 5.7:**估计标准误差**(standard error of estimation)是指当计算标准误时涉及的总体参数未知时,用样本统计量代替计算的标准误,称为估计的标准误,也称估计标准误差。

如上例中,当总体标准差 σ 未知时,可用样本标准差 s 代替,则样本均值的估计标准误差为

$$\hat{\sigma}_{\bar{X}} = \frac{s}{\sqrt{n}} \tag{5.5}$$

5.1.2　样本比例的抽样分布

前面详细论述了样本均值的抽样分布的形成过程和特征,这里要了解样本比例的抽样分布就很容易举一反三了。在平日的生活中,我们对总体中某一部分具有某种属性的单位所占的比重会感兴趣,这就是总体比例。例如,一个班级的女生占班上总人数的60%,一个车间产品的合格品率为95%,等等。因为大部分情况下我们面对的是无限总体,总体数目未知,这时我们感兴趣的总体比例自然无从得知了。我们要想的办法就是找到样本比例的抽样分布和总体之间的关系,通过样本比例去估计总体比例。

总体比例可表示为:

$$\pi = \frac{N_0}{N} \text{ 或 } 1 - \pi = \frac{N_1}{N}$$

样本比例可表示为:

$$P = \frac{n_0}{n} \text{ 或 } 1 - P = \frac{n_1}{n}$$

◎ 定义 5.8：**样本比例的抽样分布**是指从总体中重复随机抽取容量为 n 的样本时，由样本比例的所有可能取值形成的频数分布。

这里我们直接给出样本比例抽样分布的特征。对于一个具体的样本比例 p，若 $np \geqslant 5$ 和 $n(1-p) \geqslant 5$，就可认为样本容量充分大。当样本容量充分大时，样本比例的抽样分布我们同样可用正态分布近似。同样，我们关心的样本比例 p 抽样分布的特征在于其均值和方差，它们和总体分布的关系是（总体比例为 π）：

①样本比例 p 抽样分布的均值

$$E(p) = \pi \tag{5.6}$$

②而样本比例 p 的方差同样也与抽样方法有关。

样本比例 p 抽样分布的方差：

重复抽样

$$\sigma_p^2 = \frac{\pi(1-\pi)}{n} \tag{5.7}$$

不重复抽样

$$\sigma_p^2 = \frac{\pi(1-\pi)}{n}\left(\frac{N-n}{N-1}\right) \tag{5.8}$$

与样本均值的方差一样，对于无限总体和抽样比很小 $\left(\dfrac{n}{N} \leqslant 5\%\right)$ 时，修正系数 $\dfrac{N-n}{N-1}$ 趋于 1，样本比例的方差可按式（5.7）来计算。

5.1.3 样本方差的抽样分布

同前面两种参数和对应的统计量一样，我们关心总体方差，但总体方差是未知的，只能用样本方差来推断它，那么，必须知道样本方差的抽样分布以及它和总体分布之间的关系如何。

◎ 定义 5.9：**样本方差的抽样分布**是指从总体中重复随机抽取容量为 n 的样本时，由样本方差的所有可能取值形成的频数分布。

统计证明，对于来自正态总体的简单随机样本，则构建统计量 $\dfrac{(n-1)s^2}{\sigma^2}$ 的抽样分布服从自由度为 $(n-1)$ 的 χ^2 分布，即

$$\frac{(n-1)s^2}{\sigma^2} \sim \chi^2(n-1) \tag{5.9}$$

统计学中有 3 大分布：χ^2 分布、t 分布和 F 分布，这 3 大分布都是基于正态分布建立起来的。这里我们需要介绍一下 χ^2 分布。

设 $x \sim N(\mu, \sigma^2)$，则

$$z = \frac{x - \mu}{\sigma} \sim N(0,1)$$

令 $y = z^2$，则 y 服从自由度为 1 的 χ^2 分布，表示为 $y \sim \chi^2(1)$。经过推导，我们可得出从正态总体中抽取容量为 n 的样本，样本均值为 $\bar{x}$，则

$$\frac{\sum\limits_{i=1}^{n}(x_i - \bar{x})^2}{\sigma^2} \sim \chi^2(n-1) \tag{5.10}$$

因为样本方差 $s^2 = \dfrac{\sum\limits_{i=1}^{n}(x_i - \bar{x})^2}{n-1}$，所以

$$\frac{(n-1)s^2}{\sigma^2} \sim \chi^2(n-1) \tag{5.11}$$

χ^2 分布具有以下特征：

①χ^2 分布的变量为 $\dfrac{(n-1)s^2}{\sigma^2}$，从形式上很明显看出其始终为正。

②$\chi^2(n)$ 分布的形状取决于其自由度 n 的大小，通常为右偏分布，但随着自由度的增大而逐渐趋于对称，这种趋势我们可从图 5.3 的演变中看出。

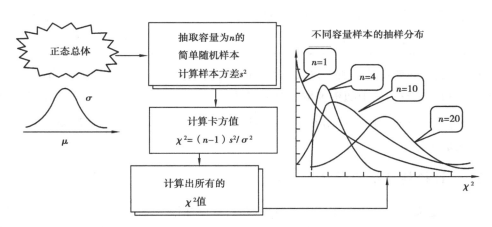

图 5.3　χ^2 分布的形成和特征显示图

③自由度为 n 的 χ^2 分布特征值分别为：数学期望 $E(\chi^2) = n$，方差 $D(\chi^2) = 2n$。

④χ^2 分布的自由度可加性。设 x_1 和 x_2 为两个独立的 χ^2 随机变量，即

$$x_1 \sim \chi^2(n_1), x_2 \sim \chi^2(n_2)$$

则

$$(x_1 + x_2) \sim \chi^2(n_1 + n_2)$$

5.2 参数估计的一般问题

在上节中已经论述了参数估计的前提和依据,从本节开始将运用前面所学的抽样分布来说明参数估计的实际应用。参数估计到底如何操作呢? 在这之前,有必要陈述一下相关概念。

5.2.1 估计量与估计值

◎定义 5.10:**参数估计**(parameter estimation)即用样本统计量去估计总体参数。

这里我们将给估计过程中的有关变量名称下一个定义,为了方便定义,我们将总体参数用符号 θ 来表示。

◎定义 5.11:估计总体参数统计量的名称,称为**估计量**(estimator)。

◎定义 5.12:估计总体参数时采用的样本统计量的具体数值,称为**估计值**(estimate)。

例如,我们现在要估计一所学校大一新生的平均月生活费,这个全校的平均月生活费是总体参数,用 θ 来表示,从中随机抽取 100 名学生构成的一个样本,这个样本的均值 $\bar{x}$ 就是前面总体参数的一个估计量,可用 $\hat{\theta}$ 表示,如果这 100 名学生的平均月生活费为 600 元,这个 600 元就是估计值。

5.2.2 评价估计量的标准

为什么在定义估计量或者是估计总体参数时,我们往往会对应地去作估计呢? 例如,用样本均值估计总体均值,用样本比例估计总体比例,等等。一般而言,估计总体参数当然要用最好的估计量了,可是如何评判一个估计量的好坏呢? 这里,我们总结了统计学家给出的评价估计量的主要标准。

1) 无偏性(unbiasedness)

◎定义 5.13:**无偏性**(unbiasedness)是指估计量抽样分布的均值与被估计的总体参数相等的这一性质。

这一性质意味着用来估计的样本统计量平均等于被估计的参数。例如,样本均值和样本比例分别是总体均值和总体比例的无偏估计量。图 5.4 给出了点估计量无偏和有偏的情形。

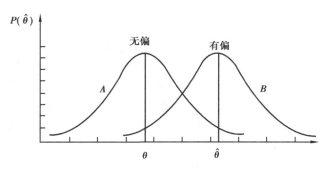

图 5.4　无偏和有偏点估计量的示意图

仅仅估计量的均值与被估计参数相等是不够的,因为这样只能知道估计量的中心趋势值是参数,但是估计量与其中心趋势值之间的近似程度到底如何呢? 我们有必要学习第二个评价标准。

2) 有效性(efficiency)

有时对于被估计的总体参数我们可以找到不止一个估计量,假如每个估计量抽样分布的均值都等于被估计参数,应选择与被估计总体参数更接近差异程度更小的那个。估计量的方差可以帮助我们衡量估计量与估计量均值的离散程度。图 5.5 给出了估计量的相对有效性。

◎定义 5.14:**相对有效性**指在满足无偏的多个估计量中,方差较小的估计量被称为针对被估计总体参数更有效的一个估计量。

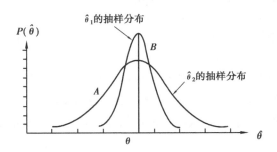

图 5.5　估计量的相对有效性示意图

方差较小的估计量比其他估计量更接近其抽样分布的均值——被估计的总体参数。有效性的适用前提要求首先满足无偏性,否则没有可比性。估计量与参数的接近程度还与抽取的样本容量有关。

3) 一致性 (consistency)

◎ 定义 5.15:**一致性**是指随着样本容量的增大,估计量越来越接近被估计的总体参数。

图 5.6 给出了估计量的一致性示意图。根据抽样平均误差 $\sigma_{\bar{x}} = \dfrac{\sigma}{\sqrt{n}}$,在其他条件不变的情况下,抽样平均误差会随着样本容量的增大而减小。因此,可得出大样本比小样本给出的估计统计量更接近被估计总体参数。我们可用一个值去估计总体参数,但这个估计的精度和准确度如何,我们这时却无法表示。从这个意义上来讲,将参数估计的方法分为点估计和区间估计。

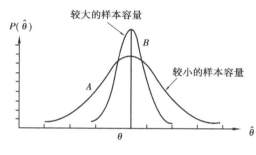

图 5.6　估计量的一致性示意图

5.2.3　点估计与区间估计

1) 点估计

◎ 定义 5.16:**参数的点估计**(point estimate)是指用某个样本统计量的某个具体取值直接作为总体参数的估计值。

例如,用样本均值直接作为总体均值的估计;用样本比例直接作为总体比例的估计。在 5.1 节中我们总结出了样本均值抽样分布和总体均值之间的联系,样本均值的期望和总体均值相等。可是,我们提供的样本统计量的某个取值来自于随机抽取的某一个样本,这个样本一旦抽出,样本的均值也就确定了,这个确实的值或等于总体均值,或不等。这样一来,就显现出了点估计的最大弊端,点估计无法提供估计值与总体参数真实值之间的接近程度信息。

2) 区间估计

以估计总体均值为例,因为样本均值的数学期望与总体均值相等,衡量每个样本均值和总体均值接近程度,记为衡量每个样本均值和样本均值的均值之间的差异程度,很明显这其实就是样本均值的标准差(抽样标准误差)的定义。在点估计基础上加上这种估计可靠性的度量构造的一个概率性区间,就是总体参数的区间估计。

◎定义 5.17:**参数的区间估计**(interval estimate)是指在点估计的基础上,给出总体参数估计的一个区间范围,该区间由样本统计量加减边际误差而得到的。

对总体参数的估计区间一般是由对应的样本统计量加减边际误差得到的,结合样本统计量的抽样分布可以对样本统计量与总体参数的接近程度给出一个概率度量。

区间估计的基本原理是怎样的呢? 为了方便大家理解,这里首先回顾一下经验法则。当一组数据为对称分布时,约有 68% 的数据在平均数加减 1 个标准差的范围之内,即数据落在均值两侧各一个标准差的概率为 0.68。也就是说构造以样本均值加减一个标准差的区间至少会包含 68% 的数据,注意,样本均值是已知的。

现在以样本均值估计总体均值来举例。因为样本均值的均值等于总体均值,现在将这个分布替换到上述经验法则中去,只要我们做一下简单的思维转换,就可以得出以下结论:样本均值 $\bar{x}$ 落在总体均值 μ 两侧各一个抽样标准差的概率为 0.68。注意:这里总体均值是未知的,但是由于 $\bar{x}$ 与 μ 之间的距离是对称的,所以只要简单转换一个思维就可以得出估计区间了。这里我们用不等式表达,即

$$\mu - \frac{\sigma}{\sqrt{n}} \leq \bar{x} \leq \mu + \frac{\sigma}{\sqrt{n}} \rightarrow \bar{x} - \frac{\sigma}{\sqrt{n}} \leq \mu \leq \bar{x} + \frac{\sigma}{\sqrt{n}}$$

如果样本均值以一定的概率落在总体均值加减 1 个抽样标准差范围之内,那么样本均值加减 1 个抽样标准差的范围也会以一定的概率包含总体均值。

注意:后者表述的概率绝非一般意义上的概率。因为总体均值是未知的一个真值,恰恰样本均值不断变化,因此,我们估计一个真值或在一个区间或不在。可是我们这里所说的概率如何解释呢? 这里所讲的概率是针对随机变量 $\bar{x}$ 而言,样本均值不断变化,代表我们可构造多个区间,多个区间中包含总体均值区间所占的比重即为这里的概率。即如果抽取了 100 个样本,就可计算得到 100 个样本均值,构造 100 个区间,其中,约有 68 个区间包含总体均值。

◎定义 5.18:**置信区间**(confidence interval)是由样本统计量所构造的总体参数的估计区间;统计学家在某种程度上确信这个区间会包含真正的总体参数,所以给它取名为置信区间。

◎定义 5.19:**置信水平**(confidence level)是指重复抽取相同容量的样本,可构造多个置信区间,置信区间包含总体参数真值的次数所占的比例。表示为 $(1-\alpha)$(通常以百分比形式表示,α 为总体参数未在区间内的概率)。

在构造估计总体参数的置信区间时,可选择希望的任意置信水平,表 5.4 中我们提供了在本书中经常用到的置信水平和标准正态分布曲线右下方面积为 $\alpha/2$ 时对应的标准正态变量 z 的值。

表 5.4　常用置信水平的 $z_{\alpha/2}$ 值

置信水平($1-\alpha$)	α	$\alpha/2$	$z_{\alpha/2}$
0.90	0.10	0.05	$Z_{0.05} = 1.645$
0.95	0.05	0.025	$Z_{0.025} = 1.96$
0.98	0.02	0.01	$Z_{0.01} = 2.33$
0.99	0.01	0.005	$Z_{0.005} = 2.575$

注意

①总体参数是未知常数,样本统计量是随机变量,区间估计是用一个区间估计总体参数所在的置信区间。

②置信水平为 90% 的置信区间意义为构造的所有区间中约有 90% 的区间包含总体参数的真值,10% 的区间不包含。

③毫无疑问,构造的区间越多,逮捕到总体参数真值的机会越大,但实际上我们往往只抽取了一个样本。因此,构造的也只是某一个特定的区间,这个区间可能是 90% 的区间中的一个,也可能是 10% 的区间中的一个。

5.3　一个总体参数的区间估计

前面已学习了参数估计的基本知识,从本节开始来学习如何构建常用的 3 种总体参数:总体均值、总体比例和总体方差的置信区间。

5.3.1　总体均值的区间估计

总体分布为不同情况以及抽取样本为大小样本时,总体均值的置信区间都会有所不同,下面我们针对不同的情况来具体分析。

1) 正态总体、方差 σ^2 已知,或非正态总体、大样本

当总体服从正态分布,且总体方差 σ^2 已知或总体不是正态分布,但抽取样本为大样本 ($n \geqslant 30$) 时,根据前面所学内容可知来自该总体的简单随机样本的样本均值 $\bar{x} \sim N\left(\mu, \dfrac{\sigma^2}{n}\right)$。将样本均值统计量 $\bar{x}$ 标准化,得到 z 统计量

$$z = \frac{\bar{x} - \mu}{\sigma / \sqrt{n}} \sim N(0,1) \tag{5.12}$$

根据区间估计的定义,可构造均值 μ 的置信区间。对于给定的显著性水平 α,可令

$$P\{-z_{\alpha/2} < z < z_{\alpha/2}\} = 1 - \alpha$$

即有

$$P\left\{-z_{\alpha/2} < \frac{\bar{x} - \mu}{\sigma/\sqrt{n}} < z_{\alpha/2}\right\} = 1 - \alpha$$

从而有

$$P\left\{\bar{x} - z_{\alpha/2}\frac{\sigma}{\sqrt{n}} < \mu < \bar{x} + z_{\alpha/2}\frac{\sigma}{\sqrt{n}}\right\} = 1 - \alpha$$

即总体均值 μ 在 $1-\alpha$ 的置信水平下的置信区间为：

$$\left(\bar{x} - z_{\alpha/2}\frac{\sigma}{\sqrt{n}}, \bar{x} + z_{\alpha/2}\frac{\sigma}{\sqrt{n}}\right) \tag{5.13}$$

式中，$\frac{\sigma}{\sqrt{n}} = \sigma(\bar{x})$，即 5.1 节介绍的抽样平均误差，$z_{\alpha/2}\frac{\sigma}{\sqrt{n}}$ 称为估计总体均值时的边际误差，也称估计误差或误差范围，因为这部分即为样本均值和总体均值的差异部分即误差范围，所以上述置信区间也可表示为总体均值的点估计值±边际误差。

如果正态总体或总体不是正态分布，但抽取样本为大样本（$n \geqslant 30$）时，总体方差 σ^2 未知，根据样本方差是总体方差的无偏估计量，以样本方差 s^2 代替总体方差 σ^2。这时，总体均值 μ 在 $1-\alpha$ 的置信水平下的置信区间为：总体均值 μ 在 $1-\alpha$ 置信水平下的置信区间为

$$\bar{x} \pm z_{\alpha/2}\frac{s}{\sqrt{n}} \text{（总体方差 σ^2 未知）} \tag{5.14}$$

【例 5.2】 某厂生产 A 零件长度服从正态分布，且总体标准差为 8 cm。每天的产量大约为 5 000 件，按规定每件零件的长度应为 80 cm。为对零件长度进行监测，质检部门经常要进行抽检，以分析零件是否符合要求。现从某天生产的一批零件中随机抽取了 16 件，测得每件长度见表 5.5。

表 5.5 16 件零件的长度/cm

82.1	83.0	85.0	79.5
81.5	82.4	90	78
77.9	79.2	82.3	84.3
85.3	84.5	81.4	82.6

试估计该厂生产 A 零件平均长度的置信区间，置信水平为 90%。

解 已知小样本总体方差已知的条件下，样本均值 $\bar{x}$ 服从 z 分布，$n = 16$，$1-\alpha = 90\%$，查表得 $z_{\alpha/2} = 1.645$。根据样本数据计算得

$$\bar{x} = 82.44 \text{ cm}$$

因此，总体均值 μ 在 $1-\alpha$ 置信水平下的置信区间为

$$\bar{x} \pm z_{\alpha/2}\frac{\sigma}{\sqrt{n}} = 82.44 \pm 1.645 \times \frac{8}{\sqrt{16}} = 82.44 \pm 3.29 = (79.15, 85.73)$$

即该厂生产 A 零件平均长度在 90% 置信水平下的置信区间为 79.15~85.73 cm。

用 Excel 中的"NORMSINV"函数求标准正态分布的分位数值如下：

第 1 步：进入 Excel 表格界面，直接单击"$f(x)$"（粘贴函数）命令。

第 2 步：在函数分类中单击"统计"，并在函数名菜单下选择字符"NORMSINV"，然后单击"确定"按钮。

第 3 步：在出现对话框的"Probability"栏中输入"0.05"，得到 -1.644 85。

【例 5.3】 一家保险公司收集到由 49 个投保个人组成的随机样本，得到每个投保人的年龄（周岁）数据见表 5.6。试建立投保人平均年龄在置信水平为 95% 的置信区间。

表 5.6　49 位投保人年龄的数据/周岁

30	28	45	50	36	23	35
39	27	36	42	46	43	31
33	42	53	45	54	47	24
34	28	39	36	44	40	39
38	42	44	40	39	41	48
49	46	38	35	34	48	47
39	45	46	41	32	37	27

解　已知大样本总体方差未知时，用样本方差代替总体方差，样本均值服从 z 分布，又因为 $n = 49$，$1-\alpha = 95\%$，查表得 $z_{\alpha/2} = 1.96$。根据样本数据计算得

$$\bar{x} = 39.3 \text{ 岁}, s = 7.42 \text{ 岁}$$

所以总体均值 μ 在 $1-\alpha$ 置信水平下的置信区间为

$$\bar{x} \pm z_{\alpha/2} \frac{s}{\sqrt{n}} = 39.3 \pm 1.96 \times \frac{7.42}{\sqrt{49}} = 39.3 \pm 2.08 = (37.22, 41.38)$$

即投保人平均年龄在 95% 置信水平下的置信区间为 37.22~41.38 岁。

小贴士

通常情况下，当用原始数据构建总体均值 μ 的置信区间时，置信区间的计算结果应保留的小数点位数要比原始数据中使用的小数点多一位。当不知道原始数据时，置信区间的计算结果保留的小数点位数应与样本均值使用的小数点位数相同。

2）正态总体、σ^2 未知、小样本

若正态分布总体方差 σ^2 未知，抽取样本为小样本（$n < 30$）时，可以样本方差 s^2 代替总体方差 σ^2。根据样本抽样分布，其服从自由度为 $n-1$ 的 t 分布。记为

$$t = \frac{\bar{x} - \mu}{\frac{s}{\sqrt{n}}} \sim t(n - 1) \tag{5.15}$$

因此,需要采用 t 分布来建立总体均值 μ 的置信区间。这里需要介绍一下统计学 3 大分布之 t 分布。t 分布是类似正态分布的一种对称分布,它通常要比正态分布平坦和分散。一个特定的分布依赖于称为自由度的参数。当 $n \to \infty$ 时,t 分布趋近于标准正态分布。实际应用中,当 $n > 30$ 时,t 分布可用标准正态分布近似。图 5.7 给出了不同自由度的 t 分布与标准正态分布的比较图。

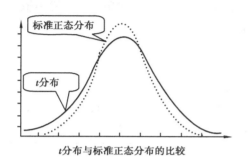

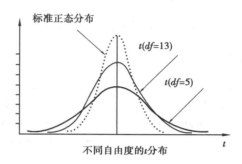

图 5.7　**不同自由度的 t 分布与标准正态分布的比较图**

给定置信水平为 $1-\alpha$,可查 t 分布表确定临界值 $t_{\alpha/2}(n-1)$,使得 t 的取值在 $(-t_{\alpha/2}(n-1)$, $t_{\alpha/2}(n-1))$ 区间的概率为分布 $1-\alpha$,即

$$P\left\{-t_{\alpha/2}(n-1) < \frac{\bar{x}-\mu}{s/\sqrt{n}} < t_{\alpha/2}(n-1)\right\} = 1-\alpha$$

总体均值 μ 在 $1-\alpha$ 置信水平下的置信区间为

$$\left(\bar{x}-t_{\alpha/2}(n-1)\frac{s}{\sqrt{n}}, \bar{x}+t_{\alpha/2}(n-1)\frac{s}{\sqrt{n}}\right) \tag{5.16}$$

【例 5.4】　已知某种灯泡的寿命服从正态分布,现从一批灯泡中随机抽取 25 只,测得其使用寿命(h)见表 5.7。建立该批灯泡平均使用寿命 90% 的置信区间。

表 5.7　**25 只灯泡的寿命数据/h**

1 500	1 470	1 470	1 520	1 480
1 480	1 540	1 480	1 470	1 530
1 520	1 460	1 510	1 510	1 490
1 490	1 510	1 490	1 490	1500
1 530	1 520	1 530	1 540	1 520

解　已知 $X \sim N(\mu, \sigma^2)$,$n=25$, $1-\alpha=90\%$,查表得 $t_{\alpha/2}=1.711$,根据样本数据计算得:

$$\bar{x} = 1\ 502\ \text{h}, s = 23.80\ \text{h}$$

则总体均值 μ 在 $1-\alpha$ 置信水平下的置信区间为

$$\bar{X} \pm t_{\alpha/2}\frac{s}{\sqrt{n}} = 1\ 502\ \pm 1.711 \times \frac{23.80}{\sqrt{25}} = 1\ 502\ \pm 8.14 = (1\ 493.86, 1\ 510.14)$$

即该种灯泡平均使用寿命90%置信水平的置信区间为1 493.86~1 510.14 h。

用 Excel 中的"TINV"函数求 t 分布的分位数值如下：

第1步：进入 Excel 表格界面，直接单击"$f(x)$"（粘贴函数）命令。

第2步：在函数分类中单击"统计"，并在函数名菜单下选择字符"TINV"，然后单击"确定"按钮。

第3步：在出现对话框的"Probability"栏中输入"0.1"，在"Deg_freedom"栏中输入自由度"24"，该函数自动返回 $t_{\alpha/2}$ 的值得到1.710 882。

小贴士

> 有了总体均值的置信区间，当已知总体单位 N 时，要对总体总额进行估计，只需将总体均值的置信区间乘以总体单位数目就可得到总体总额的置信区间了。

5.3.2　总体比例的区间估计

前面已讲到对于一个具体的样本比例 p，若 $np \geqslant 5$ 和 $n(1-p) \geqslant 5$，就可认为样本容量充分大。当样本容量充分大时，样本比例的抽样分布趋近于期望值为 π、方差为 $\dfrac{\pi(1-\pi)}{n}$ 的正态分布。样本比例经标准化后的随机变量服从标准正态分布，即

$$z = \frac{p - \pi}{\sqrt{\dfrac{\pi(1 - \pi)}{n}}} \sim N(0,1) \tag{5.17}$$

同构建总体均值置信区间的原理一样，我们可得出总体比例 π 在 $1-\alpha$ 置信水平下的置信区间为

$$p \pm z_{\frac{\alpha}{2}} \sqrt{\frac{\pi(1 - \pi)}{n}} \text{ 或 } p \pm z_{\frac{\alpha}{2}} \sqrt{\frac{p(1 - p)}{n}} \text{（}\pi\text{ 未知时）} \tag{5.18}$$

总体比例的置信区间同样由两部分组成即总体比例的点估计值加减边际误差，此时边际误差为 $z_{\frac{\alpha}{2}} \sqrt{\dfrac{p(1-p)}{n}}$。当样本容量充分大时，样本比例的抽样分布趋近于正态分布。

【例5.5】　某厂对一批产成品按不重复抽样方法随机抽选400件进行质量检测。其中，一等品300件，试以98%的置信水平估计一等品率的范围。

解　已知 $n = 400$，$p = \dfrac{300}{400} = 75\%$，$1-\alpha = 98\%$，查表得 $z_{\frac{\alpha}{2}} = 2.33$，故

$$p \pm z_{\frac{\alpha}{2}} \sqrt{\frac{p(1 - p)}{n}} = 75\% \pm 2.33 \times \sqrt{\frac{75\%(1 - 75\%)}{400}} = 75\% \pm 5.04\% = (69.96\%, 80.04\%)$$

该厂一等品率98%置信水平下置信区间为69.96%~80.04%。

5.3.3 总体方差的区间估计

正如前面所讲,对于来自正态总体的简单随机样本,则构建统计量的抽样分布服从自由度为$(n-1)$的χ^2分布,即

$$\frac{(n-1)s^2}{\sigma^2} \sim \chi^2(n-1)$$

对于给定的α,查χ^2分布表确定两个临界值$\chi^2_{1-\alpha/2}(n-1)$和$\chi^2_{\alpha/2}(n-1)$,使

$$P\left\{\chi^2_{1-\frac{\alpha}{2}}(n-1) < \frac{(n-1)s^2}{\sigma^2} < \chi^2_{\frac{\alpha}{2}}(n-1)\right\} = 1-\alpha$$

故总体方差在$1-\alpha$置信水平下的置信区间为

$$\left(\frac{(n-1)s^2}{\chi^2_{\frac{\alpha}{2}}(n-1)}, \frac{(n-1)s^2}{\chi^2_{1-\frac{\alpha}{2}}(n-1)}\right) \tag{5.19}$$

若给定一个显著性水平α,用χ^2分布构造的总体方差σ^2的置信区间如图5.8所示。

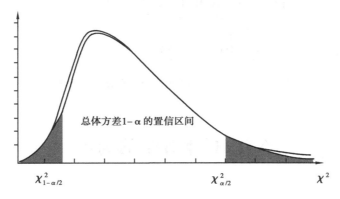

图5.8 自由度为$n-1$的χ^2分布

【例5.6】 从某车间加工的同类零件中抽取16件产品,测得零件的平均长度为12.8 cm,方差为0.002 3。假定零件长度服从正态分布,试求该车间生产此零件总体方差和标准差的置信区间(置信水平为95%)。

解 已知$n=16$,$1-\alpha=95\%$,$s^2=0.002\,3$,查χ^2分布表得

$$\chi^2_{\frac{\alpha}{2}}(n-1) = \chi^2_{0.025}(15) = 27.488\,4$$

$$\chi^2_{1-\frac{\alpha}{2}}(n-1) = \chi^2_{0.975}(15) = 6.262\,1$$

σ^2置信度为95%的置信区间为

$$\frac{(16-1)\times 0.002\,3}{27.488\,4} \leqslant \sigma^2 \leqslant \frac{(16-1)\times 0.002\,3}{6.262\,1} = 0.001\,3 \leqslant \sigma^2 \leqslant 0.005\,5$$

标准差

$$0.036\,1 \leqslant \sigma \leqslant 0.074\,2$$

因此,该车间生产此零件长度总体方差置信水平为95%的置信区间为0.001 3~0.005 5。标准差的置信区间为0.036 1~0.074 2 cm。

用 Excel 中的"CHIINV"函数求卡方分布的分位数值如下:

第 1 步:进入 Excel 表格界面,直接单击"$f(x)$"(粘贴函数)命令。

第 2 步:在函数分类中单击"统计",并在函数名菜单下选择字符"CHIINV",然后单击"确定"按钮。

第 3 步:在出现对话框的"Probability"栏中输入"0.025",在"Deg_freedom"栏中输入自由度"15",该函数自动返回 $\chi^2_{0.025}(15)$ 的值得到 27.488 39,若想得到 $\chi^2_{0.975}(15)$ 则在"Probability"栏中输入"0.975",即可得到 6.262 138。

综上所述,由样本统计量对一个总体参数的估计及所使用的分布如图 5.9 所示。

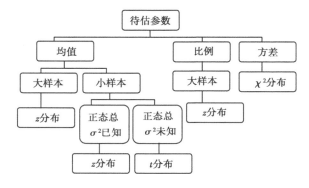

图 5.9 一个总体参数的估计及所使用的分布

5.4 样本容量的确定

前面已经讨论了置信区间由哪些因素决定? 就总体均值的置信区间来说,由点估计值和边际误差构成的置信区间,由置信水平、总体标准差和样本容量共同决定。这里我们不能脱离构建置信区间的本来目的,我们是希望得到总体参数的一个尽可能准确的区间。如果区间估计太宽,那么,区间只能提供很少的信息。如果区间过窄,但是可靠性不高,实际的可用性也不大。既要可靠性不低,又希望区间不要太宽,我们只有提高样本容量了。在抽取样本时,样本容量多大是一个关键的问题。毫无疑问,样本容量大,收集的信息量越大,从而对总体估计的精度越高,但与此同时抽样估计所投入的成本也就越多;样本容量小,耗费成本虽较少,但得到的信息少,估计精度也较低。盲目地提高样本容量只会增加成本,到底确定多少样本容量合适呢? 此节将学习确保精度的前提下确定最小样本容量的方法。

5.4.1 估计总体均值时样本容量的确定

估计总体均值的置信区间可表示为总体均值的点估计值 $\bar{x}\pm$ 边际误差。$z_{\alpha/2}\dfrac{\sigma}{\sqrt{n}}$ 称为估计总体均值时的边际误差。很明显可以看出,$z_{\alpha/2}$ 的值和样本容量 n 共同决定了边际误差及误差范围的大小。要是我们提前确定允许的误差范围,并给定了置信水平,置信水平确定了,$z_{\alpha/2}$ 的值

就确定了,就可求出允许误差范围下的最小样本容量了。令 E 代表我们允许的边际误差,即

$$E = z_{\frac{\alpha}{2}} \frac{\sigma}{\sqrt{n}}$$

由此可推算出样本容量的确定方法为

$$n = \frac{(z_{\frac{\alpha}{2}})^2 \sigma^2}{E^2} \tag{5.20}$$

从式(5.20)中可见,样本容量 n 与总体方差成正比,与边际误差成反比,与可靠性系数成正比。也就是说,在其他条件不变的情况下,置信水平越大,所需的样本容量也就越大;总体的差异越大,边际误差也就越大,所需的样本容量也就越大。

小结

①重复抽样

$$n = \frac{(z_{\frac{\alpha}{2}})^2 \sigma^2}{E^2}$$

其中

$$E = z_{\frac{\alpha}{2}} \frac{\sigma}{\sqrt{n}}$$

②不重复抽样

$$n = \frac{N(z_{\frac{\alpha}{2}})^2 \sigma^2}{(N-1)E^2 + (z_{\frac{\alpha}{2}})^2 \sigma^2}$$

【例 5.7】　拥有工商管理学士学位的大学毕业生年薪的标准差大约为 3 000 元,假定想要估计年薪 90% 的置信区间,希望边际误差为 380 元,应抽取多大的样本容量?

　　解　已知 $\sigma = 3\ 000$ 元,$E = 380$,$1 - \alpha = 95\%$,查表得 $z_{\alpha/2} = 1.645$,则

$$n = \frac{(z_{\frac{\alpha}{2}})^2 \sigma^2}{E^2} = \frac{(1.645)^2 \times 3\ 000^2}{380^2} \text{人} = 168.66 \approx 169 \text{人}$$

即应抽取 169 人作为样本。

5.4.2　估计总体比例时样本容量的确定

总体比例的置信区间同样由两部分组成,即总体比例的点估计值加减边际误差。此时,边际误差为 $z_{\frac{\alpha}{2}} \sqrt{\frac{\pi(1-\pi)}{n}}$,则估计总体比例时样本容量为

$$n = \frac{(z_{\frac{\alpha}{2}})^2 \cdot \pi(1-\pi)}{E^2} \tag{5.21}$$

式(5.21)中的边际误差 E 必须是事先确定的,大多数情况下,一般取 E 的值小于 0.1。

在实际情况下,如果总体比例方差不知道,可用试验样本中的最大方差代替。

小结

①重复抽样

$$n = \frac{(z_{\frac{\alpha}{2}})^2 \cdot \pi(1-\pi)}{E^2}$$

②不重复抽样

$$n = \frac{N(z_{\frac{\alpha}{2}})^2 \cdot \pi(1-\pi)}{(N-1)E^2 + (z_{\frac{\alpha}{2}})^2 \cdot \pi(1-\pi)}$$

【例5.8】 根据以往的生产统计,某种产品的合格率约为95%,现要求边际误差为3%,在求98%的置信区间时,应抽取多少个产品作为样本?

解 已知$\pi = 95\%$,$1 - \alpha = 98\%$,$Z_{\alpha/2} = 2.33$,$E = 3\%$。

应抽取的样本容量为

$$n = \frac{(z_{\frac{\alpha}{2}})^2 \cdot \pi(1-\pi)}{E^2} = \frac{(2.33)^2 \times 0.95 \times (1 - 0.95)}{0.03^2} 个 = 286.5 \approx 287 个$$

因此,应抽取287个产品作为样本。

【例5.9】 某城市对居民的生活情况进行抽样调查。若该城市居民家庭平均生活费支出的标准差为260元,边际误差为20元,恩格尔系数为55%,边际误差不超过4%,以95%的置信水平,分别确定该城市应抽多少户家庭进行调查?

解 已知$\sigma(X) = 260$元,$E(X) = 20$,$1 - \alpha = 95\%$,$P = 0.55$,$E_P = 0.04$,则

$$n_{\bar{X}} = \frac{(z_{\frac{\alpha}{2}})^2 \sigma^2}{E^2} = \frac{(1.96)^2 \cdot 260^2}{20^2} 户 = \frac{259\,692.16}{400} 户 = 649.2 户 \approx 650 户$$

$$n_p = \frac{(z_{\frac{\alpha}{2}})^2 \pi(1-\pi)}{E^2} = \frac{(1.96)^2 \cdot 0.55 \times 0.45}{0.04^2} 户 = \frac{0.950\,796}{0.001\,6} 户 = 594.2 户 \approx 595 户$$

该城市为满足抽样要求应抽650户家庭进行调查。

注意

计算样本容量应注意的问题:

①运用上面公式计算的样本容量是最低的,也是最必要的样本。

②在总体方差和总体比例未知的情况下,在实际计算时往往利用有关资料代替:如果本次抽样调查之前,曾经做过同类问题的全面调查,用全面调查的有关数据来代替;如果在正式抽样之前,组织过两次或两次以上的试验性抽样,用试验样本中的最大方差代替;如果总体和样本比例都无法得知,通常取使总体方差$\pi(1-\pi)$为最大值的比例值0.5。

③如果进行一次抽样调查,同时对总体均值和比例进行区间估计,运用上述公式可分别计算出两个样本容量。一般情况下,为了同时满足两个总体参数的估计要求,应选两个样本容量中较大的一个。

【学习指导与小结】

本章围绕一个总体参数估计时样本统计量抽样分布理论的基础上,重点介绍总体均值、比例和方差的置信区间估计方法。本章各节的主要内容和学习要点见表5.8。

表5.8　本章各节的主要内容和学习要点

章　节	主要内容	学习要点
5.1　一个总体参数估计时样本统计量的抽样分布	样本均值的抽样分布	概念:抽样分布,**样本均值的抽样分布** 中心极限定理 样本均值抽样分布的特征 样本均值的抽样分布与总体分布的关系
	样本比例的抽样分布	概念:**样本比例的抽样分布** 样本比例抽样分布的形式和特征
	样本方差的抽样分布	概念:样本方差的抽样分布 样本方差抽样分布的形式
5.2　参数估计的一般问题	估计量与估计值	概念:估计量,估计值
	评价估计量的标准	概念:无偏性,有效性,一致性
	点估计与区间估计	概念:点估计,区间估计,置信区间,置信水平 **置信区间构建的原理** 置信区间的解释
5.3　一个总体参数的区间估计	**总体均值的区间估计**	正态总体、方差已知时的置信区间 非正态总体、大样本时的置信区间 正态总体、方差已知时的小样本置信区间 正态总体、方差未知时的小样本置信区间
	总体比例的区间估计	总体比例的置信区间
	总体方差的区间估计	总体方差的置信区间
5.4　样本容量的确定	**估计总体均值时样本容量的确定**	样本容量的计算方法
	估计总体比例时样本容量的确定	样本容量的计算方法

注:"加粗"部分为重点学习要点,应当重点学习并掌握。

【常用术语】

抽样分布　样本均值的抽样分布　样本比例抽样分布　标准误差　估计标准误差　估计量　估计值　点估计　区间估计　置信区间　置信水平

【案例讨论】

米德公司

位于俄亥俄州代顿市的米德公司（Mead Corporation）是一家多种类型纸张和森林产品的生产厂商。它不但生产纸、纸浆、板材，而且还能将纸板加工成装运器具和饮料转运箱。公司的销售能力很强，能在市场上销售许多自己的产品，如纸张、教学用品和文具等。公司内部的顾问小组运用抽样为决策分析提供各种各样的信息，这些信息使得公司获取了巨大的生产利润，公司在本行业中保持了较强的竞争力。

例如，公司拥有大片林地。这些林地提供的大批木材是公司许多产品的原材料。公司管理人员需要有关林地和森林方面可靠而精确的信息来对公司的生产能力进行估计，以满足公司今后的原材料需求。又如，森林木材量现在有多少？森林过去增长了多少？预计将来如何增长？有了这些基本数据，公司管理人员就能够拟订计划，包括树木长期种植和砍伐计划。米德公司是如何得到它所需要的有关自己大片林地方面信息的呢？从林地各处样本地里收集的数据是了解公司拥有的树木总体的基础。为了确定样本，公司首先根据地理位置和树木品种把林地划分为3个部分。然后公司分析人员利用地图和随机数表来确定从每个部分抽取1/7～1/5英亩作为随机样本。公司的林业人员就是从这些样本地里收集数据，了解林地总体情况。

在公司工作的林业人员都要参与数据收集过程，一些小组定期收集各个样本地每一棵树的信息。然后将这些信息输入公司连续森林存货（CFI）计算机系统中。CFI系统就会输出一系列汇总数据，包括树木品种、现有森林数量、森林增长率和预计未来森林增长率以及森林数量进行统计推断。抽样和有关样本数据统计汇总资料所提供的信息是米德公司对森林和林地资产进行有效管理的关键。

【讨论】

1. 该公司采用的抽样方法是什么？
2. 如何对该公司林地树木的平均增长量进行区间估计？

【思考与练习】

一、思考题

1. 推断统计学包括哪些内容？统计量有哪些？
2. 什么是抽样分布？怎样理解抽样分布与总体分布和样本分布的区别和联系？

3. 解释中心极限定理的含义。

4. 重复抽样和不重复抽样相比,抽样均值抽样分布的标准差有何不同?

5. 一个总体参数估计时样本统计量的抽样分布如何确定?

6. 参数估计的方法有哪两种? 评价估计量的标准是什么?

7. 什么是置信区间? 什么是置信水平?

8. 估计总体均值时样本容量如何确定?

9. 估计总体比例时样本容量如何确定?

二、练习题

1. 某快餐店想要估计每位顾客午餐的平均花费金额,在为期 3 周的时间里选取 49 名顾客组成了一个简单随机样本。

(1)假定总体标准差为 15 元,求样本均值的抽样标准误差。

(2)在 95% 的置信水平下,求边际误差。

(3)如果样本均值为 120 元,求总体均值 μ 的 95% 的置信区间。

2. 利用下面的信息,构建总体均值 μ 的置信区间。

(1)总体服从正态分布,且已知 $\sigma = 500, n = 15, \bar{x} = 8\,900$,置信水平为 95%。

(2)总体不服从正态分布,且已知 $\sigma = 500, n = 35, \bar{x} = 8\,900$,置信水平为 95%。

(3)总体不服从正态分布,σ 未知,$n = 35, \bar{x} = 8\,900, s = 500$,置信水平为 90%。

(4)总体不服从正态分布,σ 未知,$n = 35, \bar{x} = 8\,900, s = 500$,置信水平为 99%。

3. 汽车销售人员每年销售的汽车数量是服从正态分布的,标准差是 15。抽取由 400 名销售员组成的随机样本,发现每年平均销售量是 75 辆。计算总体均值 95% 的置信区间估计。解释其区间估计。

4. 已知汽车的换油时间服从正态分布,标准差是 5 min。100 个换油时间组成的随机样本的均值是 22 min。计算总体均值的 99% 的置信区间估计。

5. 从一个正态总体中随机抽取样本量为 8 的样本,各样本值分别为:10, 8, 12, 15, 6, 13, 5, 11。求总体均值 95% 的置信区间。

6. 某居民小区为研究职工上班从家里到单位的距离,假设其服从正态分布,抽取了由 16 个人组成的一个随机样本,他们到单位的距离数据见表 5.9。求职工上班从家里到单位平均距离 95% 的置信区间。

表 5.9 距离样本/km

10	3	14	8	6	9	13	2
12	11	7	5	10	15	9	16

7. 从一批零件中随机抽取 36 个,测得其平均长度为 149.5 cm,标准差为 1.93 cm。

(1)试确定该种零件平均长度 95% 的置信区间。

(2)在上面的估计中,你使用了统计中的哪一个重要定理? 请简要解释这一定理。

8. 利用下面的样本数据构建总体比例 π 的置信区间。

(1)$n = 44, p = 0.51$,置信水平为 99%。

(2)$n = 300, p = 0.82$,置信水平为 95%。

（3）$n = 1\,150, p = 0.48$，置信水平为 90%。

9.某厂对一批产成品按不重复抽样方法随机抽选 200 件进行质量检测，其中一等品 160 件，试以 90% 的概率估计一等品率的范围。

10.在一项家电市场调查中，随机抽取了 200 个居民户，调查他们是否拥有某一品牌的电视机。其中，拥有该品牌电视机的家庭占 23%。求总体比例的置信区间，置信水平分别为 90% 和 95%。

11.一家食品生产企业以生产袋装食品为主，现从某天生产的一批食品中随机抽取了 25 袋，测得每袋质量见表 5.10。已知产品质量的分布服从正态分布。以 95% 的置信水平建立该种食品质量方差的置信区间。

表 5.10　测量数据/g

112.5	101.0	103.0	102.0	100.5
102.6	107.5	95.0	108.8	115.6
100.0	123.5	102.0	101.6	102.2
116.6	95.4	97.8	108.6	105.0
136.8	102.8	101.5	98.4	93.3

12.从某班级学生中随机抽取 16 人，计算得其语文平均成绩为 75 分，方差为 25 分。假定学生成绩服从正态分布，试求总体方差及标准差的置信区间（给定的显著性水平为 0.05）。

13.一位银行的管理人员想估计每位顾客在该银行的月平均存款额。他假设所有顾客月存款额的标准差为 1 000 元，要求估计误差在 200 元以内，应选取多大的样本？（给定的显著性水平为 0.05）

14.一位医学研究员想调查病人服用新止痛药后，缓解头痛症状所需要的时间。她计划使用统计方法来估计总体的平均缓解时间。她相信总体服从正态分布，标准差是 20 min。如果以 90% 的置信水平，在 1 min 之内估计平均时间，她应抽取多大的样本？

15.要估计总体比例 π，计算下列个体所需的样本容量：

（1）$E = 0.02, \pi = 0.40$，置信水平为 96%。

（2）$E = 0.04, \pi$ 未知，置信水平为 95%。

（3）$E = 0.05, \pi = 0.55$，置信水平为 90%。

16.某居民小区共有居民 500 户，小区管理者准备采取一向新的供水设施，想了解居民是否赞成。采取重复抽样方法随机抽取了 50 户，其中有 32 户赞成，18 户反对。

（1）求总体中赞成该项改革的户数比例的置信区间，置信水平为 95%。

（2）如果小区管理者预计赞成的比例能达到 80%，应抽取多少户进行调查？

第6章 假设检验

> ……正如一个法庭宣告某一判决为"无罪"而不为"清白"，统计检验的结论也应为"不拒绝"而不为"接受"。
>
> ——Jan Kmenta

【学习目标】

本章的主要学习目标是向读者介绍统计假设检验的基本理论及应用,目的是让读者通过学习,了解假设检验的理论思想,理解统计假设检验逻辑思维方式在实际生活中的应用;在认识统计假设检验思想基础上,了解假设检验与参数估计的相同点与不同之处。重点掌握一个总体参数(均值、比例和方差)的检验;假设检验中的两类错误;假设检验中 p 值的计算与决策规则;正确地应用假设检验的理论与方法。

【知识点浏览】

1.假设检验的基本原理。

2.两类错误与显著性水平。

3.检验统计量与拒绝域。

4.假设检验的基本步骤。

5.利用 p 值进行决策。

6.一个总体均值的检验。

7.一个总体比例的检验。

8.一个总体方差的检验。

【开篇案例】

哈里斯公司的产品质量控制①

哈里斯公司位于佛罗里达州澳大利亚港市,是越野无线电通信设备的主要生产厂家,是一家拥有大量生产设备的综合生产公司。大多数哈里斯产品是通过中、大批量生产出来的,其中包括印刷电路流水线、终端产品流水线。

该公司大批量产品中有一项拥有一条叫 RF 平台的流水线。在这个流水线上要将 16 个电子元件焊接在经过机床加工的其表面有电镀层的锻件上。生产期间,若某个问题在焊接过程中出现,则在平台上的焊接流程就不能达到为产品设立的质量标准。工程部在考虑一系列可能会影响焊接过程的因素后,就作出了初步判断:有疵点的电镀层最有可能导致焊接问题。工程师于是想弄清在哈里斯公司的电镀板存货里有疵点的比例是否超过供货商所假设的规格。

用 p 表示该公司电镀板存货里有疵点的比例,p_0 表示供货商所假设的有疵点的比例。建立假设:

$$H_0:p \leq p_0 \qquad H_1:p > p_0$$

H_0 表示哈里斯公司的电镀板存货里有疵点的比例小于或等于供货商的有疵点的比例。这样的比例被认为是可以接受的。工程师就需要寻找导致焊接问题的其他原因。检验结果表明,哈里斯公司的电镀板存货里有疵点的比例大于供货商所假设的有疵点的比例时,则说明正是这些过量的有疵点的电镀板导致了焊接问题,需采取措施来确定为什么电镀板存货里有疵点的比例是如此高。

在哈里斯公司的电镀板存货抽取一个样本进行测试,从而得出结果拒绝 H_0,说明电镀板存货里的疵点比例超过供货商所假设的比例。通过对存货地点的进一步调查发现,原来潜在的问题是储存期间受到搁架的污染,通过改变储存环境,工程师就解决了这个问题。

【思考与讨论】

1.具体解释哈里斯公司利用假设检验的思想是什么? 检验的总体参数是什么?

2.此总体参数是采用双侧检验还是单侧(左、右侧)检验? 陈述理由。

3.除产品质检运用假设检验的方法外,能否举出你对身边的人和事如何应用假设检验的方法。

统计学科包括描述统计学和推断统计学,而参数估计(parameter estimation)和假设检验(hypothesis testing)是推断统计学的两个重要组成部分。它们都是利用样本对总体进行某种推断,都需用概率,然而前者用到的是大概率,后者用到的是小概率原理。它们推断的角度不同,参数估计讨论的是如何用样本统计量估计总体参数的方法;而在假设检验中,则是先

① David R.Anderson, Dennis J. Sweeney, Thomas A.Williams.商务与经济统计学精要[M].大连:东北财经大学出版社,2000:310.

对总体参数提出一个假设,然后利用样本信息去检验这个假设是否成立。本章讨论的内容就是如何利用样本信息,对总体的某一假设成立与否作出判断的方法。

假设检验可分为两类:一是参数检验;二是非参数检验。本章只讨论对总体参数的检验,在本书后面章节还将涉及相关系数的检验、回归系数的检验和回归方程的显著性检验问题。

6.1　假设检验的基本原理

6.1.1　假设问题的陈述

正如"开篇案例"哈里斯公司工程部对电镀板存货里有疵点的比例是否超过供货商所假设的规格,先对电镀板存货里有疵点的比例进行假设一样,首先对假设的数据作一陈述。

◎定义6.1:对总体参数的具体数据数值所作的陈述,称为**假设**(hypothesis)或称统计假设。

一个假设的提出总是以一定的理由为基础的,但这些理由通常又是不完全充分的,因而产生了对提出的假设问题进行"检验"的需求,也就是要进行判断。例如,在某种计算机的开发研究中,研究人员需要判断新开发的功能是否比老产品更有市场;在对某一品牌洗衣粉的抽检中,抽检人员需要判断其净含量是否达到说明书中所声明的质量;公司在收到一批货物时,质检人员需要判断该批货物的属性是否与合同中规定的一致,等等。假设检验就是利用样本信息判断原假设是否成立的过程。

◎定义6.2:先对总体参数提出某种假设,然后利用样本信息判断假设是否成立的过程,称为**假设检验**(hypothesis test)。

在假设检验中,首先需要提出两种假设,即原假设和备择假设。

◎定义6.3:将研究者想搜集证据予以反对的假设称为**原假设**(null hypothesis),或称零假设,用 H_0 表示。

◎定义6.4:将研究者想搜集证据予以支持的假设称为**备择假设**(alternative hypothesis),或称研究假设,用 H_1 表示。

确定原假设和备择假设在假设检验中十分重要,它直接关系到检验的结论。下面通过几个例子来说明原假设和备择假设的建立方法。

【例6.1】　一种零件的生产标准长度是15 cm,为对生产过程进行控制,质量监测人员定期对一台加工机床检查,确定这台机床生产的零件是否符合标准要求。如果零件的平均长度大于或小于 15 cm,则表示生产过程不正常,必须进行调整。试陈述用来检验生产过程是否正常的原假设和备择假设。

解 设这台机床生产的所有零件平均直径的真值为 μ。如果 $\mu = 15$ 表明生产过程正常,如果 $\mu > 15$ 或 $\mu < 15$,则表明生产机床的生产过程不正常,研究者要检测这两种可能情况中的任何一种。根据备择假设的定义,研究者想收集证据予以证明(或支持)的假设应该是"生产过程不正常",因为如果研究者事先认为生产过程正常的话,他也就没有必要去进行检验了。所以建立的原假设和备择假设应为

$$H_0 : \mu = 15 \qquad 生产过程正常$$

$$H_1 : \mu \neq 15 \qquad 生产过程不正常$$

【例 6.2】 某品牌洗衣粉在它的产品说明书中声称:平均净含量不少于 550 g。从消费者的利益出发,有关研究人员要抽检其中的一批产品来验证产品制造商的说明是否属实。试陈述用于检验的原假设与备择假设。

解 设该品牌洗衣粉平均净含量的真值为 μ。如果检验的结果发现 $\mu < 550$ g,则表明该产品说明书中关于其净含量不小于 550 g 的结论是不真实的,有关部门应对其采取相应的措施。一般来说,研究者抽检的意图是倾向于从消费者的利益出发,拟搜集证据证实不符合制造商说明书中的陈述,因为这会损害消费者的利益,如果研究者对产品说明丝毫没有质疑,也就没有抽检的必要了。所以 $\mu < 550$ g 是研究者想要搜集证据支持的观点,故建立的原假设与备择假设应为

$$H_0 : \mu \geqslant 550 \qquad 净含量符合说明书$$

$$H_1 : \mu < 550 \qquad 净含量不符合说明书$$

【例 6.3】 一家研究机构估计,某城市中家庭拥有汽车的比例超过 32%。为验证这一估计是否正确,该研究机构随机抽取了一个样本进行检验。试陈述用于检验的原假设与备择假设。

解 设该城市中家庭拥有汽车的比例真值为 π。显然,研究者想搜集证据予以支持的假设是"该城市中家庭拥有汽车的比例超过 32%"。故建立的原假设与备择假设应为

$$H_0 : \pi \leqslant 0.32 \qquad 家庭拥有汽车的比例不超过 32\%$$

$$H_1 : \pi > 0.32 \qquad 家庭拥有汽车的比例超过 32\%$$

通过以上几个例子我们可以得到建立假设的以下几点认识:

> ⊙原假设和备择假设是一个完备事件组,而且相互对立。这意味着,在一项假设检验中,原假设和备择假设必有一个成立,而且只有一个成立。
>
> ⊙先确定备择假设,再确定原假设。这样做的原因是备择假设是我们所关心的,是想予以支持或证实的,因而比较清楚,容易确定。由于原假设和备择假设是对立的,只要确定了备择假设,其对立面就是原假设。
>
> ⊙等号"="总是放在原假设上。
>
> ⊙因研究目的不同,对同一问题可能提出不同的假设(也可能得出不同的结论)。

在假设检验中,研究者感兴趣的备择假设的内容,可以是原假设 H_0 某一特定方向的变化,也可以是一种没有特定方向的变化。例如,在例 6.3 中,研究者感兴趣的是家庭拥有汽车的比例是否高于 32%,同样在例 6.2 中研究者感兴趣的问题是洗衣粉的净含量是否低于 550 g。这种具有方向性的假设检验称为单侧检验(或单尾检验)。而在例 6.1 中,研究者感兴趣的是生产过程是否正常,即备择假设没有特定方向,只是关心所有零件平均长度是否等于 15 cm,并不关心是大于还是小于 15 cm,这种没有方向性的检验为双侧检验(或双尾检验)。

◎定义 6.5:备择假设具有特定的方向,并含有符号">"或"<"的假设检验称为单侧检验或**单尾检验**(one-tailed-test)。

◎定义 6.6:备择假设没有特定的方向,并含有符号"≠"的假设检验称为**双侧检验**或**双尾检验**(two-tailed test)。

提示

识别单侧检验或单尾检验(one-tailed test)以及双侧检验或双尾检验(two-tailed test)的关键,取决于**备择假设的符号是否具有方向性**。

在单侧检验中,如果研究者感兴趣的备择假设的方向为"<",称为左单侧检验;如果研究者感兴趣的备择假设的方向为">",称为右单侧检验。例如,例 6.2 属于左单侧检验,而例 6.3 属于右单侧检验。设总体参数 μ(即总体均值),μ_0 为假设的参数的具体数值,可将假设检验的基本形式总结见表 6.1。

表 6.1 假设检验的基本形式

假　设	双侧检验	单侧检验	
		左单侧检验	右单侧检验
原假设	$H_0 : \mu = \mu_0$	$H_0 : \mu \geq \mu_0$	$H_0 : \mu \leq \mu_0$
备择假设	$H_1 : \mu \neq \mu_0$	$H_1 : \mu < \mu_0$	$H_1 : \mu > \mu_0$

6.1.2 两类错误与显著性水平

假设检验的目的是要根据样本信息作出决策,也就是作出是否拒绝原假设而倾向于备择假设的决策。显然,研究者总是希望能作出正确决策,但由于决策是建立在样本信息的基础之上,而样本又是随机的,因而就有可能犯错误。

如前所述,原假设与备择假设不能同时成立,我们要么拒绝原假设 H_0,要么不拒绝原假设 H_0。我们希望的是:当原假设 H_0 正确时,没有拒绝它,当原假设 H_0 不正确时拒绝它。但我们无法保证不犯错误,所以在假设检验过程中可能发生以下两类错误:弃真错误和取伪错误。

> ◎定义 6.7:当原假设为真时拒绝原假设,所犯的错误称为**第Ⅰ类错误**(type Ⅰ error),又称弃真错误,犯第Ⅰ类错误的概率通常记为 α。

> ◎定义 6.8:当原假设为不真时未拒绝原假设,所犯的错误称为**第Ⅱ类错误**(type Ⅱ error),又称取伪错误,犯第Ⅱ类错误的概率通常记为 β(Beta)。

假设检验中的结论及其后果有下面的情况,见表 6.2。

表 6.2 假设检验的结论与后果

决策结果	实际情况	
	H_0 正确	H_0 不正确
未拒绝 H_0	正确决策($1-\alpha$)	第Ⅱ类错误(β)
拒绝 H_0	第Ⅰ类错误(α)	正确决策($1-\beta$)

需要注意的是:只有当原假设为真且被拒绝时,我们才会犯第Ⅰ类错误;只有当原假设不真且未被拒绝时,我们才会犯第Ⅱ类错误。因此,我们可不犯第Ⅰ类错误或不犯第Ⅱ类错误,但不可能两类错误都不犯。从直觉上说,这两类错误的概率之间存在这样的关系:当 α 增大时 β 减小,当 α 增大时 α 减小,两类错误就像一个跷跷板,此消彼长。一般来说,发生哪类错误的后果更为严重,危害最大,就应该首要控制哪类错误发生的概率,由于犯第Ⅰ类错误的概率可以由研究者控制,因此人们往往先控制第Ⅰ类错误发生的概率。发生第Ⅰ类错误的概率也常被用于度量检验结论的可靠性,并将这一概率称为显著性水平。

> ◎定义 6.9:假设检验中犯第Ⅰ类错误的概率,称为**显著性水平**(level of significant),记为 α。

显著性水平是人们事先指定的犯第Ⅰ类错误的最大允许值。显著性水平越小,犯第Ⅰ类错误的可能性自然就越小,但犯第Ⅱ类错误的可能则随之增大。实际应用中,显著性水平 α 是我们事先给出的一个值,但究竟确定一个多大的显著性水平值合适呢?一般情况下,人们认为犯第Ⅰ类错误的后果更严重一些,因此,通常会取一个较小的 α 值。著名的英国统计学家 Ronald Fisher 在他的研究中把小概率的标准定为 0.05,作为一个普遍适用的显著性水平。常用的显著性水平有 $\alpha=0.01$,$\alpha=0.05$,$\alpha=0.1$ 等。

6.1.3 检验统计量与拒绝域

在建立假设之后,研究者需要提供可靠的证据来支持他所提出的备择假设。实际操作中,提出证据的信息主要是来自所抽取的样本,假设检验也就是要凭借可能获得的样本观测结果,帮助研究者作出最后的判断和决策,如果样本提供的证据能够证明原假设是不真实的,研究者就有理由拒绝它,而倾向于选择备择假设。

研究者总是希望通过样本信息提供对备择假设的支持,而倾向于"拒绝原假设"的结论。通常样本提供的信息十分丰富和繁杂,针对特定的研究问题,往往需要对这些信息进行压缩和提炼,检验统计量便是对样本信息进行压缩和概括的结果。

◎定义6.10:根据样本观测结果计算得到的,并据以对原假设和备择假设作出决策的某个样本统计量,称为**检验统计量**(test statistic)。

检验统计量实际上是总体参数的点估计量(例如,样本的均值$\bar{x}$就是总体均值μ的一个点估计量),但点估计量并不能直接作为检验的统计量。只有将其标准化后,才能用于度量它与原假设值之间的差异程度。对点估计量标准化的依据是:原假设H_0为真;点估计量的抽样分布。实际上假设检验中所用的检验统计量都是标准化检验统计量,它反映了点估计量(如样本均值)与假设的总体参数(如假设的总体均值)相比相差多少个标准差。为叙述方便,通常将标准化检验统计量简称为检验统计量,对于总体均值和总体比例的检验,标准化的检验统计量可表示为

$$标准化检验统计量 = \frac{点估计量 - 假设值}{点估计量的抽样标准差} \qquad (6.1)$$

检验统计量是一个随机变量,随着样本观测结果的不同,它的具体数值也是不同的,但只要已知一组特定的样本观测结果,检验统计量的值也就可以确定了。假设检验的基本原理就是根据统计量建立一个准则,依据这个准则和计算得到的检验统计量的结果,研究者就可以决定是否拒绝原假设。统计量的哪些值将导致我们拒绝原假设而倾向于备择假设呢?这需要找出能够拒绝原假设的统计量的所有可能值,这些取值的集合则称为拒绝域。

◎定义6.11:能够拒绝原假设的检验统计量的所有可能取值的集合,称为**拒绝域**(rejection region)。

拒绝域就是由显著性水平α所围成的区域。如果利用样本观测结果计算出来的检验统计量的具体数值落在了拒绝域内,就拒绝原假设,否则就不拒绝原假设。

拒绝域的大小与我们事先选定的显著性水平有一定关系。在确定了显著性水平α以后,就在以根据α值的大小确定出拒绝域的具体边界值,拒绝域的边界值称为临界值。

◎定义6.12:根据给定的显著性水平确定的拒绝域的边界值,称为**临界值**(critical value)。

在给定显著性水平α后,查阅书后所附的统计表就可以得到具体的临界值,将统计量的值与临界值进行比较,就可作出拒绝或不拒绝原假设的决策。

在给定显著性水平条件下,不同检验的拒绝域和临界值如图6.1(a)、(b)、(c)所示。

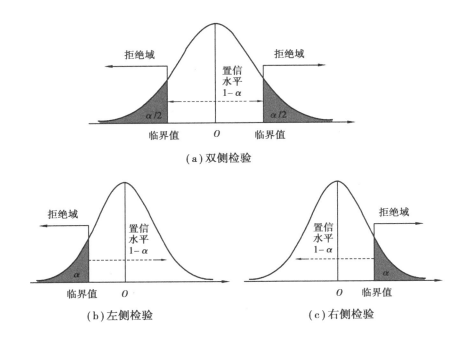

图 6.1　显著性水平、拒绝域和临界值

6.1.4　假设检验的步骤

通过以上叙述,可归纳假设检验的基本步骤如下:

第 1 步:**陈述**原假设 H_0 和备择假设 H_1。

第 2 步:从所研究得总体中抽出一个**随机样本**。

第 3 步:确定一个适当**检验统计量**,并利用样本数据计算出其具体数据。

第 4 步:确定一个适当的**显著性水平** α,并确定其**临界值**,指定拒绝域。

第 5 步:将统计量的值与临界值进行比较,并**作出决策**;若统计量的值落在拒绝域内,拒绝原假设 H_0,否则不拒绝原假设 H_0。

6.1.5　利用 p 值进行决策

传统的统计量检验方法是在检验之前确定显著性水平 α,也就意味着事先确定了拒绝域。这样,无论检验统计量的值是大还是小,只要其值落入拒绝域就拒绝原假设 H_0,否则就不拒绝 H_0。这种固定的显著性水平 α 对检验结果的可靠性起一种度量作用。但不足的是, α 是犯第 I 类错误的上限控制值,它只能提供检验结论可靠性的一个大致范围,而对于一个特定的假设检验问题,却无法给出观测数据与原假设之间不一致程度的精确度量,也就是说,仅从显著性水平来比较,如果选择的 α 值相同,所有检验结论的可靠性都一样。要测量出样本观测数据与原假设中的假设值 μ_0 的偏离程度,则需要计算 p 值。

◎定义 6.13：原假设 H_0 为真时，所得到的样本观察结果或更极端结果出现的概率，称为 **p 值**（p-value），也称**观察到的显著性水平**（observed significance level）。

由 p 值可知，如果原假设是正确的话，这样的样本数据出现的可能性有多大。如果这样的样本数据出现的可能性很小，就是原假设不对的证据。但永远也不会知道对总体的原假设是否正确。如果取显著性水平为 5%，则只能说明如果原假设为真，这样的数据只有 5% 的可能性会发生。p 值是反映实际观测到的数据与原假设 H_0 之间不一致程度的一个概率值。p 值越小，说明实际观测到的数据与 H_0 之间不一致的程度就越大，检验的结果也就越显著。由于 p 值是在原假设为真的情况下得到的目前这个样本数据的概率，因此，用 p 值进行检验的基本思想是：

基本思想：小的 p 值表明在原假设为真时，得到目前这样一个样本结果的可能性很小，所以应该拒绝原假设。

对于不同检验形式的 p 值，如图 6.2（a）、（b）、（c）所示。

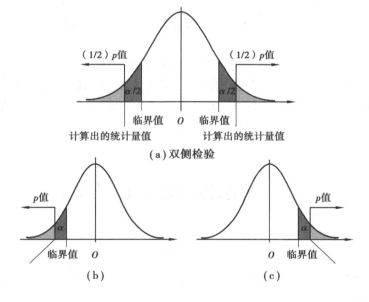

图 6.2　p 值示意图

p 值是用于确定是否拒绝原假设的另一个重要工具，它有效地补充了提供的关于检验可靠性的有限信息。由于传统的假设检验中，究竟选择多大的比较合适是难以定论的，而用 p 值进行检验可以避免这一问题。此外，与传统的统计量检验相比，利用 p 值进行检验比根据统计量检验提供更多的信息。例如，根据事先确定的进行检验时，只要统计量的值落在拒绝域，这时拒绝原假设的结论都是一样的，即检验结果显著。但实际上，统计量落在拒绝域不同的地方，实际的显著性水平是不同的。例如，统计量落在临界值附近的地方，实际的显著性水平就有较大的差异。而 p 值给出的是实际计算的显著性水平,它告诉我们实际显著性水平是多少。而统计量检验是以事先给出的一个显著性水平为标准进行决策,如果拒绝原假设,仅知道犯错误的可能性是那么大,但究竟实际有多大却不知道。

利用 p 值进行决策的规则十分简单,在已知 p 值的条件下,将其与给定的显著性水平值进行比较,就可以确定是否应该拒绝原假设。当然也可根据需要来进行决策,而不必事先规定显著性水平。从图 6.2 可以看出,单侧检验中,p 值位于抽样分布的一侧,而双侧检验的 p 值位于分布的两侧,每一侧为 p 值的 1/2。通常是以两侧面积的总和定义为 p 值,之所以这样是可将 p 值直接与给定的显著性水平值进行比较。因此,不论是单侧还是双侧检验,用 p 值进行决策的准则都是:

> **基本思想**:如果 $p<\alpha$,则聚聚原假设 H_0。

两种检验的方法关系如图 6.3 所示。

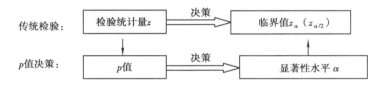

图 6.3 传统检验与 p 值检验的关系

p 值的计算可通过查表得到,但比较麻烦,幸运的是,计算机的应用使 p 值的计算十分容易,多数统计软件能直接输出有关假设检验的主要计算结果,其中就包括 p 值。有关 p 值的具体计算,可使用 Excel 工具,此部分内容在后面相关应用中进行介绍。

6.2 一个总体参数的假设检验

本节将在上一节的基础上介绍假设检验的具体应用。对于一个总体参数的假设检验,包括总体均值 μ、总体比例 π 和总体方差 σ^2 的检验。由于检验的参数不同,计算的检验统计量的方法也不同。

6.2.1 总体均值的检验

在对总体均值进行检验时,按照检验的步骤,关键是根据样本的抽样分布选择合适的检验统计量,而检验统计量取决于抽取的样本是大样本($n \geqslant 30$)还是小样本($n<30$),此外,还需要区分总体是否服从正态分布、总体方差是否已知等几种情况。下面分别讨论。

1) 大样本的检验方法

根据第 5 章抽样分布的知识,在大样本情况下,样本均值抽样分布近似服从正态分布,

其抽样标准差为 $\sigma/\sqrt{n}$。将样本均值 $\bar{x}$ 经标准化后,即可得到检验统计量。可以证明,样本均值经标准化后服从标准正态分布,因而采用正态分布的检验统计量。设假设的总体均值为 μ_0,当总体方差 σ^2 已知时,总体均值检验的统计量为

$$z = \frac{\bar{x} - \mu_0}{\dfrac{\sigma}{\sqrt{n}}} \tag{6.2}$$

当总体方差未知时,可用样本方差近似代替总体方差。此时,总体均值检验的统计量为

$$z = \frac{\bar{x} - \mu_0}{\dfrac{s}{\sqrt{n}}} \tag{6.3}$$

【例 6.4】　一种零件的直径为 15 cm,标准差是 0.963 cm,为了对生产的质量进行检查,质检人员在某批零件中随机抽查 100 个零件进行检验,测得零件的平均直径为 15.28 cm,取显著性水平 $\alpha = 0.05$,这批零件是否符合生产要求?

解　根据题意,生产出的零件直径大于或小于 15 cm 都不符合要求,因此属于双侧检验问题,提出的原假设和备择假设为

$$H_0 : \mu = 15 \,; H_1 : \mu \neq 15$$

当总体方差已知时,根据式(6.2)计算检验统计量的具体数值为

$$z = \frac{\bar{x} - \mu}{\dfrac{\sigma}{\sqrt{n}}} = \frac{15.28 - 15}{\dfrac{0.963}{\sqrt{100}}} = 2.907\,6$$

检验统计量的含义是:样本均值与总体均值相比,相差 2.907 6 个抽样标准差。

根据给定的显著性水平 $\alpha = 0.05$,查阅标准正态分布表得 $z_{\alpha/2} = z_{0.025} = 1.96$,由于 $|z| = 2.907\,6 > 1.96$,因此,拒绝原假设。检验结果表明,样本数据提供的证据不支持原假设,故拒绝原假设,表明这批零件不符合生产要求。上面的决策过程如图 6.4 所示。

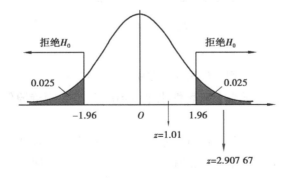

图 6.4　例 6.4 中的拒绝域

此题中的假设检验也可用 p 值来进行检验。p 值可用 Excel 中的统计函数功能来计算。其具体操作的步骤如下：

用 Excel 计算正态分布 p 值的操作步骤：

第 1 步：进入 Excel 表格界面，选择"插入"菜单，直接单击"f_x"（插入函数）命令。

第 2 步：在出现的"插入函数"对话框中，在函数类别中单击"统计"，并在函数名菜单下选择"NORMSDIST"，然后单击"确定"按钮。此时，出现的界面如图 6.5 所示。

第 3 步：将 z 的绝对值2.907 6录入，得到的函数值为0.998 178 931，如图6.6所示。该值表示的是在标准正态分布条件下，z 值左边的面积为0.998 178 931。

第 4 步：$z = 209\ 076$右边和$z = -2.907\ 6$左边的面积是一样的，所以双侧检验的 p 值为

$$p = 2 \times (1 - 0.998\ 178\ 931) = 0.003\ 642$$

由于计算出的 p 值小于 0.05，因此拒绝原假设。

图 6.5　计算 p 值的操作过程　　　　**图 6.6　统计量的函数参数**

图 6.7 给出了 p 值的示意图。

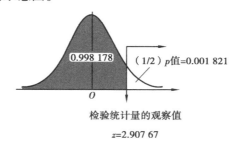

图 6.7　标准正态分布 Z 值示意图

由于 p 值 = 0.003 642 远远小于显著性水平 $\alpha = 0.05$，因此拒绝原假设 H_0，得到的结论与前面相同。

【例 6.5】　一家食品加工厂每天的产量大约为 23 500 袋，按规定每袋的质量为 50 g。为对产品质量进行检验，质检部门某天随机抽取了 50 袋食品，测得每袋质量见表 6.3。

表 6.3　50 袋食品的质量/g

51	47	53	38	52	43	63	46	62	53
53	51	44	55	41	50	46	50	43	47
41	44	46	49	54	57	50	69	47	58
44	57	51	56	53	56	52	42	55	39
57	53	52	42	49	52	44	36	57	42

利用这个样本数据,检验每袋食品的质量是否低于标准质量?($\alpha = 0.05$)

解　本题关心的是样本中食品的质量是否低于标准质量 50 g,也就意味着 μ 是否小于 50 g,为单侧检验,且属于左单侧检验。

提出的假设为

$$H_0 : \mu \geqslant 50 ; H_1 : \mu < 50$$

根据样本数据,计算得出

$$\bar{x} = 49.84, s = 6.804\ 44$$

由于总体方差未知,根据式(6.3)具体计算检验统计量数值为

$$z = \frac{\bar{x} - \mu}{\dfrac{s}{\sqrt{n}}} = \frac{49.84 - 50}{\dfrac{6.804\ 44}{\sqrt{50}}} = -0.166\ 27$$

该检验统计量的数值表示:样本均值与假设的总体均值相差 -0.166 27 个抽样标准差。

根据给出的显著性水平 $\alpha = 0.05$,可知,$z_\alpha = z_{0.05} = -1.645$,由于检验统计量 $z = -0.166\ 27$ > -1.645,所以不拒绝原假设。假设检验的结果表明,样本中每袋食品的质量不低于标准质量。

本题也可用 p 值进行检验,当使用统计量计算 p 值时,与上一例题给出的步骤一致。直接输入 -0.166 27,就可得出 p 值为 0.433 972(因为该命令给出的是分布的左侧的面积,恰好就是 p 值。若输入的是 0.166 27 的话,给出的左侧面积是 0.566 028,这时 p 值 = 1 - 0.566 028 = 0.433 972)。

也可直接使用原始数据在 Excel 里进行 p 值检验,具体的操作步骤如下:

用 Excel 计算正态分布 p 值的操作步骤:

第 1 步:在 Excel 界面中,选择"插入"菜单,选择函数"f_x"选项。

第 2 步:在函数分类中单击"统计",并在函数名菜单下选择"ZTEST",然后单击"确定"按钮。

第 3 步:在出现的对话框中,在"Array"设置框中,输入原始数据所在的区域,在"X"设置框中输入参数的某一假定值,在这里输入 50,在"Sigma"设置框中输入已知的总体标准差(如果总体标准差未知,系统会自动使用样本标准差来代替),如图 6.8所示。

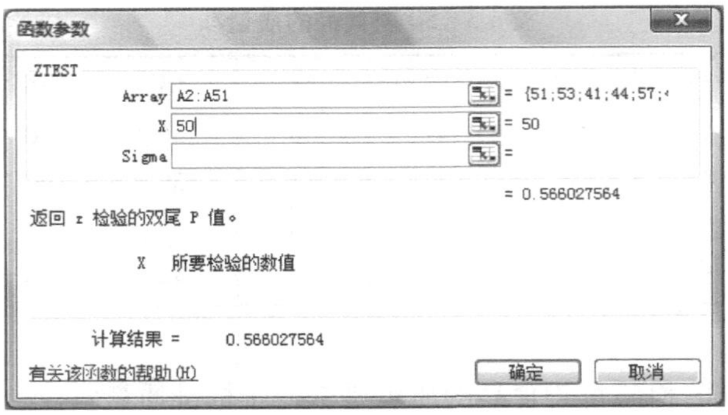

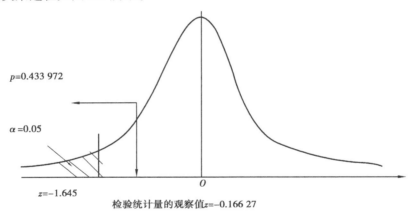

图 6.8　原始数据的 p 值计算过程

此时给出的分布左侧面积为0.566 027 564,用 1 减去该数值,就得到单侧检验的 p 值,即 p 值 $= 1 - 0.566\ 027\ 564 = 0.433\ 972$。由于 p 值大于给定显著性水平0.05,所以不拒绝原假设,结论与统计量检验一致。

上面的决策过程如图 6.9 所示。

$p = 0.433\ 972$

$\alpha = 0.05$

O

$z = -1.645$

检验统计量的观察值 $z = -0.166\ 27$

图 6.9　例 6.5 中的拒绝域和 p 值

【**例 6.6**】　某商场销售某商品,执行原销售方案平均每天销售量服从均值 $\mu = 75$,方差 $\sigma^2 = 14$ 的正态分布。销售方案更新后,为了考察销售量是否提高,随机抽查了 30 天的销售量,求得平均销售量为 77,假定方差不变,问在显著性水平 0.05 下,销售方案更新后平均每天销售量是否有显著提高?

解　该商场自然希望销售方案更新后销量能提高,因而也就想搜集证据支持"销售方案更新后销量有显著提高"的假设,也就是 $\mu > 75$。因此为单侧检验问题,且属于右侧检验。

提出的假设为

$$H_0 : \mu \leqslant 75 ; H_1 : \mu > 75$$

根据式(6.2),计算检验统计量的具体数值为

$$z = \frac{\bar{x} - \mu}{\sigma / \sqrt{n}} = \frac{77 - 75}{\sqrt{14} / \sqrt{30}} = 2.93$$

根据给定的显著性水平 $\alpha = 0.05$,查标准正态分布表得 $z_\alpha = z_{0.05} = 1.645$。由于 $z = 2.93 >$

$z_{0.05}=1.645$,所以拒绝原假设。检验结果表明,样本提供的信息证明销售方案更新后的销量有显著提高。

计算 p 值为 $0.001\,7<\alpha=0.05$,同样拒绝原假设。

上面的决策过程如图 6.10 所示。

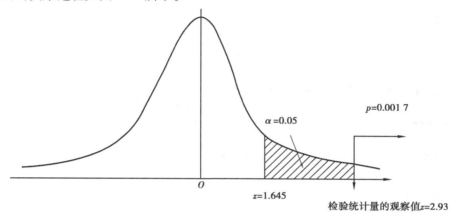

图 6.10　例 6.6 中的拒绝域和 p 值

通过以上三个例题介绍了一个总体均值的检验方法与步骤,这些方法与步骤为以后介绍的其他检验普遍适用,是学习假设检验思想与方法的基础,一定要很好地掌握。下面对大样本总体均值的检验问题作一总结,见表 6.4。

表 6.4　大样本情况下一个总体均值的检验方法

	双侧检验	左侧检验	右侧检验
假设形式	$H_0:\mu=\mu_0$; $H_1:\mu\neq\mu_0$	$H_0:\mu\geqslant\mu_0$; $H_1:\mu<\mu_0$	$H_0:\mu\leqslant\mu_0$; $H_1:\mu>\mu_0$
统计量	σ^2 已知: $z=\dfrac{\bar{x}-\mu_0}{\sigma/\sqrt{n}}$;$\sigma^2$ 未知: $z=\dfrac{\bar{x}-\mu_0}{s/\sqrt{n}}$		
拒绝域	$\lvert z\rvert>z_{\alpha/2}$	$z<-z_\alpha$	$z>z_\alpha$
p 值决策	$p<\alpha$,拒绝 H_0		

2) 小样本的检验方法

在小样本($n<30$)情形下,检验统计量的选择与总体是否服从正态分布、总体方差是否已知有着密切联系。本节的内容都是首先以总体服从正态分布为假定前提,然后再依据总体方差是否已知来选择合适的检验统计量。①

当总体方差 σ^2 已知时,即使是小样本,检验统计量式(6.2)仍然服从标准正态分布,要按式(6.2)给出的检验统计量对总体均值进行检验,检验的程序与大样本完全相同,不再赘

———————————

① 　如果无法确定总体是否服从正态分布,可以考虑将样本容量增大到 30 以上,然后按大样本的方法进行检验。

述。这里郑重介绍小样本情形下,总体方差未知时总体均值的检验方法。

对于小样本,当总体方差 σ^2 未知时,需要用样本方差 s^2 代替总体 σ^2 方差,此时式(6.2)给出的检验统计量不再服从标准正态分布,而是服从自由度为 $n-1$ 的 t 分布。因此,需要采用 t 分布来检验总体均值,通常称为"t 检验"。

检验统计量为

$$t = \frac{\overline{x} - \mu_0}{s / \sqrt{n}} \tag{6.4}$$

表 6.5 总结了小样本时总体均值的检验方法。

表 6.5　小样本情况下一个总体均值的检验方法

	双侧检验	左侧检验	右侧检验
假设形式	$H_0: \mu = \mu_0; H_1: \mu \neq \mu_0$	$H_0: \mu \geq \mu_0; H_1: \mu < \mu_0$	$H_0: \mu \leq \mu_0; H_1: \mu > \mu_0$
检验统计量	σ^2 未知$: t = \dfrac{\overline{x} - \mu_0}{s / \sqrt{n}} \left(\sigma^2 \text{ 已知}: z = \dfrac{\overline{x} - \mu_0}{\sigma / \sqrt{n}} \right)$		
α 与拒绝域	$\lvert t \rvert > t_{\alpha/2}(n-1)$	$t < -t_{\alpha}(n-1)$	$t > t_{\alpha}(n-1)$
p 值决策	$p < \alpha$,拒绝 H_0		

【例 6.7】　由于信息网络的飞速发展,很多人都直接从网上阅读或获得各种重要信息,一个研究机构据调查显示,目前人们每天阅读报纸杂志的平均时间仅为 1.35 h,为了验证这一说法是否正确,一家报刊机构为了调查人们每天花多少时间在阅读报刊上,抽取了由 28 个人组成的一个随机样本,他们每天看报纸或杂志的时间见表 6.6。假设每天看报或杂志的时间服从正态分布,在 0.05 的显著性水平下,检验每天阅读报纸杂志的平均时间是否为 1.39 h?

表 6.6　每天阅读报刊的时间/h

1.59	1	1	1.55	1.19	1.25	1.55	1.3	1.29	1.5	1.65	1.29	1.4	1.49
1.3	1.29	0.99	1.6	1.2	1.1	1.5	1.49	0.89	1.29	1.1	1.5	0.99	1.5

解　根据题意建立以下的原假设和备择假设:

$$H_0: \mu = 1.35; H_1: \mu \neq 1.35$$

由表 6.6 中的样本数据得

$$\overline{x} = 1.313\,929, s = 0.219\,736$$

由于样本容量为 28<30,属于小样本,且总体方差未知,故样本分布为 t 分布采用式(6.4)计算统计量

$$t = \frac{\overline{x} - \mu}{\dfrac{s}{\sqrt{n}}} = \frac{1.313\,929 - 1.35}{\dfrac{0.219\,736}{\sqrt{28}}} = -0.868\,63$$

根据自由度 $n-1=28-1=27$，查 t 分布表得

$$t_{\alpha/2}(n-1)=t_{0.025}(27)=2.052$$

由于 $|t|=0.868\,63<2.052$，所以不拒绝原假设，样本提供的证据还不足以推翻原假设。

另外，t 检验的 p 值同样可用 Excel 计算，具体操作步骤如下：

用 Excel 计算 t 分布 p 值的操作步骤：

第 1 步：进入 Excel 表格界面，直接单击"$f(x)$"（粘贴函数）命令。

第 2 步：在函数分类中单击"统计"，并在函数名菜单下选择字符"TDIST"，然后单击"确定"按钮。

第 3 步：在出现对话框的"X"栏中输入计算出的 t 的绝对值（如本题为 0.868 63），在"Deg-freedom"（自由度）栏中输入本例的自由度"27"；在"Tails"栏中输入"2"（表明是双侧检验，如果是单测检验，则在该栏输入"1"）。

第 4 步："确定"输出 p 值=0.392 705 437（本例计算结果），如图 6.11 所示。

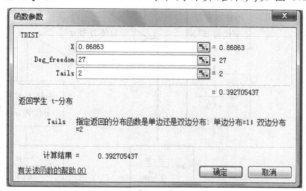

图 6.11　t 分布的 p 值计算

在图 6.13 中可以看出，p 值=0.392 705 437>0.05，所以不拒绝原假设，得出的结论与计算统计量得出的结论是相同的。

上面决策过程如图 6.12 所示。

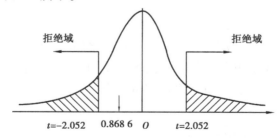

图 6.12　例 6.7 中的 t 分布的拒绝域和 p 值

上面讨论了一个总体均值的检验问题，在实际应用中，首先需要弄清各种方法的适用场合。例如，是大样本还是小样本？总体是否服从正态分布？总体方差是否已知？对于无法确定总体是否服从正态分布的小样本情况，通过增加样本容量达到大样本标准（$n>30$），从

而将小样本问题转换为大样本下的假设检验问题,当然这些不取决于实际条件是否允许。图 6.13 给出了一个总体均值检验的基本流程。

　　一个总体均值的假设检验是假设检验方法中最基本的问题,必须认真理解其中的基本思想与统计思维方式,既体现了总体参数检验中的基本理论,也是实际中应用最广泛的方法。

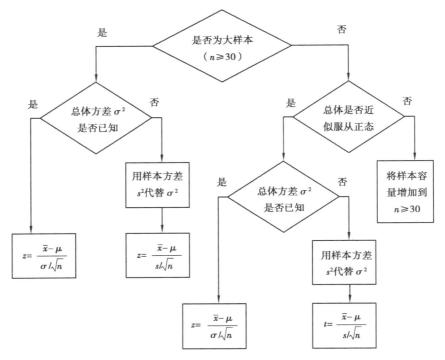

图 6.13　一个总体均值假设检验的基本流程

6.2.2　总体比例的检验

　　总体比例是指总体中具有某种相同特征的个体所占的比例,这些特征可以是数值型(如身高、体重、年龄等),也可以是品质型(如性别、学历、职称等)。通常用字母 π 表示总体比例,π_0 表示对总体比例的某一假设值,用 p 表示样本比例。总体比例的检验与总体均值检验基本相同的,区别在于参数和检验统计量的形式不同。所以总体均值检验的整个程序都可作为总体比例检验的参考,甚至有很多内容可完全"照搬"。本节只考虑大样本[①]情形下的总体比例检验。

　　总体比例检验的 3 种基本形式如下:

双侧检验

$$H_0:\pi = \pi_0;H_1:\pi \neq \pi_0$$

---

　　① 　总体比例检验时,确定样本容量是否"足够大"的方法与总体比例的区间估计一样,参见第 5 章。在实践中较少对总体比例进行小样本检验,且其检验程序相对复杂。

左侧检验

$$H_0:\pi \geqslant \pi_0 ; H_1:\pi < \pi_0$$

右侧检验

$$H_0:\pi \leqslant \pi_0 ; H_1:\pi > \pi_0$$

在构造检验统计量时,仍然利用样本比例 p 与总体比例 π 之间距离等于多少个标准差 σ_p 来衡量,因为在大样本情形下统计量 p 近似服从正态分布,而标准化统计量则近似服从标准正态分布。式(6.5)就是总体比例检验的统计量。

$$z = \frac{p - \pi_0}{\sqrt{\dfrac{\pi_0(1 - \pi_0)}{n}}} \tag{6.5}$$

在给定显著性水平 α 的条件下,总体比例检验的显著性水平、拒绝域和临界值的图示可参见图6.1。表6.7总结了大样本情形下总体比例检验的一般方法。

表6.7　大样本情况下一个总体比例的检验方法

	双侧检验	左侧检验	右侧检验
假设形式	$H_0:\pi=\pi_0 ; H_1:\pi\neq\pi_0$	$H_0:\pi\geqslant\pi_0 ; H_1:\pi<\pi_0$	$H_0:\pi\leqslant\pi_0 ; H_1:\pi>\pi_0$
检验统计量	$z = \dfrac{p-\pi_0}{\sqrt{\dfrac{\pi_0(1-\pi_0)}{n}}}$		
α 与拒绝域	$\lvert z \rvert > z_{\alpha/2}$	$z<-z_\alpha$	$z>z_\alpha$
p 值决策	$p<\alpha$,拒绝 H_0		

【例6.8】　一种以休闲和娱乐为主题的杂志,声称其读者群中有80%为女性。为验证这一说法是否属实,某研究部门抽取了由200人组成的一个随机样本,发现有146个女性经常阅读该杂志。分别取显著性水平 $\alpha=0.05$ 和 $\alpha=0.01$,检验该杂志读者群中女性的比例是否为80%?它们的值各是多少?

解　研究机构想证明的是杂志所声称的说法是否属实,也就是读者中女性比例是否等于80%。因此,提出的原假设与备择假设为

$$H_0: \pi = 80\% ; H_1: \pi \neq 80\%$$

根据抽样结果计算得 $p=\dfrac{146}{200}=73\%$,根据式(6.5)计算检验统计量为

$$z = \frac{p - \pi_0}{\sqrt{\dfrac{\pi_0(1 - \pi_0)}{n}}} = \frac{0.73 - 0.8}{\sqrt{\dfrac{0.8(1 - 0.8)}{200}}} = -2.475$$

根据显著性水平 $\alpha=0.05$ 查标准正态分布表得 $z_{\alpha/2}=z_{0.025}=1.96$,由于 $\lvert z \rvert = 2.475 > z_{\alpha/2}=$ 1.96,所以拒绝原假设,在显著性水平 $\alpha=0.05$ 的条件下,样本提供的证据表明该杂志的说法并不属实。

根据显著性水平 $\alpha=0.01$ 查标准正态分布表得 $z_{\alpha/2}=z_{0.05}=2.58$，由于 $|z|=2.475<z_{\alpha/2}=$ 2.58，所以不拒绝原假设，在显著性水平 $\alpha=0.01$ 的条件下，样本提供的证据表明尚不能推翻该杂志的说法不属实。

图 6.14(a)和图 6.14(b)分别显示了 0.05 和 0.01 显著性水平的拒绝域。

由 Excel 计算出的 p 值为 0.013 328。显著性水平为 0.05 时，$p<\alpha=0.05$，拒绝 H_0；显著性水平为 0.01 时，$p>\alpha=0.01$，则不拒绝 H_0。结论与统计量检验结论是一致的。

从例 6.9 中可以看出，对于同一个检验，不同的显著性水平将会得出不同的结论。这是自然的，请读者领悟其中的道理。

总体比例左侧检验和右侧检验中假设检验的方法，读者可直接参照相应的大样本条件下总体均值的检验方法，这里不再赘述。

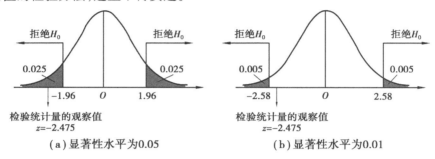

（a）显著性水平为0.05　　　　　　　（b）显著性水平为0.01

图 6.14　例 6.8 中的拒绝域

6.2.3　总体方差的检验

总体方差是衡量事物发展过程均衡度测量的重要指标。一个方差很大的产品即意味着其质量或性能不稳定。因此，总体方差 σ^2 的检验也是假设检验中的重要内容之一。

与总体均值和总体比例检验所通常使用的抽样分布（正态分布或 t 分布）不同，一个总体方差的检验所利用的是 χ^2 分布。此外，总体方差的检验，不论样本容量 n 的大小，都要求总体服从正态分布，这是由检验统计量的抽样分布决定的。

用 σ_0^2 表示假定的总体方差的某一取值，总体方差假设检验的 3 种基本形式如下：
双侧检验

$$H_0:\sigma^2=\sigma_0^2; H_1:\sigma^2\neq\sigma_0^2$$

左侧检验

$$H_0:\sigma^2\geqslant\sigma_0^2; H_1:\sigma^2<\sigma_0^2$$

右侧检验

$$H_0:\sigma^2\leqslant\sigma_0^2; H_1:\sigma^2>\sigma_0^2$$

检验统计量为

$$\chi^2=\frac{(n-1)s^2}{\sigma_0^2} \tag{6.6}$$

对于给定的显著性水平 α，双侧检验的拒绝域如图 6.15 所示。对于单侧检验要，拒绝域在分布一侧的尾部。

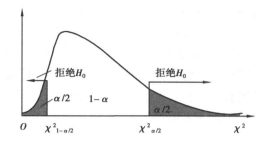

图 6.15 显著性水平为 α 时双侧检验的临界值和拒绝域

表 6.8 总结了一个总体方差检验的一般方法。

表 6.8 一个总体方差的检验方法

	双侧检验	左侧检验	右侧检验
假设形式	$H_0:\sigma^2=\sigma_0^2;H_1:\sigma^2\neq\sigma_0^2$	$H_0:\sigma^2\geq\sigma_0^2;H_1:\sigma^2<\sigma_0^2$	$H_0:\sigma^2\leq\sigma_0^2;H_1:\sigma^2>\sigma_0^2$
检验统计量	$\chi^2=\dfrac{(n-1)s^2}{\sigma_0^2}$		
α 与拒绝域	$\chi^2>\chi_{\alpha/2}^2(n-1)$ 或 $\chi^2<\chi_{1-\alpha/2}^2(n-1)$	$\chi^2<\chi_{1-\alpha}^2(n-1)$	$\chi^2>\chi_\alpha^2(n-1)$
p 值决策	$p<\alpha$，拒绝 H_0		

下面通过一个例子说明总体方差的假设检验的一般程序。

【例 6.9】 啤酒生产企业采用自动生产线灌装啤酒，每瓶的装填量为 640 mL，但由于受某些不可控因素的影响，每瓶的装填量会有差异。此时，不仅每瓶的平均装填量很重要，装填量的方差同样很重要。如果方差很大，会出现装填量太多或太少的情况，这样要么生产企业不划算，要么消费者不满意。假定生产标准规定每瓶装填量的标准差不应超过和不应低于 4 mL。企业质检部门抽取了 10 瓶啤酒进行检验，得到的样本标准差为 $s=3.8$ mL。试以 0.10 的显著性水平检验装填量的标准差是否符合要求？

解 依题意提出以下假设

$$H_0:\sigma^2=4^2;H_1:\sigma^2\neq4^2$$

根据式(6.6)计算的检验统计量为

$$\chi^2=\frac{(n-1)s^2}{\sigma_0^2}=\frac{(10-1)\times3.8^2}{4^2}=8.122\,5$$

根据显著性水平 $\alpha=0.10$ 和自由度 $(10-1)=9$ 查 χ^2 分布表，得

$$\chi_{0.10/2}^2(n-1)=\chi_{0.05}^2(10-1)=16.919\,0$$

$$\chi_{1-0.10/2}^2(n-1)=\chi_{0.95}^2(10-1)=3.325\,11$$

由于 $\chi_{0.95}^2(9)=3.325\,11<\chi^2=8.122\,5<\chi_{0.05}^2(9)=16.919\,0$，所以不拒绝原假设 H_0。表明样本提供的证据不足以推翻原假设。

若需要计算 p 值，可使用 Excel 统计函数中的"CHIDIST"函数。

上面检验的统计量和拒绝域如图 6.16 所示。

实际应用中,右侧检验是最为常见的总体方差检验形式。因为一般来说,在涉及时间、含量、尺寸等测度的场合,人们总是希望其变化的幅度很小,也就是有较小的方差,大的方差往往不被接受。针对这种情况,通常将总体"总体方差大于某一最大允许值"作为备择假设,其对立面作为原假设,再利用右侧检验的检验程序作出决策。当然,与总体均值和总体比例检验一样,也可进行其他形式的总体方差检验。

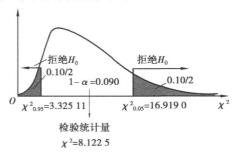

图 6.16　例 6.9 的检验统计量、临界值和拒绝域

以上介绍了一个总体参数假设检验的问题,并详细总结了总体均值、总体比例以及总体方差检验的过程和拒绝域的图示,目的是帮助读者系统地掌握假设检验的一般方法和程序。至于两个总体参数的假设检验问题,感兴趣的读者可参阅其他教科书。

【学习指导与小结】

假设检验是推断统计的另一项重要内容,它是利用样本信息判断假设是否成立的一种统计方法。本章首先介绍有关假设检验的一些基本问题,然后介绍一个总体参数的检验方法。本章各节的主要内容和学习要点见表 6.9。

表 6.9　本章各节的主要内容和学习要点

章　节	主要内容	学习要点
6.1 假设检验的基本原理	假设问题的陈述	**概念**:假设,假设检验,原假设,备择假设,单侧检验,双侧检验 针对具体的实际问题,**建立合理的原假设和备择假设** **假设检验的基本形式**(3 种)
	两类错误与显著性水平	**概念**:第 Ⅰ 类错误,第 Ⅱ 类错误,显著性水平 两类错误的控制与两类错误的关系
	检验统计量与拒绝域	**概念**:检验统计量,标准化检验统计量,拒绝域,临界值 **统计量检验的原理** **利用统计量检验的决策准则**
	假设检验的步骤	**假设检验 5 个步骤** **检验结果的正确表述**
	利用 p 值进行决策	**概念**:p 值 p 值决策的原理,p 值的计算 **p 值检验与统计量检验的异同** **p 值决策的准则**。只要 p 值小于显著性水平 α,则拒绝原假设 H_0

续表

章 节	主要内容	学习要点
6.2 一个总体参数的假设检验	总体均值的检验	**大样本检验方法**:总体方差 σ^2 已知和总体方差 σ^2 未知时,均值检验的**统计量 z 的计算和决策准则** **小样本检验方法**:总体方差 σ^2 未知时,均值检验的**统计量 t 的计算和决策准则** 用 **Excel 计算 p 值,一个总体均值检验的基本流程**
	总体比例的检验	检验的统计量 z 的计算和决策准则 用 Excel 计算 p 值。
	总体方差的检验	一个总体方差检验方法。 检验统计量 χ^2 的计算和决策准则

注:"加粗"部分为重点学习要点,应当重点学习并掌握。

【常用术语】

假设检验　　原假设　　备择假设　　拒绝域　　检验统计量　　显著性水平　　左单侧检验　　右单侧检验　　双侧检验　　第 Ⅰ 类错误　　第 Ⅱ 类错误　　假设检验中的 p 值

【案例讨论】

菲多利公司瞄准西班牙市场①

菲多利公司 1932 年成立于得州的圣安东尼奥,创始人为埃尔默·杜林 H.W.。菲多利公司在 1938 年成立于佐治亚的亚特兰大,创始人是豪尔曼·W·利。1961 年这两家公司合并为菲多利股份有限公司,其总部在得州。菲多利公司是家生产、销售小吃食品的公司,尤其关注各种油煎土豆片情况。1965 年,该公司与百事可乐合并成立了百事股份有限公司、30 年之后,百事可乐兼并了他国内国外的小吃食品加工业,成立了菲多利公司。根据信息资源股份有限公司发布的数据,菲多利品牌的食品占据了油煎土豆片小吃市场份额的 60% 以上。

菲多利公司面临的一个问题是:在西班牙市场不具备很强的竞争力,而这块市场的发展潜力越来越大。为更好地渗入这个市场,菲多利公司雇用了各种市场研究员,想弄清为什么西班牙人没有如公司领导希望的那样经常购买他们的产品,他们也想知道该如何处理这个问题。

驾驶大型娱乐车在西班牙走街串巷,目标确定西班牙妇女们(家庭食品多数由她们进行购买),研究员对各种品牌进行了调查,发现了几个现象。西班牙人认为菲多利公司的产品口味太淡,不够刺激。西班牙人也没注意到有关菲多利公司的广告。另外,她们倾向于买小

---

① 肯·布莱克,等.以 Excel 为决策工具的商务与经济统计[M].张久琴,等,译.北京:机械工业出版社,2003:243.

包装的食品,而不是家庭号的大包装食品。同时,她们更多的是在当地小食品店而不是在大超市购买食品。

实地调查后,目标锁定十几岁的小男孩和年轻的成年男士——这是一个喜欢吃各种小吃食品的群体。研究员认为虽然多数十几岁的孩子在学校里讲英语,但回到家里和家里人就说西班牙语。由这可以得出结论:需要向西班牙人做西班牙语广告。另外,发现在一些广告中采用西班牙白摇滚音乐,这在西班牙年轻人的文化中渐成气候,将很有效。研究人员也发现使用菲多利公司在西班牙的姊妹公司的标志图"快乐的脸"是很有广告效果的。因为它使63%的身在美国的西班牙人想起家乡食品,这个标志图增加了产品的亲近感。

这次调查后,1997 年,菲多利公司将它的第一类西班牙式产品投放于圣安东尼奥市场。从那以后,在西班牙地区 Doritos 品牌的销量提高了 32%,Doritos Salsa Verde 的销量已占整个销量的 15%。至此,菲多利公司将它的产品扩展到了美国的其他地区,拥有了大量的西班牙消费者。

【讨论】

在对菲多利公司的研究过程中,出现了许多不同的有关数字的问题,有关菲多利公司产品的、广告技巧的和西班牙人的购买方式的。其中每个领域,统计学,尤其是假设检验,都起了关键性的作用。利用这个案例所给的信息及统计假设检验的有关概念,对下列问题进行讨论:

①在为这个计划进行的市场研究过程中,我们由目标人群和市场调研可以得到许多比率值,包括市场中的西班牙人的比率、西班牙人食品顾客中妇女的比率及十几岁孩子占小吃食品购买者中的比率等。利用本章所讲的方法分析下面问题,并讨论这些结果会怎样影响销售决策者对西班牙人市场的决策。

a.由本案可知,有 63% 的美籍西班牙人是美籍墨西哥人。我们怎样验证这个比率? 假定利用美国普查局的信息随机选取了 850 名美籍西班牙人。如果有 575 人说他们是美籍墨西哥人。令 $\alpha = 0.05$,验证这个比率是否为 63%。

b.假定在过去,购买食品的西班牙人中有 94% 是妇女。也许由于文化价值观的改变,我们认为如今有更多的西班牙男性开始了购物活动。我们随机从全国制造出 689 名西班牙购物者作为样本,其中 606 人是妇女。由这个证据是否足以得出结论:如今西班牙购物者中的妇女比率降低了?

c.西班牙人中主要听西班牙语广告的人占多大的比率? 假定有资料显示过去的这个比率一直为 0.83。我们想验证如今的这个数值是否依然成立。随机抽取 438 名西班牙人作为样本,其中 347 人主要听西班牙语。令 $\alpha = 0.05$,根据这些数据进行恰当的计算得出有关结论。

②统计均值可用于测量西班牙文化及西班牙市场的许多方面,包括购买量、购买频率、消费者的年龄和店铺的规模等。利用本章讲的方法分析下面的每个问题,并讨论所得的结果会怎样影响销售决策。

a. Doritos Salsa Verde 购买者的平均年龄为多少? 假定最初的检验表明年龄均值为 31

岁,的确是这样的吗?为进行验证,一位研究人员随机与 24 个 Doritos Salsa Verde 购买者进行了接触,向他们询问了年龄,数据如下所示。根据假设检验的结果,确定一下年龄均值是否真的为 31 岁。令 $\alpha = 0.01$,则

$$\bar{x} = 27.614\ 15 \qquad t = -1.855\ 7 \qquad p\ \text{值(双边)} = 0.076\ 35$$

b.一个西班牙消费者每年在小吃上的平均花费为多少?假定这个数值是每年 45 美元。一位了解西班牙市场情况的研究人员认为数值太高了,想验证一下。她随机选出 18 个西班牙人,让他们对一个的购物情况进行记录,获得了下面的数据。利用本章所讲的方法,对该数据进行分析[$\alpha = 0.05$(单位:美元)]。

表 6.10 购物数据

55	37	59	59	27	28	16	46	34
62	9	34	4	25	38	58	3	50

【思考与练习】

一、思考题

1.理解原假设与备择假设的含义,并举例说明建立原假设与备择假设的规则。

2.第Ⅰ类错误、第Ⅱ类错误分别是指什么?

3.什么是显著性水平?它对假设检验决策的意义是什么?

4.总体方差未知正态总体均值的假设检验应该构造什么检验统计量?

5.简述假设检验的一般步骤。

6.什么是 p 值?利用 p 值进行检验和利用统计量进行检验有什么不同?

7.大样本情况下总体均值检验应构造什么检验统计量?

8.分别列出大样本情况下总体均值左侧检验、右侧检验和双侧检验的拒绝域。

9.小样本情况下总体均值检验应该构造什么检验统计量?应用前提是什么?

10.总结不同情况总体均值检验的基本程序。

二、练习题

1.研究人员发现,当禽类被拘禁在一个很小的空间内时,就会发生同类相残的现象。一名孵化并出售小鸡的商人想检验某一品种的小鸡因为同类相残而导致的死亡率是否小于 0.04。试帮助该商人定义检验参数并建立适当的假设。

2.一家大型超市连锁店接到许多消费者投诉某种品牌炸土豆片中 60 g 一袋质量不符。店方猜想引起这些投诉的原因是在运输过程中,产生了土豆片碎屑,碎屑沉积在食品袋底部,但为了使顾客们对花钱买到的土豆片物有所值,店方决定对来自一家最大的供应商的下一批袋装炸土豆片的平均质量(g)μ 进行检验,假设陈述如下:

$$H_0: \mu \geqslant 60 \qquad H_1: \mu < 60$$

如果有证据可以拒绝原假设,店方就拒收这批土豆片并向供应商提出投诉。

(1)与这一假设检验问题相关联的第Ⅰ类错误是什么?

（2）与这一假设检验问题相关联的第 II 类错误是什么？

（3）你认为连锁店的顾客们会将哪类错误看得较为严重？而供应商会将哪类错误看得较为严重？

3.某公司称其应收账金额的均值为 260.00 元，审计师希望通过选取一个 $n = 36$ 的样本计算样本均值来检验是否如此。只有当样本均值不等于 260.00 时，审计师才会拒绝这个假设，已知应收账款金额的标准差为 $\sigma = 43.00$ 元，样本均值为 240.00 元，计算当显著性水平 $\alpha = 0.05$ 时，计算总体均值的置信区间。运用 p 值判断原假设应否被拒绝。

4.某品牌笔记本电脑的产品说明书声称电池平均充电次数为 4 200 次。为了验证它的真实性，现随机抽取 $n = 10$ 的样本进行调查，结果显示样本平均充电次数的均值是 $\bar{x} = 4\ 000$ 次，样本标准差为 $s = 200$ h。假定一般计算机的电池充电次数服从正态分布，在 5% 的显著性水平下，检验产品说明是否属实？

5.某生产过程的设计目的是为了保证牙膏的净含量 160 g。如果生产过程中牙膏的净含量少于 160 g，将会影响销售量，但如果生产过程中牙膏的净含量超过 160 g，又可能使公司的利润减少。为了监控生产过程，车间的质量检验员定期随机地抽取 8 支牙膏作为一个简单随机样本，样本平均净含量为 160.7 g，标准差为 1.8 g，通过测定它们的净含量对机器是否正常运转作出判断，显著性水平 $\alpha = 0.05$。

6.某保龄球馆在过去的几个月中，来打保龄球的人中有 20% 为女性。为了提高女性打保龄球的比例，该球馆采取了一些营销活动来吸引女性保龄球手。一周后，随机抽取了 400 名球手作为一个样本，结果有 300 名男性球手和 100 名女性球手。请你帮该球馆经理据此判断：在 0.05 的显著性水平下，该保龄球馆女性保龄球手的比例是否有所提高？

7.为监测空气质量，某城市环保部门每隔几周对空气烟尘质量进行一次随机测试。已知该城市过去每立方米空气中悬浮颗粒的平均值是 82 μg。在最近一段时间的检测中，每立方米空气中悬浮颗粒的数值见表 6.11。

表 6.11　每立方米空气中悬浮颗粒的数值/μg

81.6	86.6	80.0	71.6	96.6	74.9	83.0	85.5
68.6	70.9	88.5	94.9	77.3	76.1	92.2	72.5
85.8	68.7	58.3	72.4	66.6	71.7	73.2	73.2
78.6	61.7	86.9	75.6	74.0	82.5	87.0	83.0

根据最近的测量数据，在显著性水平 $\alpha = 0.01$ 时，能否认为该城市空气中悬浮颗粒的平均值显著低于过去的平均值？

8.对消费者的一项调查表明，17% 的人早餐饮料是牛奶。某城市的牛奶生产商认为，该城市的人早餐饮用牛奶的比例更高。为验证这一说法，生产商随机 550 抽取人的一个随机样本，其中 115 人早餐饮用牛奶，在 $\alpha = 0.05$ 显著性水平下，检验该生产商的说法是否属实？

9.一项新的减肥计划声称：在计划实施的第一周内，参加者的体重平均减轻至少 8 lb （1 lb = 453.6 g）。随机抽取 40 位参加者，结果显示样本体重平均减少 7 lb。样本标准差是

3.2 lb。当显著性水平 $\alpha = 0.05$，你是否相信该项减肥计划？

　　10.某车间生产铜丝,生产一向比较稳定。今从中随机抽取 10 根,测得铜丝折断力均值为 575.2,方差为 75.73。问:是否仍然可以相信该车间生产的铜丝的折断力的方差依然是 64?（要求: $\alpha = 0.05$,并且已知铜丝折断力服从正态分布）

第 7 章　方差分析

【学习目标】

　　方差分析是统计学实践应用的重要环节。本章的主要学习目标是要求学生在理解方差分析的基本思想的基础上,掌握单因素和双因素方差分析的应用原理;重点是让学生学会方差分析的操作与应用。

【知识点浏览】

　　1.方差分析的基本思想和原理。

　　2.单因素方差分析。

　　3.无交互作用的双因素方差分析。

【开篇案例】

SARS 病毒灭活疫苗临床试验①

　　2004 年 12 月 5 日,科技部、卫生部、国家食品药品监督管理局共同宣布:中国自主研制的 SARS 病毒灭活疫苗Ⅰ期临床试验圆满结束。经对 36 人的试验结果表明,36 位受试者均未出现异常反应,其中 24 位接种疫苗的受试者全部产生了抗体,这表明我国自主研制的疫

---

① 贾俊平.统计学[M].2 版.北京:清华大学出版社,2006:306-307.

苗是安全有效的。

2003 年 SARS 疫情发生后,SARS 疫苗的研制确定为重要任务之一。科技部积极组织协调,形成了由北京科兴生物制品有限公司、中国疾病预防控制中心病毒病预防控制所和中国医学科学院实验动物研究所共同组成的疫苗研制项目课题组,研究人员包括北京科兴生物制品有限公司、中国医学科学院实验动物研究所、中国疾病预防控制中心病毒病预防控制所、中日友好医院等部门在内的 100 多位科研人员和医生。

2004 年 1 月 19 日,SARS 病毒灭活疫苗获准进入 I 期临床研究,本次试验共选择 36 名年龄在 21 岁到 40 岁的健康人作为志愿者,男女各 18 人,在中日友好医院接受了 SARS 疫苗临床研究。免疫接种分为 16 个单位和 32 个单位两种剂量,并设安慰剂对照组,各 12 人。这次 SARS 疫苗临床研究方案完全按照国际规范,采用知情同意、伦理审查、随机双盲等规范化操作。

本次试验采用随机双盲的实验设计。受试者和参加临床试验或临床评价的研究人员或疫苗研制方的工作人员均不知道也不能识别受试者接受了何种注射(疫苗或安慰剂)。在试验结束、完成数据清理、数据已达到可以接受水平,可由指定人员揭盲,打开密封的设盲信封,从而知道哪个受试者接种的是试验疫苗,哪个受试者接种的是安慰剂。

任何新药在广泛地用于临床之前,都需要先在动物身上进行试验,证明它安全有效;然后要在健康的志愿者中进行一个剂量或一个疗程的耐受试验,证明人体能够耐受并给出临床上将来能够使用的安全剂量,最后要在患者身上进行试验。试验设计是取得数据的有效方法,而试验设计数据的分析方法则主要是本章将要介绍的方差分析。

方差分析是 20 世纪 20 年代发展起来的一种统计方法,其最早被用于判断施肥情况的不同是否会影响农作物产量。目前,方差分析已经被广泛地应用于各门学科的试验数据分析上面。不管是什么试验,方差分析的目的在形式上表现为多个总体均值是否相等的假设检验,在本质上研究的是分类型自变量对数值型因变量的影响。

7.1 方差分析基本原理

7.1.1 方差分析及相关概念

◎定义 7.1:**方差分析**(ANOVA)(analysis of variance)是指用检验多个总体均值是否相等以达到分析分类自变量对数值型因变量的影响的统计方法。

方差分析的目的是研究分类型自变量对数值型因变量的影响,其方式是通过判断多个总体均值是否相等的假设检验,而假设检验是凭借分析数据的误差及通过方差的比较来达到的。在此过程中,有一个或多个分类型自变量和对应的数值型因变量。当只涉及一个分类的自变量时,称为单因素方差分析;当涉及两个分类的自变量时,称为双因素方差分析。

下面举例说明什么是方差分析。

1) 什么是方差分析

【例 7.1】 某饮料生产企业研制一种新型饮料。饮料的颜色共有 4 种,分为橘黄色、粉色、绿色和无色透明。随机从 10 家超市上收集了该种饮料量上月销量,销量数据见表 7.1,问不同颜色的饮料的销量是否有显著差异?

分析 4 种颜色饮料的销量是否有显著差异,也就是要判断"颜色"对"销量"是否有显著影响,作出这种判断最终被归结为检验这 4 种颜色饮料销量的均值是否相等。若它们的均值相等,则意味着"颜色"对"销量"是没有影响的,即 4 种颜色饮料的销量没有显著差异;若均值不全相等,则意味着"颜色"对"销量"是有影响的,4 种颜色饮料的销量有显著差异。

表 7.1 4 种不同颜色的饮料销量数据/万 m^2

超 市	颜 色			
	无 色	粉 色	橘黄色	绿 色
1	40	30	55	45
2	65	50	80	70
3	60	55	60	60
4	20	40	55	50
5	50	35	65	60
6	30	30	50	50
7	55	30	60	55
8	70	70	70	70
9	65	60	80	75
10	45	25	45	50

2) 方差分析中的基本术语

◎定义 7.2:**因素和因子**(factor)是指所要检验的对象。

例 7.1 中要分析"颜色"对"销量"是否有显著影响,"颜色"是要检验的因素或因子。

◎定义 7.3:**水平或处理**(treatment)是指因子的不同表现。

例 7.1 中无色、粉色、橘黄色、绿色就是因子的水平。

◎定义 7.4:**观察值**是指在每个因素水平下得到的样本数据。

例 7.1 中每种颜色饮料的销量就是观察值。

例 7.1 中,只分析颜色这一个因素对饮料销量的影响,此因素有无色、粉色、橘黄色、绿色 4 个水平,因此,整个分析可称为单因素四水平的试验。因素的每一个水平可看作一个总体,如无色、粉色、橘黄色、绿色可看作4个总体,表7.1中的销量数据可看作从这4个总体中抽取的样本数据。

在前面讲过的方差分析定义中,当只涉及一个分类的自变量时,称为单因素方差分析。例7.1中,只涉及"颜色"这个分类自变量对"饮料销量"这个数值型因变量是否有显著影响,方差分析就是研究分类型自变量对数值型因变量是否有显著影响,这里就表现为"颜色"对"饮料销量"的影响。

7.1.2 方差分析的基本假定

方差分析中有以下3个基本的假定:

1) 每个总体都应服从正态分布

即对于因素的每一个水平,其观察值是来自服从正态分布总体的简单随机样本。在例7.1中,每种颜色饮料的销量必须服从正态分布。

2) 各个总体的方差必须相同

即各组观察数据是从具有相同方差的总体中抽取的。在例7.1中,每种颜色饮料销量分布的方差都相等。

3) 观察值是独立的

在例7.1中,每种颜色饮料的销量与其他颜色饮料销量独立。

在同时满足上述3个假定条件下,判断颜色对饮料销量是否有显著影响,实际上也就是检验具有同方差的4个正态总体的均值(4种颜色饮料销量的均值)是否相等。

总体是未知的,要检验4个总体均值是否相等,可通过样本数据提供的信息来判断。如果4个总体的均值相等,可期望4个样本的均值也会很接近。一般而言,4个样本的均值越接近,推断4个总体均值相等的证据也就越充分;同样的,样本均值越不同,推断总体均值不同的证据就越充分。如果4个总体的均值相等,则意味着每个样本都来自均值为 μ、方差为 σ^2 的同一正态总体。由前面学过的样本均值抽样分布得知,来自正态总体的简单随机样本的样本均值 $\bar{x} \sim N(\mu, \sigma^2/n)$。如果4个总体均值完全不同,则意味着4个样本分别来自均值不同的4个正态总体,因此,4个样本均值的抽样分布也就不同,显然4个样本均值也会趋向不同。

7.1.3 方差分析问题的一般提法

根据上面的分析,可提出进行方差分析所做假设检验的原假设和备择假设:

设因素有 k 个水平,每个水平的均值分别用 $\mu_1, \mu_2, \cdots, \mu_k$ 表示,要检验 k 个水平(总体)的均值是否相等,需要提出以下假设:

$H_0: \mu_1 = \mu_2 = \cdots = \mu_k$ 分类自变量对数值型因变量没有显著影响

$H_1: \mu_1, \mu_2, \cdots, \mu_k$ 不全相等   分类自变量对数值型因变量有显著影响

在例7.1中,令无色、粉色、橘黄色、绿色4种颜色饮料销量的均值分别为 $\mu_1, \mu_2, \mu_3, \mu_4$,为了达到检验4种颜色饮料销量的均值是否相等,以此来分析颜色对饮料销量是否有显著

影响,提出的原假设和备择假设为:

- $H_0:\mu_1=\mu_2=\mu_3=\mu_4$ 不同颜色对饮料销量没有显著影响
- $H_1:\mu_1,\mu_2,\mu_3,\mu_4$ 不全相等   不同颜色对饮料销量有显著影响

7.1.4 方差分析的基本思想和原理

前面讲了方差分析的基本假定和提出的假设,下面则要分析如何得出方差分析的结果。要想达到检验 4 种颜色饮料销量的均值是否相等以此来分析颜色对饮料销量是否有显著影响这个目的,需要从引起数据的误差来源入手。在进行实质的数据误差来源分析之前,可先借助描述统计的手段来分析。为了方便理解,借用例 7.1 来详细说明下面的过程。

1) 图形描述

到底如何分析呢? 这里可借助前面学到的描述统计的手段。请记住要分析的目的是要判断颜色对饮料销量是否有显著影响,判断两个变量之间的关系,可借助反映两个变量之间的散点图,4 个颜色饮料销量的散点图如图 7.1 所示。图 7.1 中的折线是由销量的均值连接而成的。

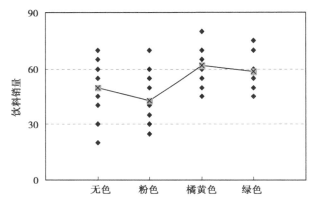

图 7.1   不同颜色饮料销量的散点图

从散点图 7.1 中可知,不同颜色饮料的销量是有明显差异的,而且即使是同一种颜色,不同超市饮料的销量也明显不同。可知,橘黄色饮料的销量较高,而无色和粉色饮料的销量较低。这表明颜色和销量之间有一定的关系。因为如果颜色与销量之间没有关系,那么,它们销量的均值应该差不多相同,在散点图上所呈现的模式也就应该很接近。

2) 误差分解

从散点图上虽然可以看出不同颜色饮料的销量是有差异,这种差异也可能是由于抽样的随机性所造成的,不管来自哪一方面,图形上反映的特征却无法给出充分的证据,即无法得出明显的量化指标。怎样得到充分的证据呢? 我们可以借助方差分析。

之所以叫方差分析,因为虽然感兴趣的是均值,但在判断均值之间是否有差异时则需要借助于方差。方差分析是通过对数据误差来源的分析来判断不同总体的均值是否相等。因此,进行方差分析时,需要考察数据误差的来源。这里,结合例 7.1 来说明,力求让大家更容易明白。

首先,回顾一下例 7.1 的相关数据,其中一共有来自 4 个不同颜色总体的样本数据,即使来自同一个颜色,样本的各观测值也是不同的,为什么呢? 由于超市是随机抽取的,因此,这些数据的差异可看成由于抽样的随机性所造成的,称为随机误差。

◎定义 7.5:**组内误差**(within groups)是指因素的同一水平(总体)下,样本各观察值之间的差异。

例如,例 7.1 中无色饮料中所抽取的 10 家超市饮料销量之间误差就是组内误差,它反映了一个样本内部数据的离散程度。很明显,组内数据的差异只是由于抽样的随机性导致的。

其次,若抽取的数据是来自不同的总体,那么,数据间的差异来源就不确定了。这种差异可能来自抽样的随机性,但是,也可能是因为来自于不同总体导致的。例 7.1 中,不同总体就体现为数据来自于不同颜色的饮料。由于不同颜色导致数据产生的差异可认为由于系统性因素造成的,称为系统误差。

◎定义 7.6:**组间误差**(between groups)是指因素的不同水平(不同总体)下,各观察值之间的差异。

例 7.1 中,来自于不同颜色的样本销量数据之间的误差就是组间误差,它反映了来自于不同颜色总体的样本数据之间的离散程度。这些数据既是随机抽取的,又来自于不同颜色,因此,组间误差中既包含随机误差,也包含系统误差。

要判断的分类自变量对数值型因变量的影响这里就可以跟系统误差对应起来。下面需要具体把误差具体量化出来。在方差分析中,数据的误差一般用平方和(sum of squares)来表示。可根据样本数据计算出几个类别的误差平方和。

◎定义 7.7:**总误差平方和**(sum of squares for total)是指反映全部数据误差大小的平方和,记为 SST。

例 7.1 中,抽取的 10 家超市饮料销量之间的误差就是总误差平方和,它反映了全部观测值的离散程度。

◎定义 7.8:**组内误差平方和**是指因素的同一水平(同一个总体)下样本数据的平方和,也称误差项平方和(sum of squares for error),记为 SSE。

同一总体抽取的样本内部的数据平方和加在一起就是组内平方和,反映了每个总体抽取的样本内各观测值的离散状况。例如,无色饮料销量的误差平方和就是组内平方和,它只包含随机误差。

◎定义 7.9:**组间误差平方和**(sum of squares for factor A)是指因素的不同水平(不同总体)下个样本之间的平方和,也称水平项平方和,记为 SSA。

例如,4 个颜色饮料销量之间的误差平方和就是组间平方和,它既包括随机误差,也包

括系统误差。这 3 个平方和之间有这样的关系为

$$总平方和 = 组内平方和 + 组间平方和$$

在后面的章节里会用数据证明这一点。

3) 误差分析

结合前面的目的,如果颜色对饮料销量没有影响,那么系统误差就没有了,这样的话组间误差就只含有随机误差。而组内误差只含有随机误差,同样都只有随机误差的组内误差和组间误差就应该比较接近,它们的比值就会接近 1;相反的,如果颜色对饮料销量有影响,那么,组间误差同时有系统误差,也有随机误差。这时,组间误差平均后的数值就会大于组内误差平均后的数值,它们的比值就会大于 1,当这个比值大到某种程度时,就可说不同水平之间存在着显著差异,也就是自变量对因变量有影响。因此,判断颜色对饮料销量是否有显著影响这一问题,实际上就是检验饮料销量的差异主要是哪种原因导致的。

如果差异主要是系统误差的话,那么,就有理由认为饮料销量差异是由于不同颜色导致的,即颜色对饮料销量有显著影响。在方差分析的假定前提下,要检验颜色这个分类自变量对饮料销量这个数值型因变量是否有显著影响,在形式上可转化为检验 4 个颜色饮料销量的均值是否相等的问题。这一检验中,需要回答的关键问题是:构造的检验统计量的值要达到何种程度时,才可以拒绝原假设呢? 在下面的一节中,将讲解方差分析的详细过程。

7.2　单因素方差分析

上一节中已经详细讲解了方差分析的定义和目的,下面将继续针对第一节中的例题来讲解方差分析的详细过程。例 7.1 中要检验颜色对饮料销量是否有显著影响,这里只涉及"颜色"一个因素,所以属于单因素方差分析。

7.2.1　数据结构

进行单因素方差分析时,需要得到下面的数据结构,见表 7.2。

表 7.2　单因素方差分析的数据结构(one-way analysis of variance)

观察值(j)	因素(A_i)			
	水平 A_1	水平 A_2	$\cdots$	水平 A_n
1	x_{11}	x_{21}	$\cdots$	x_{k1}
2	x_{12}	x_{22}	$\cdots$	x_{k2}
$\vdots$	$\vdots$	$\vdots$	$\vdots$	$\vdots$
n	x_{1n}	x_{2n}	$\cdots$	x_{kn}

为叙述方便，在单因素方差分析中，用 A 表示因素，因素的 k 个水平（总体）分别用 A_1，A_2，$\cdots$，A_k 表示，每个观测值用 $x_{ij}(i=1,2,\cdots,k;j=1,2,\cdots,n)$ 表示，即 x_{ij} 表示第 i 个水平（总体）的第 j 个观测值。其中，从不同水平中所抽取的样本容量可以相等，也可以不相等。

7.2.2　分析步骤

要达到检验自变量对因变量是否有显著影响，首先要提出假设，然后构造一个用于检验的统计量来检验假设是否成立。具体步骤如下：

1）提出假设

根据方差分析问题的一般提法，在此要检验因素的 k 个水平（总体）的均值是否相等，需要提出以下假设：

$H_0: \mu_1 = \mu_2 = \cdots = \mu_k$ 　　　　　　分类自变量对数值型因变量没有显著影响

$H_1: \mu_1, \mu_2, \cdots, \mu_k$ 　不全相等　　　分类自变量对数值型因变量有显著影响

例 7.1 的假设如前面所述：无色、粉色、橘黄色、绿色 4 种颜色饮料销量的均值分别为 $\mu_1, \mu_2, \mu_3, \mu_4$，提出的原假设和备择假设为

$H_0: \mu_1 = \mu_2 = \mu_3 = \mu_k$ 　　　　　　颜色对饮料销量没有显著影响

$H_1: \mu_1, \mu_2, \mu_3, \mu_k$ 　不全相等　　　颜色对饮料销量有显著影响

如果拒绝原假设，则意味着自变量对因变量有显著影响，即颜色对饮料销量有显著影响；如果不拒绝原假设，则没有证据显示自变量对因变量有显著影响，也就是没有证据认为颜色与饮料销量之间有显著关系。值得一提的是，拒绝原假设时，只是表明至少两个总体的均值不相等，并不意味着所有的均值都不相等。

2）构造检验的统计量

下面结合例 7.1 的数据来说明构造检验统计量的计算过程。

（1）计算各水平样本的均值

假定从第 i 个总体中抽取一个容量为 n_i 的简单随机样本，第 i 个总体的样本均值为该样本的全部观察值总和除以观察值的个数。计算公式为

$$\bar{x}_i = \frac{\sum\limits_{j=1}^{n_i} x_{ij}}{n_i} \qquad i = 1, 2, \cdots, k \tag{7.1}$$

式中，n_i 为第 i 个总体的样本观察值个数；x_{ij} 为第 i 个总体的第 j 个观察值。

（2）全部观察值的总均值

全部观察值的总均值等于全部观察值的总和除以观察值的总个数；其计算公式为

$$\bar{\bar{x}} = \frac{\sum\limits_{i=1}^{k} \sum\limits_{j=1}^{n_i} x_{ij}}{n} = \frac{\sum\limits_{i=1}^{k} n_i \bar{x}_i}{n} \tag{7.2}$$

式中

$$n = n_1 + n_2 + \cdots + n_k$$

例 7.1 中超市 4 个颜色饮料销量及其均值计算见表 7.3。

表 7.3　超市 4 个颜色饮料销量及其均值

超　市	颜　色			
	无色	粉色	橘黄色	绿色
1	40	30	55	45
2	65	50	80	70
3	60	55	60	60
4	20	40	55	50
5	50	35	65	60
6	30	30	50	50
7	55	30	60	55
8	70	70	70	70
9	65	60	80	75
10	45	25	45	50
$\bar{x}_i(i=1,2,\cdots,k)$	$\bar{x}_1=50$	$\bar{x}_1=42.5$	$\bar{x}_1=62$	$\bar{x}_1=58.5$
$\bar{\bar{x}}=\dfrac{\sum\limits_{i=1}^{k}\sum\limits_{j=1}^{n_i}x_{ij}}{n}=\dfrac{\sum\limits_{i=1}^{k}n_i\bar{x}_i}{n}$ $n=n_1+n_2+\cdots+n_k$	$\bar{\bar{x}}=\dfrac{40+65+\cdots+75+50}{40}=53.25$			

（3）计算误差平方和

为了构造检验统计量,需要计算前面所阐述的 3 个误差平方和,分别是总误差平方和 SST、水平项误差平方和 SSA 和误差项误差平方和 SSE。

①计算总误差平方和 SST

总误差平方和等于全部观察值 x_{ij} 与总平均值 $\bar{\bar{x}}$ 的离差平方和。它反映了全部观察值的离散状况。其计算公式为

$$\text{SST}=\sum_{i=1}^{k}\sum_{j=1}^{n_i}(x_{ij}-\bar{\bar{x}})^2 \tag{7.3}$$

例 7.1 中总误差平方和的计算结果

$$\text{SST}=(40-53.25)^2+\cdots+(50-53.25)^2=9\,027.5$$

②计算水平项误差平方和 SSA

水平项误差平方和等于各组平均值 $\bar{x}_i(i=1,2,\cdots,k)$ 与总平均值 $\bar{\bar{x}}$ 的离差平方和,它反映各总体的样本均值之间的差异程度,又称组间平方和。该平方和既包括随机误差,也包括系统误差。其计算公式为

$$\text{SSA}=\sum_{i=1}^{k}\sum_{j=1}^{n_i}(\bar{x}_i-\bar{\bar{x}})^2=\sum_{i=1}^{k}n_i(\bar{x}_i-\bar{\bar{x}})^2 \tag{7.4}$$

例 7.1 中水平项误差平方和的计算结果

$$SSA = \sum_{i=1}^{k} n_i (\bar{x}_i - \bar{\bar{x}})^2$$

$$= 10 \times (50 - 53.25)^2 + 10 \times (42.5 - 53.25)^2 + 10 \times (62 - 53.25)^2 + 10 \times (58.5 - 53.25)^2$$

$$= 2\ 302.5$$

③计算误差项平方和 SSE

误差项平方和等于每个水平或组的各样本数据与其组平均值的离差平方和。它反映了每个样本各观察值的离散状况,又称组内平方和或残差平方和;该平方和反映的是随机误差的大小。其计算公式为

$$SSE = \sum_{i=1}^{k} \sum_{j=1}^{n_i} (x_{ij} - \bar{x}_i)^2 \tag{7.5}$$

例 7.1 中误差项平方和的计算需要先求出每个颜色饮料销量与其均值的误差平方和,然后将 4 种颜色的误差平方和加总,即为误差项平方和。4 种颜色饮料误差项平方和分别为

无色

$$\sum_{j=1}^{10} (x_{1j} - \bar{x}_1)^2 = (40 - 50)^2 + (65 - 50)^2 + \cdots + (45 - 50)^2 = 2\ 400$$

粉色

$$\sum_{j=1}^{10} (x_{2j} - \bar{x}_2)^2 = (30 - 42.5)^2 + (50 - 42.5)^2 + \cdots + (25 - 42.5)^2 = 2\ 112.5$$

橘黄色

$$\sum_{j=1}^{10} (x_{3j} - \bar{x}_3)^2 = (55 - 62)^2 + (80 - 62)^2 + \cdots + (45 - 62)^2 = 1\ 260$$

绿色

$$\sum_{j=1}^{10} (x_{4j} - \bar{x}_4)^2 = (45 - 58.5)^2 + (70 - 58.5)^2 + \cdots + (50 - 58.5)^2 = 952.5$$

则误差项平方和

$$SSE = 2\ 400 + 2\ 112.5 + 1\ 260 + 952.5 = 6\ 725$$

④3 个平方和之间的关系

总误差平方和(SST)、水平项误差平方和(SSA)、误差项平方和(SSE)之间的关系为

$$SST = SSA + SSE$$

$$\sum_{i=1}^{k} \sum_{j=1}^{n_i} (\bar{x}_{ij} - \bar{\bar{x}})^2 = \sum_{i=1}^{k} n_i (\bar{x}_i - \bar{\bar{x}})^2 + \sum_{i=1}^{k} \sum_{j=1}^{n_i} (x_{ij} - \bar{x})^2 \tag{7.6}$$

例 7.1 的计算结果:9 027.5 = 2 302.5+6 725 无疑也验证了上面 3 个误差平方和的关系。

⑤3 个平方和的作用

总误差平方和 SST 反映全部数据总的误差程度;水平项误差平方和 SSA(组间平方和)反映随机误差和系统误差的大小;误差项平方和 SSE(组内平方和)反映随机误差的大小。

如果原假设成立,则表明没有系统误差,组间平方和 SSA 除以自由度后的均方与组内平方和 SSE 除以自由度后的均方差异就不会太大;如果组间均方显著地大于组内均方,说明各

水平(总体)之间的差异不仅有随机误差,还有系统误差。

因此,判断因素的水平是否对其观察值有影响,实际上就是比较组间方差与组内方差之间差异的大小。到底这两者之间的差异要大到何种程度,才能表明系统误差存在呢？我们需要拿出我们的检验统计量和可以作出判断的临界值。

(4)计算检验统计量 F

各误差平方和的大小与观察值的多少有关,为消除观察值多少对误差平方和大小的影响,需要将其平均,这就是均方(mean square),也称方差。计算方法是用误差平方和除以相应的自由度。3 个平方和对应的自由度分别是:

SST(总误差平方和)的自由度为 $n-1$,其中,n 为全部观察值的个数;

SSA(组间平方和)的自由度为 $k-1$,其中,k 为因素水平(总体)的个数;

SSE(组内平方和)的自由度为 $n-k$。

计算组间平方和和组内平方和的均方,计算过程如下:

组间方差:SSA 的均方,记为 MSA,计算公式为

$$MSA = \frac{SSA}{k-1} \tag{7.7}$$

例 7.1 中计算结果为

$$MSA = \frac{2\ 302.5}{4-1} = 767.5$$

组内方差:SSE 的均方,记为 MSE,计算公式为

$$MSE = \frac{SSE}{n-k} \tag{7.8}$$

例 7.1 中计算结果为

$$MSE = \frac{6\ 725}{40-4} = 186.805\ 556$$

将 MSA 和 MSE 进行对比,即得到所需要的检验统计量 F。当 H_0 为真时,二者的比值服从分子自由度为 $k-1$、分母自由度为 $n-k$ 的 F 分布,即

$$F = \frac{MSA}{MSE} \sim F(k-1, n-k) \tag{7.9}$$

例 7.1 中 F 检验统计量的值为

$$F = \frac{767.5}{186.805\ 556} = 4.108\ 55$$

3)统计决策

将统计量的值 F 与给定的显著性水平 α 的临界值 F_α 进行比较,作出对原假设 H_0 的决策。

统计决策过程如图 7.2 所示。根据给定的显著性水平 α,在 F 分布表中查找与第一自由度 $df_1 = k-1$、第二自由度 $df_2 = n-k$ 相应的临界值 $F_\alpha(k-1, n-k)$。

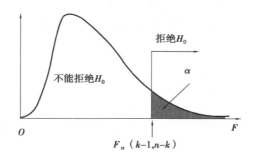

图 7.2　统计量 F 的抽样分布

若 $F > F_\alpha$，则拒绝原假设 H_0，表明均值之间的差异是显著的，所检验的因素对观察值有显著影响，即颜色对饮料销量有显著影响。

若 $F < F_\alpha$，则不能拒绝原假设 H_0，无证据支持表明所检验的因素对观察值有显著影响，即没有充分的数据显示颜色对饮料销量有显著影响。

例 7.1 中，根据前面的计算结果，计算出来的 $F = 4.108\,55$，取显著性水平 $\alpha = 0.05$，则 F 统计量分子的自由度 $df_1 = k - 1 = 4 - 1 = 3$、分母自由度 $df_2 = 40 - 4 = 36$，查 F 分布表相应的临界值 $F_{0.05}(3,36) = 2.866\,27$。因为 $F > F_\alpha$，拒绝原假设 H_0，即 $\mu_1 = \mu_2 = \mu_3 = \mu_4$ 不成立，表明 4 个颜色总体之间的均值有显著差异，即可认为颜色对饮料销量有显著影响。

4) 方差分析表

前面已经详细地介绍了方差分析的整个计算过程和步骤，所有的计算过程和结构可用一张表来进行总结和直观地显示，这就是方差分析表。方差分析表的内容和形式见表 7.4。

表 7.4　方差分析表的一般形式

	A	B	C	D	E	F	G
1 2	误差来源	平方和 *SS*	自由度 *df*	均方 *MS*	*F* 值	*P* 值	*F* 临界值
3	组间（因素影响）	SSA	$k-1$	MSA	MSA/MSE		
4	组内（误差）	SSE	$n-k$	MSE			
5	总和	SST	$n-1$				

例 7.1 的方差分析表见表 7.5。

表 7.5　4 个颜色饮料销量的方差分析表

11	方差分析					
12	差异源	*SS*	*df*	*MS*	*F*	*P*-value	*F* crit
13	组间	2 302.5	3	767.5	4.108 550 2	0.013 206 6	2.866 265 6
14	组内	6 725	36	186.805 56			
15							
16	总计	9 027.5	39				

5) 用 Excel 进行方差分析

方差分析的过程上面已详细介绍了，从上面介绍的分析过程可以看到，进行方差分析需要大量的计算工作量，而要用手工计算是非常复杂的，这些计算工作可由计算机来完成，目前的统计软件都有方差分析程序,只要了解了方差分析的基本原理,就可对计算机的输出结果进行合理的解释和分析。在这里用读者熟悉的 Excel 软件,结合例 7.1 对用 Excel 进行方差分析来具体的说明。

用 Excel 进行方差分析的步骤和操作:

第 1 步:选择"数据"菜单,选择"数据分析"选项。

第 2 步:在分析工具中,选择"单因素分析",然后单击"确定"按钮。

第 3 步:在出现的对话框中,在"输入区域"设置框内输入数据单元格区域 B2:E11,在 α 设置框中输入"0.05"。在"输出选项"中,选择"新工作表组",如图 7.3 所示。

第 4 步:选择"确定"后,就得到如表 7.6 所示的结果。

表 7.6 中"方差分析"部分:"SS"表示平方和,"df"表示自由度,"MS"表示均方,"F"表示 F 检验的统计量,"$P\text{-}value$"表示用于检验的"p 值","$F\ crit$"为置信水平 α 的临界值。

图 7.3 单因素方差分析的步骤

表 7.6 方差分析的结果

	A	B	C	D	E	F	G
1	方差分析:单因素方差分析						
2							
3	SUMMARY						
4	组	观测数	求和	平均	方差		
5	列1	10	500	50	266.667		
6	列2	10	425	42.5	234.722		
7	列3	10	620	62	140		
8	列4	10	585	58.5	105.833		
9							
10							
11	方差分析						
12	差异源	SS	df	MS	F	P-value	F crit
13	组间	2 302.5	3	767.5	4.108 55	0.013 21	2.866 27
14	组内	6 725	36	186.806			
15							
16	总计	9 027.5	39				

在方差分析表 7.6 中,可以看到 $F = 4.108\ 55 > F_{0.05}(3, 36) = 2.866\ 27$,所以拒绝原假设,即 $\mu_1 = \mu_2 = \mu_3 = \mu_4$ 不成立,表明 4 种颜色总体之间的均值有显著差异,即可认为颜色对饮料销量有显著影响。

在进行决策时,也可用 p 值与显著性水平 α 相比较,表 7.6 中的 p 值 $= 0.013\ 21 < 0.05$,所以拒绝原假设,即 4 种颜色总体之间的均值有显著差异,即可认为颜色对饮料销量有显著影响。

7.2.3　关系强度的测量

上面 Excel 进行方差分析的结果作出了拒绝原假设的决策,这表明因素(自变量)与观测值(因变量)之间有关系。假如想进一步度量它们之间的关系程度怎样? 自变量对因变量的影响效应到底多大? 这些问题就需进行关系强度的测量。

回到误差平方和的来源:组间平方和(SSA)反映的是各总体样本均值之间的差异程度,即度量了自变量(颜色)对因变量(饮料销量)的影响效应。因此,只要组间平方和 SSA 不等于 0,就表明两个变量之间有关系,但是关系大到一定程度才能作出是否显著的判断。当组间平方和比组内平方和(SSE)大,而且大到一定程度时,就意味着两个变量之间的关系显著,数值越大,表明两变量之间的关系就越强;反之,就意味着两个变量之间的关系不显著,数值越小,表明它们之间的关系就越弱。

这里测度自变量和因变量之间关系强度的指标就比较明显了,应用自变量平方和(SSA)及残差平方和(SSE)占总平方和(SST)的比例大小来反映。将自变量平方和占总平方和的比例记为 R^2,为了与第 8 章的定义统一,可将其称为判定系数,即判定系数

$$R^2 = \frac{SSA}{SST} \tag{7.10}$$

其平方根 R 定义为相关系数,是用来测度两个变量之间关系强度的指标。

例 7.1 中,计算的结果为

判定系数 $R^2 = \dfrac{SSA}{SST} = \dfrac{2\ 302.5}{9\ 027.5} = 0.255\ 054 = 25.505\ 4\%$

其平方根相关系数 $R = 0.505\ 029$。

上述计算结果可得出以下结论:颜色(自变量)对饮料销量(因变量)的影响效应占总效应的 25.505 4%,而残差效应则占 74.494 6%。即颜色对饮料销量差异解释的比例达到近 26%,而其他因素(残差变量)所解释的比例近为 74% 以上。尽管判定系数 R^2 并不高,但颜色对饮料销量的影响已经达到统计上显著的程度。上述计算结果中判定系数 R^2 的平方根(与第 8 章中介绍的相关系数 r 一致)$R = 0.505\ 029$,表明颜色和饮料销量之间有中等的相关关系。

7.3 双因素方差分析

7.3.1 双因素方差分析及其类型

方差分析的目的是研究分类型自变量对数值型因变量的影响,在此过程中有一个或多个分类型自变量和对应的数值型因变量。当只涉及一个分类的自变量时,称为单因素方差分析;但在实际问题中,有时不可避免地会遇到同时要分析几个分类自变量(因素)对数值型因变量的影响,当涉及两个分类的自变量(因素)时,称为双因素方差分析。

1) 双因素方差分析的概念和类型

> ◎ 定义 7.10:**双因素方差分析**(two-wat analysis of variance)是指同时分析两个分类型自变量对数值型因变量的方差分析方法。

在双因素方差分析中,一般把两个分类型自变量(因素)分别放置在行和列的位置上,这两个因素也称行因素 Row 和列因素 Column。如果两个分类型自变量(因素)对因变量的影响是相互独立的,分别判断行因素和列因素对试验数据的影响,这时的双因素方差分析称为无交互作用的双因素方差分析或无重复双因素方差分析(Two-factor without replication);如果除了行因素和列因素对试验数据的单独影响外,两个因素的搭配还会对结果产生一种新的影响,这时的双因素方差分析称为有交互作用的双因素方差分析或可重复双因素方差分析(Two-factor with replication)。

2) 双因素方差分析的基本假定

①每个总体都服从正态分布:对于因素的每一个水平,其观察值是来自正态分布总体的简单随机样本。

②各个总体的方差必须相同:对于各组观察数据,是从具有相同方差的总体中抽取。

③观察值是独立的。

双因素方差分析问题的一般提法要分为是无交互还是有交互作用的两种情况,这里主要介绍无交互作用的双因素方差分析。

7.3.2 无交互作用的双因素方差分析

与进行单因素方差分析的原理一样,需要拿出数据,然后按照方差分析的分析步骤来进行双因素方差分析。

1) 数据结构

在无交互作用的双因素方差分析中,要分析两个因素(行因素和列因素)对因变量的影响。设行因素有 k 个水平;列因素有 r 个水平。行因素和列因素的每一个水平都可以搭配组合成一组,以此来观察它们对试验数据的影响,一共有 $k×r=kr$ 个观察数据。其数据结构见表7.7。

表7.7 双因素方差分析的数据结构

	A	B	C	D	E	F	G
1			列因素(j)				平均值 $\bar{x}_i$
2			列1	列2	$\cdots$	列r	
3	行因素(i)	行1	x_{11}	x_{12}	$\cdots$	x_{1r}	$\bar{x}_1$
4		行2	x_{21}	x_{22}	$\cdots$	x_{2r}	$\bar{x}_2$
5		$\vdots$	$\vdots$	$\vdots$		$\vdots$	$\vdots$
6		行k	x_{k1}	x_{k2}	$\cdots$	x_{kr}	$\bar{x}_k$
7	平均值 $\bar{x}_j$		$\bar{x}_1$	$\bar{x}_2$	$\cdots$	$\bar{x}_r$	$\bar{\bar{x}}$

表7.7中,行因素共有 k 个水平,列因素共有 r 个水平。每一个观察值 $x_{ij}(i=1,2,\cdots,k;$ $j=1,2,\cdots,r)$看作由行因素的 k 个水平和列因素的 r 个水平所组合成的 kr 个元素的总体中抽取的样本容量为1的简单独立随机样本。其中,每一个总体都服从正态分布,且有相同的方差。

表7.7中,$\bar{x}_i$ 是行因素的第 i 个水平下各观察值的平均值

$$\bar{x}_{i.} = \frac{\sum\limits_{j=1}^{r} x_{ij}}{r} \qquad i=1,2,\cdots,k \qquad (7.11)$$

$\bar{x}_{.j}$ 是列因素的第 j 个水平下的各观察值的均值

$$\bar{x}_{.j} = \frac{\sum\limits_{i=1}^{k} x_{ij}}{k} \qquad j=1,2,\cdots,r \qquad (7.12)$$

$\bar{\bar{x}}$ 是全部 kr 个样本数据的总平均值

$$\bar{\bar{x}} = \frac{\sum\limits_{i=1}^{k} \sum\limits_{j=1}^{r} x_{ij}}{kr} \qquad (7.13)$$

2)分析步骤

有了基本的数据,就可用方差分析的步骤得出结果了。

(1)提出假设

这里进行的是无交互作用的双因素方差分析,所以只需要检验两个独立因素对因变量的影响,需要对两个因素(行因素和列因素)分别提出以下假设:

对行因素提出的假设为

$H_0:\mu_1=\mu_2=\cdots=\mu_i=\cdots=\mu_k$ 　　　　行因素对因变量没有显著影响

$H_1:\mu_i(i=1,2,\cdots,k)$　不全相等　　　　行因素对因变量没有显著影响

(μ_i 为第 i 个水平的均值)

对列因素提出的假设为

$H_0:\mu_1=\mu_2=\cdots=\mu_j=\cdots=\mu_r$ 　　　　列因素对因变量没有显著影响

$H_1:\mu_j(j=1,2,\cdots,r)$　不全相等　　　列因素对因变量没有显著影响

（m_j 为第 j 个水平的均值）

（2）构造检验的统计量

为了检验原假设 H_0 是否成立,需要分别确定检验行因素和列因素的统计量。与 7.2 单因素方差分析构造检验统计量的原理和方法一样,同样是从分析误差平方和的来源入手对总误差平方和进行分解,只不过这里多了一个因素而已,那么,这里需要计算的误差平方和也会多一个。需要计算的误差平方和如下:

首先,需要计算总误差平方和。总误差平方和是全部观察值 x_{ij} 与总样本平均值 $\bar{\bar{x}}$ 的误差平方和。其具体计算公式如下:

总误差平方和

$$
\begin{aligned}
\text{SST} &= \sum_{i=1}^{k}\sum_{j=1}^{r}\left(x_{ij}-\bar{\bar{x}}\right)^2 \\
&= \sum_{i=1}^{k}\sum_{j=1}^{r}\left(\bar{x}_{i.}-\bar{\bar{x}}\right)^2 + \sum_{i=1}^{k}\sum_{j=1}^{r}\left(\bar{x}_{.j}-\bar{\bar{x}}\right)^2 + \sum_{i=1}^{k}\sum_{j=1}^{r}\left(x_{ij}-\bar{x}_{i.}-\bar{x}_{.j}+\bar{\bar{x}}\right)
\end{aligned}
\tag{7.14}
$$

从总误差平方和的公式中可以看出,总误差平方和可分解为 3 项,下面分别对 3 项进行解释。

总误差平方和分解后的等式右边的第一项是行因素所产生的误差平方和,记为 SSR。其计算公式如下:

行因素误差平方和

$$
\text{SSR} = \sum_{i=1}^{k}\sum_{j=1}^{r}\left(\bar{x}_{i.}-\bar{\bar{x}}\right)^2
\tag{7.15}
$$

第二项是列因素所产生的误差平方和,记为 SSC。其计算公式如下:

列因素误差平方和

$$
\text{SSC} = \sum_{i=1}^{k}\sum_{j=1}^{r}\left(\bar{x}_{.j}-\bar{\bar{x}}\right)^2
\tag{7.16}
$$

第三项是除行因素和列因素影响之外的剩余因素产生的误差平方和,称为随机误差项平方和,记为 SSE。其计算公式如下:

随机误差项平方和

$$
\text{SSE} = \sum_{i=1}^{k}\sum_{j=1}^{r}\left(x_{ij}-\bar{x}_{i.}-\bar{x}_{.j}+\bar{\bar{x}}\right)^2
\tag{7.17}
$$

从公式中很容易看出总误差平方和(SST)、水平项误差平方和(SSR 和 SSC)、误差项平方和(SSE)之间的关系为

$$
\text{SST} = \text{SSR} + \text{SSC} + \text{SSE}
\tag{7.18}
$$

在计算出误差平方和的基础上,需要将各项误差平方和除以对应的自由度,得到各自的均方,再来根据均方构建检验统计量。与各误差平方和对应的自由度如下:

总误差平方和 SST 的自由度为 $kr-1$。

行因素的误差平方和 SSR 的自由度为 $k-1$。

列因素的误差平方和 SSC 的自由度为 $r-1$。

随机误差平方和 SSE 的自由度为 $(k-1)\times(r-1)$。

各因素的均方计算和表述如下：

行因素的均方，记为 MSR。其计算公式为

$$\text{MSR} = \frac{\text{SSR}}{k-1} \tag{7.19}$$

列因素的均方，记为 MSC。其计算公式为

$$\text{MSC} = \frac{\text{SSC}}{r-1} \tag{7.20}$$

随机误差项的均方，记为 MSE。其计算公式为

$$\text{MSE} = \frac{\text{SSE}}{(k-1)(r-1)} \tag{7.21}$$

下面需要针对前面提出的行因素和列因素的假设计算检验统计量。

检验行因素的统计量

$$F_R = \frac{\text{MSR}}{\text{MSE}} \sim F(k-1,(k-1)(r-1)) \tag{7.22}$$

检验列因素的统计量

$$F_C = \frac{\text{MSC}}{\text{MSE}} \sim F(r-1,(k-1)(r-1)) \tag{7.23}$$

（3）统计决策

计算出相应的检验统计量之后，根据给定的显著性水平 α 在 F 分布表中查找相应的临界值 F_α，将计算出来的检验统计量的值 F 与给定的显著性水平 α 的临界值 F_α 分别进行比较，作出对原假设 H_0 的决策。

若 $F_R > F_\alpha$，则拒绝原假设 H_0，即 $\mu_1 = \mu_2 = \cdots = \mu_i = \cdots = \mu_k$ 不成立，表明不同行因素水平的均值之间的差异是显著的，即所检验的行因素对观察值有显著影响。

若 $F_C > F_\alpha$，则拒绝原假设 H_0，即 $\mu_1 = \mu_2 = \cdots = \mu_j = \cdots = \mu_r$ 不成立，表明不同列因素水平的均值之间有显著差异，即所检验的列因素对观察值有显著影响。

（4）无交互作用的双因素方差分析表

同样的，可将上述计算过程和结果清晰地显示到一张表当中，无交互作用的双因素方差分析表的一般形式见表 7.8。

表 7.8　无交互作用的双因素方差分析表的一般形式

	A	B	C	D	E	F	G
1	误差来源	误差平方和 SS	自由度 df	均方 MS	F 值	P 值	F 临界值
2	行因素	SSR	$k-1$	MSR	F_R		
3	列因素	SSC	$r-1$	MSC	F_C		
4	误差	SSE	$(k-1)\times(r-1)$	MSE			
5	总和	SST	$kr-1$				

为了便于大家理解,下面将结合实例来进行无交互作用的双因素方差分析。

【例 7.2】 某品牌计算机在不同地区使用不同的营销方法进行销售,为了分析地区与营销方法对计算机销售收入的影响,公司的市场营销部对 6 个地区使用营销方法所取得的销售收入做了调查,表 7.9 就是调查得到的数据。试分析地区和营销方法对销售收入是否有显著影响?($\alpha = 0.05$)

表 7.9 不同地区在不同营销方法下的销售收入/万元

地区 ＼ 营销方法	营销方法 1	营销方法 2	营销方法 3
地区 1	1 310	1 080	850
地区 2	1 275	1 100	1 020
地区 3	1 280	1 050	780
地区 4	1 225	1 020	870
地区 5	1 190	990	805
地区 6	1 300	1 030	910

在例 7.2 中,地区和营销方法是两个分类自变量,销售收入是一个数值型因变量。同时分析地区和营销方法对销售收入的影响,分析究竟是一个因素起作用还是两个因素都起作用,抑或是两个因素都不起作用,这就是一个双因素方差分析的问题。在这个双因素方差分析中,由于行因素"地区"和列因素"营销方法"对销售收入的影响是独立的,因此,这里进行的是无交互作用的双因素方差分析。①

解 对两个因素分别提出下面的假设。

行因素(地区):

$H_0 : \mu_1 = \mu_2 = \mu_3 = \mu_4 = \mu_5 = \mu_6$ 地区对销售收入没有显著影响

$H_1 : \mu_1 , \mu_2 , \mu_3 , \mu_4 , \mu_5 , \mu_6$ 不全相等   地区对销售收入有显著影响

列因素(营销方法):

$H_0 : \mu 1 = \mu 2 = \mu 3$ 营销方法对销售收入没有显著影响

$H_1 : \mu 1 , \mu 2 , \mu 3$ 不全相等   营销方法对销售收入有显著影响

用 Excel 进行无交互作用的双因素方差分析的步骤和操作:

第 1 步:选择"数据"菜单,选择"数据分析"选项。

第 2 步:在分析工具中,选择"方差分析:无重复双因素分析",然后单击"确定"按钮。

第 3 步:在出现的对话框中,在"输入区域"设置框内输入数据单元格区域 B2:D7,在 α 设置框中输入"0.05"。在"输出选项"中,选择"新工作表组",如图 7.4 所示。

第 4 步:选择"确定"后,就会出现方差分析的结果,见表 7.10 。

---

① 判断双因素是有交互还是无交互作用,需要针对两因素的数据响应值来结合图形描述进行分析,因内容比较复杂,本书不予介绍,感兴趣的读者可参考相关统计书籍。

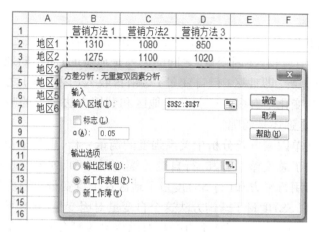

图 7.4 无交互作用的双因素方差分析过程

表 7.10 无交互作用的双因素方差分析过程

	A	B	C	D	E	F	G
1	方差分析：无重复双因素分析						
2							
3	SUMMARY	观测数	求和	平均	方差		
4	行 1	3	3240	1080	52900		
5	行 2	3	3395	1131.67	17008.3		
6	行 3	3	3110	1036.67	62633.3		
7	行 4	3	3115	1038.33	31758.3		
8	行 5	3	2985	995	37075		
9	行 6	3	3240	1080	39900		
10							
11	列 1	6	7580	1263.33	2156.67		
12	列 2	6	6270	1045	1630		
13	列 3	6	5235	872.5	7357.5		
14							
15							
16	方差分析						
17	差异源	*SS*	*df*	*MS*	*F*	*P-value*	*F* crit
18	行	33523.6	5	6704.72	3.02052	0.06442	3.32583
19	列	460353	2	230176	103.696	2.1E-07	4.10282
20	误差	22197.2	10	2219.72			
21							
22	总计	516074	17				

从表 7.10 中可以看出，行因素（地区）的检验统计量的值 $F_{R} = 3.020\,52 < F_{\alpha} = 3.325\,83$，所以不拒绝原假设 H_0，没有证据表明 $\mu_1, \mu_2, \mu_3, \mu_4, \mu_5, \mu_6$ 之间的差异显著，即不能认为地区对销售收入有显著影响。

列因素（营销方法）的检验统计量的值 $F_C = 103.693 > F_{\alpha} = 4.102\,82$，所以拒绝原假设 H_0，即 $\mu_1 = \mu_2 = \mu_3$ 不成立，说明 μ_1, μ_2, μ_3 之间的差异显著，即营销方法对销售收入有显著影响。

此外，还可用 p 值来对原假设进行检验。在表中，行因素（地区）的 p 值 $= 0.064\,42 > \alpha = 0.05$，所以不拒绝原假设 H_0，即没有证据显示地区对销售收入有显著影响；列因素（营销方法）的 p 值 $= 2.1E-07 < \alpha = 0.05$，所以拒绝原假设 H_0，即营销方法对销售收入有显著影响；得到的结论与 F 检验的结论相一致。

3) 关系强度的测量

例 7.2 的方差分析结构表明，不同营销方法之间的销售收入均值之间有显著差异，即营销方法（列自变量）与销售收入（因变量）之间的关系是显著的；而不同地区之间的销售收入的均值之间没有显著差异，即地区（行自变量）与销售收入（因变量）之间的关系是不显著的。那么，销售收入的变化中有多少变化是由地区和营销方法决定的呢？ 销售收入和这两个因素的关系强度又是强还是弱呢？

关于上述问题，同单因素方差分析中关系强度的衡量一样，也可从误差平方和的分解入手，方差分析表中给出了总误差平方和、行自变量误差平方和、列自变量误差平方和和误差项平方和。很明显，可用行平方和（行 SS）度量了地区这个自变量对因变量（销售收入）的影响效应；用列平方和（列 SS）度量了营销方法这个自变量对因变量（销售收入）的影响效应；那么，这两个平方和加在一起则度量了两个自变量对因变量的联合效应。联合效应与总平方和的比值定义为 R^2，其平方根 R 则反映了这两个自变量合起来与因变量之间的关系强度。

$$R^2 = \frac{联合效应}{总效应} = \frac{SSR + SSC}{SST} \tag{7.24}$$

例 7.2 中

$$R^2 = \frac{SSR + SSC}{SST} = \frac{33\ 523.6 + 460\ 353}{516\ 074} = 0.957\ 0 = 95.70\%$$

这表明，地区因素和营销方法因素合起来总共解释了销售收入的95.70%，其他因素（残差变量）只解释了销售收入差异的4.30%。平方根 $R = 0.978\ 3$，表明地区和营销方法两个因素合起来与销售收入之间有非常强的关系。

当然，也可分别考察地区与营销方法与销售收入之间的关系，这就需要分别做每个自变量与销售收入的单因素方差分析，并分别计算每个 R^2 进行分析。下面给出分别对地区和营销方法因素对销售收入的单因素方差分析结果，见表 7.11 和表 7.12。请大家自己进行分析。

表 7.11　地区与销售收入的单因素方差分析结果

方差分析						
差异源	*SS*	*df*	*MS*	*F*	*P*-value	*F* crit
组间	33 523.611	5	6 704.7 222	0.1 667 323	0.9 700 918	3.1 058 752
组内	482 550	12	40 212.5			
总计	516 073.61	17				

表 7.12　营销收入与销售收入的单因素方差分析结果

方差分析						
差异源	*SS*	*df*	*MS*	*F*	*P*-value	*F* crit
组间	460 352.78	2	230 176.39	61.963 284	5.621E-08	3.6 823 203
组内	55 720.833	15	3 714.722 2			
总计	516 073.61	17				

从表 7.11 和表 7.12 可以发现,与双因素方差分析所得到的结论一致。但双因素方差分析中的误差平方和等于 22 197.2,比分别做单因素方差分析时的任何一个平方和(482 550 和 55 720.833)都小,而且 p 值也变得更小了。这是因为在双因素方差分析中,误差项平方和不包括两个自变量中的任何一个,因而减少了残差效应。而在分别做单因素方差分析时,将行因素(地区)做自变量时,列因素(营销方法)被包括在残差中。同样,将列因素(营销方法)作自变量时,行因素(地区)被包括在残差中。因此,对两个独立的自变量而言,进行无交互作用的双因素方差分析要优于分别对两个因素进行单因素方差分析。

【学习指导与小结】

本章在介绍方差分析原理和思想的基础上,重点介绍了如何进行单因素和无交互作用的双因素方差分析步骤。本章各节的主要内容和学习要点见表 7.13。

表 7.13 本章各节的主要内容和学习要点

章　节	主要内容	学习要点
7.1 方差分析基本原理	方差分析及相关概念	概念:方差分析,因子,处理
	方差分析的基本假定	
	方差分析问题的一般提法	
	方差分析的基本思想和原理	概念:组内误差,组间误差,总平方和,组内平方和,组间平方和 **误差的分解** **总平方和、组内平方和、组间平方和的关系**
7.2 单因素方差分析	数据结构	概念:单因素方差分析 数据结构
	分析步骤	概念:总平方和,组内方差,组间方差 假设的提法 总平方和、组内方差、组间方差的计算方法 检验统计量的计算方法 统计决策 **方差分析表的结构** **用 Excel 进行方差分析**
	关系强度的测量	**关系强度的测量方法**
7.3 双因素方差分析	双因素方差分析及其类型	概念:双因素方差分析,无交互作用的双因素方差分析,有交互作用的双因素方差分析
	无交互作用的双因素方差分析	无交互作用的双因素方差分析表的结构 **用 Excel 进行无交互作用的双因素方差分析**

注:"加粗"部分为重点学习要点,应当重点学习并掌握。

【常用术语】

方差分析　　随机误差　　系统误差　　总误差平方和　　组间平方和　　组内平方和
双因素方差分析

【案例讨论】

方差分析在市场营销中的应用:测试营销[①]

某苹果汁厂家开发了一种新产品——浓缩苹果汁,一包该果汁与水混合后可配出 1 L 的普通苹果汁。该产品有一些吸引消费者的特性:首先,它比目前市场销售的罐装苹果汁方便。其次,由于市场上的罐装苹果汁事实上也是通过浓缩果汁制造而成,因此,新产品的质量至少不会差于罐装果汁。再次,新产品的生产成本要略低于罐装苹果汁。营销经理需要决定的是如何宣传这种新产品,她可通过强调产品的便利性、高品质或价格优势的广告来推销。为了决定采用何种广告策略,她分别在 3 个小城市展开试验。在第一个城市推出她的产品时,她将广告的重点放在宣传浓缩果汁的便利性(如很方便就可以从商店搬回家,占用更少的冰箱空间等)。在第二个城市,她则大力宣传产品的质量(画面上"普通的"购买者正在讨论果汁的口味如何纯正)。接下来在第三个城市,广告则聚焦在产品的另一亮点——相对较低的成本。相关人员记录了营销战略开始后 20 个星期果汁的每周销量,据此,营销经理希望了解 3 种不同广告策略下的销售状况是否存在差异。

【讨论】

1.什么是方差分析? 结合此案例说明此方差分析的目的。

2.如果算出检验统计量的值 $F=3.23$,p 值为 0.046 8,那么,我们可以作出什么判断?

【思考与练习】

一、思考题

1.什么是方差分析? 其目的是什么?

2.方差分析包括哪些类型? 这些类型之间的区别和联系是什么?

3.方差分析的基本思想是什么?

4.请解释总误差平方和、水平项误差平方和和误差项平方和三者之间的关系。

5.简述方差分析的基本步骤。

6.简述无重复作用的双因素方差分析的区别和联系。

7.测度方差分析中自变量和因变量之间关系强度的指标是什么? 请简述其含义。

---

① 凯勒,沃拉克.统计学:在经济和管理中的应用[M].王琪延,郝志敏,廉晓红,等,译.6 版.北京:中国人民大学出版社,2006.

二、练习题

1.从 3 个总体中各抽取样本量不同的样本数据,结果见表 7.14。检验 3 个总体的均值之间是否有显著差异($\alpha = 0.01$)。

表 7.14 样本数据结果

样本 1	样本 2	样本 3
58	53	69
48	42	58
61	56	70
54	49	60
69		

2.一家牛奶公司有 4 台机器装填牛奶,每桶的容量为 4 L。表 7.15 是从 4 台机器中抽取的样本数据。取显著性水平 $\alpha = 0.01$,检验 4 台机器的装填量是否相同。

表 7.15 样本数据

机器 1	机器 2	机器 3	机器 4
4.03	3.98	4.03	3.99
4.02	4.03	3.99	4.01
3.97	4.02	3.96	3.98
4.04	3.97	3.98	4.00
	4.01	3.95	
	3.99		

3.某企业准备用 4 种方法组装一种新的产品,为确定哪种方法每小时生产的产品数量最多,随机抽取了 32 名工人,并指定每个人使用其中的一种方法。通过对每个工人生产的产品数进行方差分析得到表 7.16 的结果。

表 7.16 方差分析表

差异源	SS	df	MS	F	P-value	F crit
组间			210		0.245 946	3.354 131
组内	3 836			—	—	—
总计		31	—	—	—	—

(1)完成上面的方差分析表。

(2)若显著性水平 $\alpha = 0.05$,检验 3 种方法组装的产品数量之间是否有显著差异?

4.一家汽车制造商准备购进一批轮胎。考虑的因素主要有轮胎供应商和耐磨程度。为了对磨损程度进行测试,分别在低速(40 km/h)、中速(80 km/h)、高速(120 km/h)下进行测试。表7.17是对5家供应商抽取的轮胎随机样本在轮胎使用1 000 km后磨损程度。取显著性水平 $\alpha = 0.01$,检验:

(1)不同车速对磨损程度是否有显著影响。

(2)不同供应商生产的轮胎之间磨损程度是否有显著差异。

表7.17　随机样本数据

供应商	车　速		
	低速	中速	高速
1	3.8	4.7	3.3
2	3.3	3.8	2.7
3	3.6	4.0	3.1
4	3.7	3.7	2.9
5	3.4	4.6	3.4

5.有5种不同品种的种子和4种不同的施肥方案,在20块同样面积的土地上,分别采用5种种子和4种施肥方案搭配进行试验,取得的收获量数据见表7.18。检验种子的不同品种对收获量的影响是否有显著差异;不同的施肥方案对收获量的影响是否有显著差异($\alpha = 0.05$)。

表7.18　收获量数据

品种	施肥方案			
	1	2	3	4
1	12.2	9.8	11.4	9.9
2	13.6	11.3	12.6	9.2
3	14.1	12.2	11.7	10.9
4	14.3	13.8	11.2	11.2
5	13.2	14.1	13.5	11.5

6.为研究食品的包装和销售地区对其销售量是否有影响,在某周的3个不同地区中用3种不同包装方法进行销售,获得的销售量数据见表7.19。检验不同的地区和不同的包装方法对该食品的销售量是否有显著影响($\alpha = 0.05$)。

表7.19　销售量数据

销售地区 A	包装方法 B		
	B_1	B_2	B_3
A_1	47	72	35
A_2	51	56	42
A_3	34	64	51

第8章 相关与回归分析

【名言采撷】

> 世界上所有的模型都只是对现实世界的某种近似。没有完美的模型。所有的模型都命中注定要被修正、改进以至于被替代。
>
> ——吴喜之

【学习目标】

学习了第7章方差分析,大家掌握了分类型自变量与数值型因变量之间的分析方法,本章则是在第7章的基础上,研究数值型的自变量与数值型因变量之间的数量关系。该章主要是向读者介绍两个数值型变量相关程度的测度与如何用数学表达式建立两个数值型变量之间的关系。目的是让读者在学习一元线性回归分析方法时,理解两个数值型变量间的线性相关关系的测定,掌握如何采用合适的数学模型建立两者的关系,并利用数学模型进行预测,为事物的发展与预测,提供科学的依据。

本章集前面所学的抽样分布、假设检验与方差分析方法于一体,具有较强的知识综合性,通过本章学习既是对已学知识的温故知新,也是提升统计方法综合应用能力的体现。

【知识点浏览】

1.变量间关系的度量。

2.相关系数的测定与显著性检验。

3.一元线性回归模型与参数最小二乘估计。

4.判定系数与估计标准误差的计算意义。

5.线性关系与回归系数的检验。

6.利用回归模型进行估计与预测。

7.残差分析。

【开篇案例】

宝丽来公司的产品回归分析[①]

宝丽来公司的消费者摄影业务开始于 1947 年,当时公司的创始人,埃德温·兰德博士,宣布用一种单步骤干燥照相制版术可以在拍照后不到 1 min 制作出照片。1949 年首批宝丽来公司兰德照相机和胶卷开始销售。从那以后,通过宝丽来公司在化学、光学镜片和电子学等方面的不断研制和开发,他们已经生产出更高质量、可靠和方便的摄影系统。

宝丽来公司的另一个主要业务部门,即技术与实业摄影,将注意力集中在使宝丽来公司的快速成像摄影成为当今可视交流环境中的一个重要组成部分。为达到此目标,该公司在市场上大量销售不同类型的直接摄影系统,有用于专业的、实业的、科学和医学上的照相机、配件和胶卷。其他业务还包括磁学、太阳镜、化学制品、定制的涂料和全息照相术。

用来测量照相材料灵敏度的感光计,可提供许多关于胶卷特性上的信息,如胶卷的有效曝光范围。在这家公司的中心感光实验室里,科学家们系统地对直接成像胶卷进行抽样和分析,这些胶卷被储存在一种模拟的温度和湿度中,这种温度和湿度是这些胶卷被顾客购买之后很可能会碰上的。该实验室在时间(生产时间)上进行分类抽取胶卷,从 1 个月到 13 个月的,以便他们弄清楚胶卷的感光速率,和该公司扩大生产的一种彩色专用冲印胶卷出厂时间之间的关系。数据显示胶卷的感光速率随着出厂时间的延长而降低,用一条直线能近似地表达胶卷的感光速率与胶卷出厂时间之间的变化关系。

运用回归分析,该公司有关胶卷的感光速率与胶卷时间之间的变化方程为

$$y = -19.8 - 7.6x$$

式中,y 为胶卷的感光速率;x 为胶卷的时间(单位:月)。

这个方程显示胶卷的感光速率每个月平均减少 7.6 个单位。由此提供的信息,再结合顾客购买和使用的方式,该公司就能够进行生产调整,从而生产出能满足顾客要求的胶卷。

【思考与讨论】

1.宝丽来公司利用的回归分析方法有何意义?

2.结合你的专业,想想哪些问题可采用回归分析的方法。

方差分析是对分类型自变量与数值型因变量之间关系的分析方法。如果在实际研究中,分析的两个变量均是数值型变量时,这要采用本章向读者介绍的相关与回归分析的方法。

相关与回归分析从所处理的变量多少来看,如果是研究两个变量之间的关系,称为简单相关与简单回归分析(或一元回归);如果研究两个以上的变量之间的关系,则称为多元相关与多元回归分析;从变量之间的关系上看,有线性相关及线性回归分析(或一元回归分析)与

---

① David R. Anderson, Dennis J. Sweeney, Thomas A.Williams.商务与经济统计学精要[M].大连:东北财经大学出版社,2000:424.

非线性相关及非线性回归分析。本章主要讨论简单线性相关和简单线性回归的基本原理与方法(即一元线性相关与回归),它是我们学习相关与回归分析的基础,掌握了两个变量间的线性相关与回归分析,才能更好地理解其他形式的相关与回归分析方法。

8.1 变量间关系的度量

8.1.1 变量间的关系

在对客观事物进行研究中,人们经常要对变量之间的关系进行分析,以期对事物进一步认识。例如,要控制产品的生产成本,必须对影响该产品成本的各种因素进行分析;研究农作物产量与施肥量的关系,以提高农作物产量;通过商业广告费支出与销售量之间的关系,分析并预测广告费支出对销售量的影响;在社会学中,研究离婚率与离婚年龄之间的关系;在医学中,研究吸烟的烟龄与癌症病人数的关系,等等。统计分析的目的在于如何根据统计数据,确定变量之间的关系形态及其关联程度,这种关系不外乎两种形态,即函数关系和相关关系。

1) 函数关系

函数关系是人们比较熟悉的变量间的关系。在函数关系中,设有两个变量 x 和 y,变量 y 随变量 x 变化而变化,并完全依赖于 x。当变量 x 取某一数值时,y 依确定的关系取相应的值,则称 y 是 x 的函数,记为 $y=f(x)$。其中,x 是自变量,y 是因变量。可用数学表达式描述这种关系。

◎定义 8.1:客观现象之间存在的确定性的数量关系,并可用数学表达式描述这种关系,即称为**函数关系**。

例如,长方形面积 S 与长方形边长 a 和 b 之间相互依存的确定性的函数关系,用数学公式表示为 $S=ab$。在销售价格(p)既定的情况下,商品销售额(y)与销售量(x)之间也存在确定的函数关系为

$$销售额 = 销售量 \times 销售价格$$

即 $y=px$,等等,表明各变量之间存在一种确定的函数关系。

2) 相关关系

函数关系是一一对应的确定关系,但在实际问题中,变量之间的关系往往严格的依存关系。例如,考察居民家庭收入与支出的关系,这两个变量之间就不存在这种一一对应的完全确定的关系。也就是说,收入水平相同的家庭,他们的支出往往不相同;反之,支出相同的家庭,他们的收入往往也是不相同的。可见家庭的支出并非完全取决于家庭收入的多少,因为

家庭支出水平尽管与家庭收入有密切的关系,但它并非是影响支出的唯一因素,还有银行利息、消费品价格变化等其他因素的影响。正是由于影响一个变量的因素很多,才造成了变量之间关系的不确定性。

> ◎定义 8.2:变量之间存在的不确定的数量关系,称为**相关关系**(correlation)。

例如,从遗传学角度看,子女的身高(y)与其父母的身高(x)有很大关系。一般来说,父母身高较高时,其子女的身高通常也比较高,父母身高较矮时,其子女的身高通常也比较矮。但是实际情况中,子女的身高并不是完全由父母的身高一个因素确定的,还有其他许多因素的影响,因此两者之间属于相关关系。

又如,考察一个人的收入(y)水平与他受教育年限(x)这两个变量,它们之间也不存在确定的函数关系。也就是说,受教育年限相同的人,他们的收入往往不同。同样,收入相同的人,他们受教育年限可能不同。即受教育年限尽管与收入多少有关系,但它并不是影响收入的唯一因素,还有其他因素(如职业、工作年限等)的影响。因此,收入水平与受教育年限之间是一种相关关系。

从上面的几个例子,可看出相关关系的特点:

提示

> 1.一个变量的取值不能由另一个变量唯一确定,当 x 取某个值时,变量 y 的取值可能有几个。
>
> 2.变量之间虽没函数关系,但也不是无任何规律可循。如父母身材较高时,其子女的身材一般也较高;收入水平较高的家庭其消费支出一般也较高。

8.1.2　相关关系的描述与测度

相关分析就是对两个变量之间线性关系的描述与度量,它要解决的问题包括:
①两个变量之间是否存在关系?
②如果存在关系,它们之间是什么样的关系?
③变量之间的关系强度如何?
④样本所反映的变量之间的关系能否代表总体变量之间的关系?

通常我们采用"散点图"来判断两个变量之间的关系形态,若呈线性关系,则再利用"相关系数"指标来测度两变量间的关系程度,通过对相关系数的显著性检验,以判断样本所反映的关系能否代表总体中两个变量的关系。

1) 散点图

对于两个变量 x 和 y,通过观察或试验可得到若干组数据,记为 $(x_i, y_i)(i=1,2,\cdots,n)$

◎定义 8.3：用坐标水平轴代表变量 x，纵轴代表变量 y，每组数据 (x_i, y_i) 在坐标中用一个点表示，n 组数据在坐标系中形成的 n 个点称为散点，由坐标及其散点形成的二维数据图称为**散点图**（scatter diagram）。

散点图是描述变量之间关系的一种直观方法，从中可以大体上看出变量之间的关系形态及关系强度。图 8.1 就是不同形态的散点图。

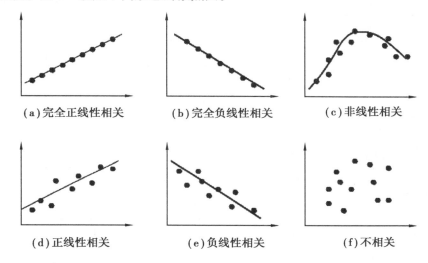

(a)完全正线性相关　　　(b)完全负线性相关　　　(c)非线性相关

(d)正线性相关　　　　(e)负线性相关　　　　(f)不相关

图 8.1　不同形态的散点图

从图 8.1 可以看出，相关关系的表现形态大体上分为线性相关、非线性相关、完全相关和不完全相关等几种。就两个变量而言，如何两个变量之间的关系近似地表现为一条直线，则称为线性相关，如图 8.1(a)和(b)所示；如果变量之间的关系近似地为一条曲线，则称为非线性相关或曲线相关，如图 8.1(e)所示；如果一个变量的取值完全依赖于另一个变量，各观测点落在一条直线上，称为完全线性相关，如图 8.1(c)和(d)所示，这实际上就是函数关系；如果两个变量的观测点很分散，无任何规律，则表示变量之间没有相关关系，如图 8.1(f)所示。

在线性相关中，若两个变量的变动方向相同，一个变量数值变化（增加或减少），另一个变量的数值同方向变化（增加或减少），则称为正相关，如图 8.1(a)所示；若两个变量的变动方向相反，一个变量的数值增加，另一个变量的数值随之减少，或一个变量的数值减少，另一个变量的数值随之增加，则称为负相关，如图 8.1(b)所示。

【例 8.1】　一家投资公司在多个地区设有分公司，其业务主要是进行基础设施建设、国家重点项目建设、固定资产投资等项目的投资。近年来，该公司的贷款额平稳增长，但不良贷款额也有较大比例的增长，这给公司业务的发展带来较大压力。为弄清楚不良贷款形成的原因，希望利用公司业务的有关数据做些定量分析，以便找出控制不良贷款的办法。表 8.1就是该公司所属的 25 家分公司 2015 年的有关业务数据。

表 8.1　某投资公司 2015 年的主要业务数据

	A	B	C	D	E	F
1	分行编号	不良贷款/亿元	各项贷款余额/亿元	本年累计应收贷款/亿元	贷款项目个数/个	本年固定资产投资额/亿元
2	1	0.9	67.3	6.8	5	51.9
3	2	1.1	111.3	19.8	16	90.9
4	3	4.8	173.0	7.7	17	73.7
5	4	3.2	80.8	7.2	10	14.5
6	5	7.8	199.7	16.5	19	63.2
7	6	2.7	16.2	2.2	1	2.2
8	7	1.6	107.4	10.7	17	20.2
9	8	12.5	185.4	27.1	18	43.8
10	9	1.0	96.1	1.7	10	55.9
11	10	2.6	72.8	9.1	14	64.3
12	11	0.3	64.2	2.1	11	42.7
13	12	4.0	132.2	11.2	23	76.7
14	13	0.8	58.6	6.0	14	22.8
15	14	3.5	174.6	12.7	26	117.1
16	15	10.2	263.5	15.6	34	146.7
17	16	3.0	79.3	8.9	15	29.9
18	17	0.2	14.8	0.6	2	42.1
19	18	0.4	73.5	5.9	11	25.3
20	19	1.0	24.7	5.0	4	13.4
21	20	6.8	139.4	7.2	28	64.3
22	21	11.6	368.2	16.8	32	163.9
23	22	1.6	95.7	3.8	10	44.5
24	23	1.2	109.6	10.3	14	67.9
25	24	7.2	196.2	15.8	16	39.7
26	25	3.2	102.2	12.0	10	97.1

管理者想知道,不良贷款与贷款余额、应收账款、贷款项目个数、固定资产投资等因素是否有关? 如果有关系,它们之间是一种什么样的关系? 关系强度如何? 试绘制散点图,并分析不良贷款与贷款余额、应收贷款、贷款项目个数、固定资产投资额之间的关系。

解 用 Excel 绘制的散点图如图 8.2—图 8.5 所示。

从各散点图可以算出,不良贷款与贷款余额、应收贷款、贷款项目个数、固定资产投资额之间都具有一定的线性关系。但从各散点的分布情况看,不良贷款与贷款余额的线性关系比较密切,而与固定资产投资额之间的关系最不密切。

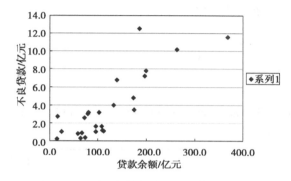

图 8.2　不良贷款与贷款余额的散点图

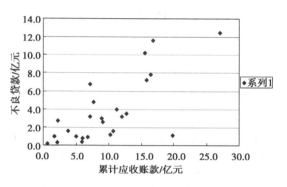

图 8.3　不良贷款与累计应收账款的散点图

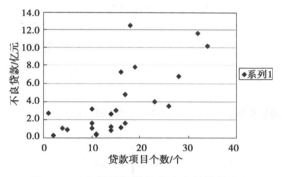

图 8.4　不良贷款与贷款项目个数的散点图

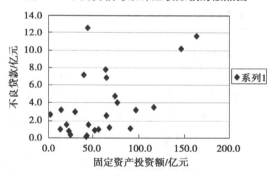

图 8.5　不良贷款与固定资产投资额的散点图

【思考与分析】

从散点图 8.2—图 8.5 中,请读者分析不良贷款与哪一个影响因素的关系最密切? 为什么?

2) 相关系数

通过散点图可以判断两个变量之间有无相关关系,并对变量间的关系形态作出大致的描述,但散点图不能准确反映变量间的关系强度。因此,为准确地度量两个变量之间强度,需要计算相关系数。

◎定义 8.4:根据样本数据计算的度量两个变量之间线性关系强度的统计量,称为**相关系数**(correlation coefficient)。

若相关系数是根据总体全部数据计算的,称为总体相关系数,记为 ρ;若是根据样本数据计算的,则称为样本相关系数,记为 r。相关系数的计算采用积差法(它是由英国统计学家 Karl Pearson 提出的方法)。样本相关系数 r 的计算公式为

$$r = \frac{\sum (x - \bar{x})(y - \bar{y})}{\sqrt{\sum (x - \bar{x})^2 \sum (y - \bar{y})^2}} \tag{8.1}$$

式中,$\bar{x}$ 表示变量(x)数列的算术平均数;$\bar{y}$ 表示变量(y)数列的算术平均数。

为了根据原始数据计算 r,可由式(8.1)推导出下面的简化公式

$$r = \frac{n \sum xy - \sum x \sum y}{\sqrt{n \sum x^2 - (\sum x)^2} \sqrt{n \sum y^2 - (\sum y)^2}} \tag{8.2}$$

式中,n 表示变量与变量的对应项数。

按上述计算公式计算的相关系数也称**线性相关系数**(linear correlation coefficient),或称 **Pearson 相关系数**(Pearson's correlation coefficient)。

> **Excel 中的统计函数**
> 使用 Excel 中的 CORREL 或 PEARSON 函数都可计算两组数据的相关系数。其语法为 CORREL(Array1,Array2)。Array1 和 Array2 是两个变量的数据区域。

【例 8.2】 根据表 8.1 中的数据,计算不良贷款、各项贷款余额、累计应收贷款、贷款项目个数、固定资产投资额之间的相关系数。

解 用 Excel 计算的相关矩阵见表 8.2。

表 8.2 不良贷款、贷款余额、应收贷款、贷款项目个数、固定资产投资额之间的相关矩阵

	A	B	C	D	E	F
1		不良贷款	各项贷款余额	本年累计应收贷款	贷款项目个数	本年固定资产投资额
2	不良贷款	1				
3	各项贷款余额	0.84 357 136	1			
4	本年累计应收贷款	0.73 150 501	0.678 771 764	1		
5	贷款项目个数	0.70 028 149	0.848 416 404	0.58 583 149	1	
6	本年固定资产投资额	0.51 851 809	0.779 702 158	0.47 243 096	0.746 645 845	1

用 Excel 计算各相关矩阵的操作步骤:

第 1 步:进入 Excel 表格界面,直接单击"工具"命令,下拉菜单选择"数据分析"。

第 2 步:在"数据分析"中,选择"相关系数"然后单击"确定"按钮,出现复选框。在对话框中,给定分析数据的"数据区域",在输出区域内任选定单元格。此时,出现的界面如图 8.6 所示。

第 3 步:单击"确定"按钮,直接生成各变量之间的相关系数矩阵,见表 8.2。

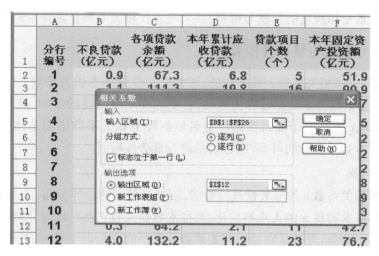

图8.6　Excel 计算相关系数操作图

从相关矩阵可以看出，在不良贷款与其他几个变量中，与贷款余额的相关系数最大，r＝0.843 571 36；而与固定资产投资额的相关系数最小，r＝0.518 518 09。对比散点图 8.2 和图8.5，十分清楚地看出与计算得到的相关系数 r 结论是一致的。

在表 8.2 中，各个相关关系的数值说明了什么？为解释各数值的含义，首先需要对样本相关系数 r 的性质有所了解。相关系数 r 的性质可总结如下：

> ① r 的取值范围在 −1 与 +1 之间，r>0 表示正相关，r<0 表示负相关；相关系数的绝对值越接近 1，表示相关程度越高，越接近 0，表示相关程度越弱；若 $|r|＝1$，则表示两个变量完全直线相关，若 r=0，则表示两个变量之间不存在线性相关关系。
>
> ② r 具有对称性。x 与 y 之间的相关系数 r_{xy} 和 y 与 x 之间的相关系数 r_{yx} 相等，即 $r_{xy}＝r_{yx}$。
>
> ③ r 仅仅描述 x 与 y 之间的线性关系，并不能用于描述非线性关系。当 r=0 时，只表示两个变量之间不存在线性相关关系，并不能说明变量之间没有任何关系。即不一定表示 x 与 y 之间就不存在其他非线性相关关系。
>
> ④ r 虽然是两个变量之间的线性关系的一个度量，却不意味着 x 与 y 一定有因果关系。

为了判断线性相关关系的密切程度，可根据相关系数 r 的大小划分成不同的等级，如四级划分法：$|r|≥0.8$ 为高度线性相关；$0.5≤|r|<0.8$ 为中度线性相关；$0.3≤|r|<0.5$ 为低度线性相关，$|r|<0.3$ 时，说明两个变量之间的线性相关程度极弱。

【思考与分析】

从例 8.2 计算的相关系数结果来看，如何判断分析不良贷款与各个因素之间的线性相关关系的密切程度呢？请读者给出结论。

线性相关关系密切程度的判断与解释,必须建立在相关系数显著性检验的基础之上。

8.1.3　相关系数的显著性检验

一般情况下,总体相关系数 ρ 是未知的,通常总是根据样本相关系数 r 作为 ρ 的近似估计值。但由于 r 是根据样本数据计算出来的,它受抽样随机波动的影响,抽取的样本不同,r 值也就不同,因此,r 值是一个随机变量。能否根据样本相关系数说明总体的相关程度呢?这就需要考虑样本相关系数的可靠性,也就是进行显著性检验。

1)r 的抽样分布

为了对样本相关系数 r 的显著性进行检验,需要考察 r 的抽样分布。r 的抽样分布随总体相关系数 ρ 和样本容量 n 的大小而变化,当样本数据来自正态总体时,随着 n 的增大,r 的抽样分布趋于正态分布,尤其是在总体相关系数 ρ 很小的或接近于 0 时,趋于正态分布的趋势非常明显。而当 ρ 远离 0 时,除非 n 非常大,否则 r 的抽样分布呈现一定的偏态。在以样本 r 来估计总体 ρ 时,总是假设 r 为正态分布,但这一假设常常会带来一些不良后果。

2)r 的显著性检验

如果对 r 服从正态分布的假设成立,可应用正态分布来检验。但从上面对 r 抽样分布的讨论可知,对 r 的正态性假设具有较大的风险,因此通常情况下不采用正态检验,而采用 R.A.Fisher(罗纳德・费希尔)提出的 t 检验,该检验可用于小样本,也可用于大样本。

检验的具体步骤如下:

第 1 步:提出假设为

$$H_0:\rho = 0;H_1:\rho \neq 0$$

第 2 步:计算检验统计量为

$$t = |t|\sqrt{\frac{n-2}{1-r^2}} \sim t(n-2) \tag{8.3}$$

第 3 步:进行决策。根据给定的显著性水平 α 和自由度 $df = n-2$ 查 t 分布表,查出 $t_{\alpha/2}(n-2)$ 的临界值。若 $|t|>t_{\alpha/2}(n-2)$,则拒绝原假设,表明总体两个变量之间存在显著性的线性关系。

【例 8.3】　根据表 8.2 计算的相关系数,检验不良贷款与贷款余额之间的相关关系是否显著($\alpha = 0.05$)。

解　第 1 步:提出假设为

$$H_0:\rho = 0;H_1:\rho \neq 0$$

第 2 步:根据式(8.3),计算检验统计量为

$$t = |t|\sqrt{\frac{n-2}{1-r^2}} = |0.843\ 6|\sqrt{\frac{25-2}{1-0.843\ 6^2}} = 7.534\ 4$$

第 3 步:进行决策。根据显著性水平 $\alpha = 0.05$ 和自由度 $df = n-2 = 25-2 = 23$ 查 t 分布表得 $t_{\alpha/2}(n-2) = 2.068\ 7$。由于 $t = 7.534\ 4>t_{\alpha/2} = 2.068\ 7$,因此,拒绝原假设 H_0,说明不良贷款与

贷款余额之间存在着显著的正线性相关关系。

不良贷款与其他变量间相关系数的显著性检验可通过 Excel 完成。

用 Excel 计算各相关系数检验统计量的操作步骤:

第 1 步:进入 Excel 表格界面,将相关系数矩阵复制在 Excel 表格界面。

第 2 步:选中单元格(如本例题选中 B8)在"公式编辑行"编辑统计检验量式(8.3),然后单击"确定"按钮。在选中的单元格中,得出 t 检验统计量的结果,如本例题 $t=7.5344$。

第 3 步:将鼠标按住 B8 单元格右下方的填充柄,向右和下方拖动,即可得到各相关矩阵相应的统计检验量。此时,出现的界面如图 8.7 所示。其结果见表 8.3。

NORMSINV	▼ × √ *fx*	=B2*((25-2)/(1-B2^2))^0.5		
	A	B	C	D	E
1		不良贷款	各项贷款余额	本年累计应收贷款	贷款项目个数
2	各项贷款余额	0.84357136			
3	本年累计应收贷款	0.73150501	0.678771764		
4	贷款项目个数	0.70028149	0.848416404	0.58583149	
5	本年固定资产投资额	0.51851809	0.779702158	0.47243096	0.746645845
6					
7		不良贷款	各项贷款余额	本年累计应收贷款	贷款项目个数
8	各项贷款余额	=B2*((25-			
9	本年累计应收贷款	5.145188	4.43287007		
10	贷款项目个数	4.7045639	7.68682449	3.466726451	
11	本年固定资产投资额	2.908224	5.97191846	2.570663005	5.382848133

图 8.7 相关系数 t 检验统计量在 Excel 操作图示

表 8.3 各相关系数检验统计量

	A	B 不良贷款	C 各项贷款余额	D 累计应收贷款	E 贷款项目个数
1					
2	各项贷款余额	7.5335			
3	累计应收贷款	5.1452	4.4329		
4	贷款项目个数	4.7046	7.6868	3.4667	
5	固定资产投资额	2.9082	5.9719	2.5707	5.3828

【思考与分析】

根据表 8.3 输出结果,请读者进行检验和分析。

以上是将变量间的相关关系进行了计算与检验,当两个具有线性相关变量的相关程度较高,且通过了检验后,我们将对如何建立两个变量的关系,以及如何利用建立的模型预测等进行讨论,这就是一元线性回归的问题了。

8.2 一元线性回归

8.2.1 回归分析与相关分析的关系

1) 回归分析与相关分析的区别

①两变量的地位不同。相关分析中,变量 x 和变量 y 处于平等的地位;回归分析中,变量 y 称为因变量,处在被解释的地位,x 称为自变量,用于预测因变量的变化。

②两变量的性质不同。相关分析中所涉及的变量 x 和 y 都是随机变量;回归分析中,因变量 y 是随机变量,自变量 x 可以是随机变量,也可以是非随机的确定变量。

③作用不同。相关分析主要是描述两个变量之间线性关系的密切程度;回归分析不仅可揭示变量 x 对变量 y 的影响大小,还可由回归方程进行预测和控制。

2) 回归分析与相关分析的联系

①相关分析是回归分析的基础和前提。如果没有对相关关系的密切程度作出定量判断,就不能进行回归分析。

②回归分析是相关分析的深入和继续。只有进行了回归分析,拟合了回归方程,才有可能进行有关的分析和回归预测,相关分析才有实际的意义。

因此,如果仅有回归分析而缺少相关分析,将会因为缺乏必要的基础和前提而影响回归分析的可靠性;如果仅有相关分析而缺少回归分析,就会降低相关分析的实际应用价值。只有把两者结合起来,才能达到统计分析的目的。

3) 回归分析要解决的问题

回归分析就是通过一定的数学表达式描述相关变量之间的关系,进而确定自变量的变化对因变量的影响程度。这种研究并描述相关变量间的数量关系的方法,称为回归分析。回归分析要解决的问题主要有以下 3 个方面:

①从一组样本数据出发,确定出变量之间的数学表达式。

②对这些关系式的可信程度进行各种统计检验,并从影响某一特定变量的诸多变量中找出哪些变量的影响是显著的,哪些是不显著的。

③利用所建立的数学关系式,根据自变量的取值估计或预测因变量的取值,并给出这种估计或预测的可靠程度。

8.2.2 一元线性回归模型

建立两个线性相关变量的数学表达式,并由一个自变量估计或预测另一个特定变量(因变量)的方法,称为一元线性回归分析。本章主要讨论的就是两个相关变量之间的线性回归模型(数学表达式),模型的检验,利用回归模型由自变量估计或预测因变量的方法。

1) 回归模型

进行回归分析时,首先需要确定自变量 x 和因变量 y。

◎定义 8.5:在回归分析中,被预测或被解释的变量称为**因变量**(dependent variable),用 y 表示。

◎定义 8.6:在回归分析中,用来预测或用来解释因变量的一个或多个变量称为**自变量**(independent variable),用 x 表示。

例如,在例 8.1 中,当分析贷款余额对不良贷款的影响时,目的是要预测一定贷款余额条件下的不良贷款是多少。因此,不良贷款是被解释或被预测的变量,称为因变量 y;而用来预测或用来解释不良贷款的贷款余额则是自变量 x。

当回归中只涉及一个自变量时称为一元回归,若因变量与自变量之间为线性关系时,称为一元线性回归。

对于具有线性关系的两个变量,可用一个线性方程来表示它们之间的关系。

◎定义 8.7:描述因变量 y 如何依赖于自变量 x 和误差项 ε 的方程,称为**回归模式**(regression model)。

只涉及一个自变量的一元线性回归模型为

$$y = \beta_0 + \beta_1 x + \varepsilon \tag{8.4}$$

在一元线性回归模型(8.4)中,y 是 x 的线性函数($\beta_0 + \beta_1 x$)加上误差项 ε。$\beta_0 + \beta_1 x$ 反映了由于 x 的变化而引起的 y 的线性变化;ε 是被称为误差项的随机变量,反映了除 x 和 y 之间的线性关系之外的随机因素对 y 的影响,是不能由 x 和 y 之间的线性关系所解释的变异性。式中,β_0 和 β_1 称为模型的参数。

2) 回归方程

根据回归模型中的假定,ε 的期望值等于 0,因此,y 的期望值 $E(y) = \beta_0 + \beta_1 x$,也就是说,$y$ 的期望值是 x 的线性函数。

◎定义 8.8:描述因变量 y 的期望值如何依赖于自变量 x 的方程,称为**回归方程**(regression equation)。

一元线性回归方程的形式为

$$y = \beta_0 + \beta_1 x \tag{8.5}$$

一元线性回归方程的图示是一条直线,故也称直线回归方程。其中,β_0 是回归直线在 y 轴上的截距,是当 $x = 0$ 时 y 的期望值;β_1 是直线的斜率,称为回归系数,表示当 x 每变动一个单位时,y 的平均变动值。

3) 估计的回归方程

如果回归方程中的参数 β_0 和 β_1 已知,对于一个给定的 x 值,利用式(8.5)就能计算出 y 的期望值。但总体回归参数 β_0 和 β_1 是未知的,必须根据样本数据估计总体回归参数 β_0 和 β_1。用样本统计量 $\hat{\beta}_0$ 和 $\hat{\beta}_1$ 代替回归方程中的未知参数 β_0 和 β_1,这时就得到了估计的回归方程。

◎定义 8.9:根据样本数据得到的回归方程的估计,称为**估计的回归方程**(estimated regression equation)。

对于一元线性回归,估计的回归方程形式为

$$\hat{y} = \hat{\beta}_0 + \hat{\beta}_1 x \tag{8.6}$$

式中,$\hat{\beta}_0$ 是估计的回归直线在 y 轴上的截距;$\hat{\beta}_1$ 是直线的斜率,它表示对于一个给定的 x 的值,$\hat{y}$ 是 y 的估计值。$\hat{\beta}_1$ 也表示,x 每变动一个单位时,y 的平均变动值。

8.2.3 参数的最小二乘估计

对于第 i 个 x 值,估计的回归方程可表示为

$$\hat{y}_i = \hat{\beta}_0 + \hat{\beta}_1 x_i \tag{8.7}$$

对于 x 和 y 的 n 对观测值,用于描述其关系的直线有多条,究竟用哪条直线来代表两个变量之间的关系,需要有一个明确的原则。我们自然会想到,距离各观测点最近的一条直线,用它来代表 x 与 y 之间的关系与实际数据的误差比其他任何直线都小。德国科学家卡尔·高斯(Kael Gauss,1777—1855)提出用最小化图(见图 8.8)中垂直方向的离差平方和来估计参数 $\hat{\beta}_0$ 和 $\hat{\beta}_1$,根据这一原理估计模型参数 $\hat{\beta}_0$ 和 $\hat{\beta}_1$ 的方法称为最小二乘法。

◎定义 8.10:使因变量的观察值 y_i 与估计值 $\hat{y}_i$ 之间的离差平方和达到最小来估计 $\hat{\beta}_0$ 和 $\hat{\beta}_1$ 的方法,称为最小二乘法,也称**最小平方法**(method of least squares)。

最小二乘法的思想如图 8.8 所示。

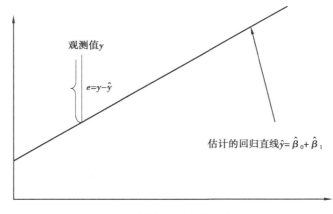

图 8.8　最小二乘法的示意图

用最小二乘法拟合的直线具有以下优良的性质：

①根据最小二乘法得到的回归直线能使离差平方和达到最小，虽然这并不能保证它就是拟合数据的最佳直线。但这毕竟是一条与实际数据拟合良好的直线应有的性质。

②由最小二乘法求得的回归直线可知 β_0 和 β_1 的估计量的抽样分布。

③在某些条件下，β_0 和 β_1 的最小二乘估计量同其他估计量相比，其抽样分布具有较小的标准差。

正是基于上述性质，最小二乘法被广泛用于回归模型参数的估计。

根据最小二乘法使

$$\sum (y_i - \hat{y}_i)^2 = \sum (y_i - \hat{\beta}_0 - \hat{\beta}_1 x_i)^2 = \min \qquad (8.8)$$

令 $Q = \sum (y - \hat{y})^2$，在给定了样本数据后，Q 是 $\hat{\beta}_0$ 和 $\hat{\beta}_1$ 的函数，且最小值总是存在。根据微积分的极值定理，对 Q 求相应于 $\hat{\beta}_0$ 和 $\hat{\beta}_1$ 的偏导数，并令其等于0，便可求出 $\hat{\beta}_0$ 和 $\hat{\beta}_1$，即

$$\begin{cases} \dfrac{\partial Q}{\partial \beta_0} = -2\sum_{i=1}^{n} (y_i - \hat{\beta}_0 - \hat{\beta}_1 x_i)^2 = 0 \\ \dfrac{\partial Q}{\partial \beta_1} = -2\sum_{i=1}^{n} x_i(y_i - \hat{\beta}_0 - \hat{\beta}_1 x_i)^2 = 0 \end{cases} \qquad (8.9)$$

经化简得到求解 $\hat{\beta}_0$ 和 $\hat{\beta}_1$ 的标准方程组

$$\begin{cases} \displaystyle\sum_{i=1}^{n} y_i = n\hat{\beta}_0 + \hat{\beta}_1 \sum_{i=1}^{n} x_i \\ \displaystyle\sum_{i=1}^{n} x_i y_i = \hat{\beta}_0 \sum_{i=1}^{n} x_i + \hat{\beta}_1 \sum_{i=1}^{n} x_i^2 \end{cases} \qquad (8.10)$$

解上述方程组，得

$$\begin{cases} \hat{\beta}_1 = \dfrac{n\displaystyle\sum_{i=1}^{n} x_i y_i - \sum_{i=1}^{n} x_i \sum_{i=1}^{n} y_i}{n\displaystyle\sum_{i=1}^{n} x_i^2 - (\sum_{i=1}^{n} x_i)^2} \\ \hat{\beta}_0 = \bar{y} - \hat{\beta}_1 \bar{x} \end{cases} \qquad (8.11)$$

由式(8.11)可知，当 $x = \bar{x}$ 时，$\hat{y} = \bar{y}$，即回归直线 $\hat{y}_i = \hat{\beta}_0 + \hat{\beta}_1 x_i$ 通过点 $(\bar{x}, \bar{y})$。这是回归直线的重要特征之一。

【例8.4】 根据例8.1的数据，求不良贷款对贷款余额的估计方程。

解 根据式(8.11)得

$$\begin{cases} \hat{\beta}_1 = \dfrac{25 \times 17\,080.14 - 3\,006.7 \times 93.2}{25 \times 516\,543.37 - (3\,006.7)^2} = 0.037\,895 \\ \hat{\beta}_0 = 3.728 - 0.037\,895 \times 120.268 = -0.829\,5 \end{cases}$$

即不良贷款对贷款余额的估计方程为 $\hat{y} = -0.829\,5 + 0.037\,895x$。回归系数 $\hat{\beta}_1 = 0.037\,895$ 表

示,贷款余额每增加 1 亿元,不良贷款平均增加 0.037 895 亿元。在回归分析中,对截距 $\hat{\beta}_0$ 通常不作实际意义上的解释。

将 x_i 的各个取值代入上述估计方程,可得到不良贷款的各个估计值 $\hat{y}_i$。由图 8.9 可以看出散点图与回归直线的关系。

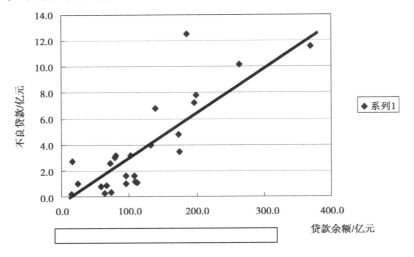

图 8.9 不良贷款与贷款余额的回归直线图

在回归分析中的计算量较大,在实际分析中,回归的计算完全依赖于计算机。除专门的统计软件外,有大多数人所熟悉的 Excel 也有部分的统计功能,这些功能基本上能满足一些简单的统计分析。下面将结合例 8.1,说明 Excel 进行回归分析的具体步骤。

首先,将不良贷款和贷款余额的数据输入 Excel 工作表中的 A2:B26 单元格。然后按下面的步骤进行操作。

用 Excel 进行回归分析的操作步骤:

第 1 步:选择"数据"菜单。

第 2 步:选择"数据分析"选项。

第 3 步:在分析工具中,选择"回归",然后单击"确定"按钮。

第 4 步:当对话框出现时,在"Y 值输入区域"方框内键入 Y 的数据区域,如本例 A2:A26;在"X 值输入区域"方框内键入 X 的数据区域,如本例 B2:B26;在"置信度"选项中给出所需的数值(这里使用默认值 95%);在"输出选项"中选择输出区域(这里选新工作表组);在"残差"分析选项中选择所需的选项(这里暂未选)。

其结果如图 8.10 所示。

单击"确定"按钮后,得到的结果见表 8.4。

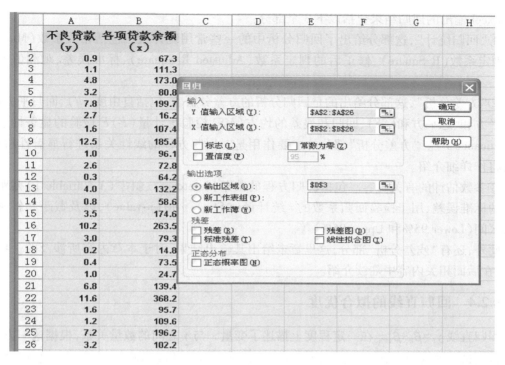

图 8.10 用 Excel 进行回归分析

表 8.4 Excel 输出的回归分析结果

	A	B	C	D	E	F	G
1	SUMMARY OUTPUT						
2							
3	回归统计						
4	Multiple R	0.8435714					
5	R Square	0.7116126					
6	Adjusted R	0.6990741					
7	标准误差	1.9799475					
8	观测值	25					
9							
10	方差分析						
11		df	SS	MS	F	Significance F	
12	回归分析	1	222.48598	222.48598	56.753844	1.183E-07	
13	残差	23	90.164421	3.9201922			
14	总计	24	312.6504				
15							
16		Coefficients	标准误差	t Stat	P-value	Lower 95%	Upper 95%
17	Intercept	-0.829521	0.7230433	-1.147263	0.2630676	-2.32525	0.6662084
18	X Variable	0.0378947	0.0050301	7.5335147	1.183E-07	0.027489	0.0483004

Excel 输出的回归结果包括以下 3 个部分：

①"回归统计"，这部分给出了回归分析中的一些常用统计量。包括相关系数（Multiple R）、判定系数（R Square）、修正后的判定系数（Adjusted R Square）、标准误差、观测值的个数等。

②"方差分析"，这部分给出的是回归分析的方差分析表，包括自由度（df）、回归平方和、残差平方和、总平方和（SS）、回归和残差的均方（MS）检验统计量（F）F 检验的显著性水平（Significance F）。"方差分析"部分的主要作用是对回归方程的线性关系进行显著性检验。下面将作详细介绍。

③参数估计的有关内容。包括回归方程的截距（Intercept）、斜率（X Variable 1）截距和斜率的标准误差、用于检验回归系数的 t 统计量（t Stat）、p-值（p-value），以及截距和斜率的置信区间（Lower 95% 和 Upper 95%）等。

此外，还有"残差分析"部分，这里暂未给出其输出结果，对于本章内容所涉及的一些结果，将在后面相关内容中陆续介绍。

8.2.4　回归直线的拟合优度

回归直线 $\hat{y}_i = \hat{\beta}_0 + \hat{\beta}_1 x_i$ 在一定程度上描述了变量 x 与 y 之间的数量关系，根据这一方程，可由自变量 x 的取值来估计或预测因变量 y 的取值，但估计或预测的精度如何取决于回归直线对观测数据的拟合程度。可想而知，如果各观测数据的散点都落在这一条直线上，那么，这条直线就是对数据的完全拟合，直线充分代表了各个点，此时用 x 来估计 y 是没有误差的。各观测点越是紧密围绕直线，说明直线对观测数据的拟合程度越好；反之，则越差。

> ◎定义 8.11：回归直线与各观测点的接近程度，称为回归直线对数据的**拟合优度**（goodness of fit）。

为说明直线拟合优度，则需要计算判定系数。

1）判定系数

判定系数是对估计的回归方程拟合优度的度量。为说明其含义，需要对因变量 y 取值的变差进行分析。

因变量 y 的取值是不同的，y 取值的这种波动称为变差。变差的产生来自于两个方面：一是自变量 x 的取值不同造成的；二是除 x 外的其他因素（如 x 对 y 的非线性影响、测量误差等）的影响。对一个具体的观测值来说，变差的大小可用实际观测值与其均值 $\bar{y}$ 之差（$y - \bar{y}$）来表示。而 n 次观测值的总变差由这些离差的平方和来表示，称为总平方和（total sum of squares）记为 SST，即

$$\text{SST} = \sum (y_i - \bar{y})^2 \tag{8.12}$$

从图 8.11 中可以看出，每个观测点的离差都可以分解为

$$y_i - \bar{y} = (y_i - \hat{y}) + (\hat{y} - \bar{y}) \tag{8.13}$$

将式(8.13)两边平方,并对所有 n 个点求和,有

$$\sum (y_i - \bar{y})^2 = \sum (y_i - \hat{y}_i)^2 + \sum (\hat{y}_i - \bar{y})^2 + 2 \sum (y_i - \hat{y}_i)(\hat{y}_i - \bar{y}) \quad (8.14)$$

可以证明, $\sum (y_i - \hat{y}_i)(\hat{y}_i - \bar{y}) = 0$,因此有

$$\sum (y_i - \bar{y})^2 = \sum (y_i - \hat{y}_i)^2 + \sum (\hat{y}_i - \bar{y})^2 \quad (8.15)$$

式(8.15)的左边称为总平方和 SST,它可分解为两部分,其中, $\sum (\hat{y}_i - \bar{y})^2$ 是回归值 $\hat{y}_i$ 与均值 $\bar{y}$ 的离差平方和,根据估计的回归方程,估计值 $\hat{y}_i = \hat{\beta}_0 + \hat{\beta}_1 x_i$,因此,可将 $\hat{y}_i - \bar{y}$ 看作由于自变量 x 的变化引起 y 的变化,而其平方和 $\sum (\hat{y}_i - \bar{y})^2$ 则反映了 y 的总变差中 x 与 y 之间线性关系引起的 y 的变化部分,它是可以由回归直线来解释的 y_i 变差部分,称为回归平方和(sum of squares of regression),记为 SSR。另一部分 $\sum (y_i - \hat{y}_i)^2$ 是各个实际观测值与回归值的残差 $y_i - \hat{y}_i$ 的平方和,它是除了 x 对 y 的线性影响之外的其他对 y 变差的作用,是不能由回归直线来解释的 y_i 变差部分,称为残差平方和或误差平方和(sum of squares of error),记为 SSE。3 个平方和的关系为

$$总平方和(SST) = 回归平方和(SSR) + 残差平方和(SSE) \quad (8.16)$$

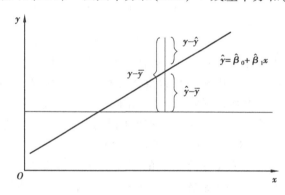

图 8.11 变差分解图

从图 8.11 可以直观地看出,回归直线拟合的好坏取决于 SSR 及 SSE 占总平方和 SST 中的比例大小。若各观测点越是靠近直线,SSR/SST 则越大,表明直线拟合得越好。

◎定义 8.12:回归平方和占总平方和的比例,称为**判定系数**(coefficient of determination),记为 R^2。

R^2 的计算公式为

$$R^2 = \frac{SSR}{SST} = \frac{\sum (\hat{y}_i - \bar{y})^2}{\sum (y_i - \bar{y})^2} = 1 - \frac{\sum (y_i - \hat{y}_i)^2}{\sum (y_i - \bar{y})^2} \quad (8.17)$$

判定系数 R^2 测度了回归直线对观测数据的拟合程度。若所有观测点都落在直线上,残差平方和 SSE $= 0$, $R^2 = 1$,拟合是完全的;如果 y 的变化与 x 无关, x 完全无法解释 y 的变化,

此时，$\hat{y}=\bar{y}$，则 $R^2=0$。可见 R^2 的取值范围是 $[0,1]$。R^2 越接近 1，表示回归平方和占总平方和的比例越大，回归直线与各观测点越接近，用 x 的变化来解释 y 值变差的部分就越多，回归直线的拟合程度就越好；反之，R^2 越接近于 0，回归直线的拟合程度就越差。

在具体计算 R^2 时，根据式(8.11)有

$$
\begin{aligned}
\text{SSR} = \sum (\hat{y} - \bar{y})^2 &= \sum (\hat{\beta}_0 + \hat{\beta}_1 x_i - \hat{\beta}_0 - \hat{\beta}_1 \bar{x})^2 \\
&= \hat{\beta}_1^2 \sum (x_i - \bar{x})^2 \\
&= \hat{\beta}_1 \sum (x_i - \bar{x})(y_i - \bar{y})
\end{aligned}
\tag{8.18}
$$

所以有

$$
\begin{aligned}
R^2 &= \frac{\sum (\hat{y} - \bar{y})^2}{\sum (y_i - \bar{y})^2} = \frac{\hat{\beta}_1^2 \sum (x_i - \bar{x})^2}{\sum (y_i - \bar{y})^2} \\
&= \frac{\beta_1 \sum (x_i - \bar{x})(y_i - \bar{y})}{\sum (y_i - \bar{y})^2} \\
&= \left[\frac{\sum (x_i - \bar{x})(y_i - \bar{y})}{\sqrt{\sum (x_i - \bar{x})^2} \cdot \sqrt{\sum (y_i - \bar{y})^2}} \right]^2
\end{aligned}
\tag{8.19}
$$

括号内的部分正是线性相关系数 r。可见在一元线性回归中，相关系数 r 实际上是判定系数的平方根。这一结论不仅可由相关系数直接计算判定系数 R^2，也可进一步理解相关系数的意义。相关系数与回归系数 $\hat{\beta}_1$ 的正负号是相同的。实际上，相关系数 r 从另一个角度说明了回归直线的拟合优度。$|r|$ 越接近 1，表明回归直线对观测数据的拟合程度就越高。但用 r 说明回归直线的拟合优度需要慎重，因为 r 的值总是大于 R^2 的值(除非 $r=0$ 或 $|r|=1$)。例如，当 $r=0.5$ 时，表面上看似乎有一半的相关了，但 $R^2=0.25$，实际上只能解释总变差的 25%。$r=0.7$ 才能解释近一半的变差，$r<0.3$ 意味着只有很少一部分变差可由回归直线来解释。

【例 8.5】 根据例 8.1 的数据计算不良贷款对贷款余额回归的判定系数，并解释其意义。

解 利用表 8.4，Excel 输出的回归分析结果可知，总平方和 SST = 312.650 4；回归平方和 SSR = 222.486 0；残差平方和 SSE = 90.164 4。根据式(8.17)，得

$$
R^2 = \frac{\text{SSR}}{\text{SST}} = \frac{222.486\ 0}{312.650\ 4} = 0.711\ 6 = 71.16\%
$$

也可根据相关系数求得

$$
R^2 = r^2 = (0.843\ 571)^2 = 0.711\ 6 = 71.16\%
$$

表 8.4 中直接给出了判定系数(R Square) = 0.711 613。

判定系数的实际意义是：在不良贷款取值的变差中，有 71.16% 的误差可由不良贷款与贷款余额之间的线性关系来解释。或者说，在不良贷款取值的变差中，有 71.16% 的误差由贷款余额所决定的，不良贷款取值的差异有 2/3 以上是由贷款余额决定的，两者之间有较强

的线性关系。

2) 估计标准误差

判定系数可用于度量回归直线的拟合程度,相关系数也可起到类似的作用。而残差平方和则可说明实际观测值 y_i 与回归估计值 $\hat{y}_i$ 之间的差异程度。对于一个变量的诸多观测值,可用标准差来测度各观测值在其平均数周围的分散程度。

◎定义 8.13:用来测度各实际观测值在直线周围的分散状况的平均误差,称为**估计标准误差**(standard error of estimate)。

根据其定义,估计标准误差计算方法为均方残差(MSE)的平方根,也称标准误差,用 s_e 表示。

$$s_e = \sqrt{\frac{\sum (y_i - \hat{y}_i)^2}{n - 2}} = \sqrt{\frac{\text{SSE}}{n - 2}} = \sqrt{\text{MSE}} \qquad (8.20)$$

从式(8.20)中可以看出,估计标准误差是残差平方和 SSE 除以它的自由度 $n-2$ 后的平方根[1]。

估计标准误差 s_e 可看作在排除了 x 对 y 的线性影响后,y 随机波动大小的一个估计量。从估计标准误差的实际意义看,它反映了用估计的回归方程预测因变量 y 时预测误差的大小。若各观测值越靠近直线,s_e 越小,回归直线对各观测点的代表性就好,根据估计的回归方程进行预测也就越准确;若各观测值全部落在直线上,则 $s_e = 0$。此时,用自变量来预测因变量时没有误差。可见,s_e 从另一个角度说明了回归直线的拟合优度。

从式(8.20)中还能看出,回归直线是对 n 个观测点拟合的所有直线中,估计标准误差最小的一条直线,因为回归直线是使 $\sum (y_i - \hat{y}_i)^2$ 为最小确定的。

【例 8.6】　根据例 8.1 的数据,计算不良贷款对贷款余额回归的估计标准误差,并解释其意义。

解　利用表 8.4Excel 输出的回归分析结果可知,SSE = 90.164 4。根据式(8.20),得

$$s_e = \sqrt{\frac{\text{SSE}}{n - 2}} = \sqrt{\frac{90.164\ 4}{25 - 2}} \text{亿元} = 1.979\ 9 \text{亿元}$$

表 8.4 中直接给出了该值,标准误差 = 1.979 948。

这就是说,根据贷款余额来估计不良贷款时,平均的估计误差为 1.979 9 亿元。

8.2.5　显著性检验

回归分析的主要目的是根据所建立的估计方程用自变量 x 来估计或预测因变量 y。由于估计方程是由随机样本数据得出的,它是否真实地反映了变量 x 和 y 之间的关系,只有通过检验后才能证实,才能由自变量 x 来估计和预测因变量 y。

---

① 残差平方和 SSE 的自由度之所以是 $n-2$,原因是在计算 SSE 时,必须先求出 $\hat{\beta}_0$ 和 $\hat{\beta}_1$,这两个估计量就是附加给 SSE 的两个约束条件。因此,在计算 SSE 时,只有 $n-2$ 个独立的观测值,而不是 n 个。

利用样本数据拟合回归方程时，假定变量 x 和 y 之间存在线性关系，即 $y=\beta_0+\beta_1x+\varepsilon$，并假定误差项 ε 是一个服从正态分布的随机变量，且对不同的 x 具有相同的方差。但这些假设是否成立，必须通过检验后才能证实。

回归分析中的显著性检验主要包括两个方面的内容：一是线性关系的检验；二是回归系数的检验。

1）线性关系的检验

线性关系的检验是检验自变量 x 和因变量 y 察察为明的线性关系是否显著。或者说，它们之间是否可用一个线性模型 $y=\beta_0+\beta_1x+\varepsilon$ 表示。为检验两个变量之间的线性关系是否显著，则需要构造用于检验的一个统计量。该统计量的构造是以回归平方和（SSR）以及残差平方和（SSE）为基础的。将 SSR 除以其相应的自由度（自变量的个数 k，一元线性回归中自由度为 1）后的结果称为均方回归，记为 MSR；将 SSE 除以相应的自由度（$n-k-1$，一元线性回归中自由度为 $n-2$）后的结果称为均方残差，记为 MSE，如果原假设成立（$H_0:\beta_1=0$ 两个变量之间的线性关系不显著），则比值 MSR/MSER 的抽样分布服从分子自由度为 1，分母自由度为 $n-2$ 的 F 分布，即

$$F=\frac{\text{SSR}/1}{\text{SSE}/(n-2)}=\frac{\text{MSR}}{\text{MSE}}\sim F(1,n-2) \tag{8.21}$$

故当原假设 $H_0:\beta_1=0$ 时成立时，MSR/MSE 的值应接近 1，但如果原假设 $H_0:\beta_1=0$ 不成立，MSR/MSE 的值将变得无穷大。因此，较大的 MSR/MSE 值将导致拒绝原假设 H_0，此时，就可以断定变量 x 和 y 之间存在着显著的线性关系。

注意

当不拒绝原假设时，只能表明样本数据提供的信息，只能证实两个变量之间不存在**线性**关系，而不是表明两个变量没有任何关系。

线性关系检验的具体步骤如下：

第 1 步：提出假设 $H_0:\beta_1=0$ 两个变量之间的线性关系不显著。

第 2 步：计算检验统计量 F 为

$$F=\frac{\text{SSR}/1}{\text{SSE}/(n-2)}=\frac{\text{MSR}}{\text{MSE}}$$

第 3 步：作出决策。确定显著性水平 α，并根据分子自由度 $df_1=1$ 和分母自由度 $df_1=n-2$ 查 F 分布表，得到相应的临界值 F_α。若 $F>F_\alpha$，则拒绝 H_0，表明两变量之间线性关系是显著的；若 $F<F_\alpha$，则不拒绝 H_0，没有证据表明两变量之间线性关系显著。

【例 8.7】 根据例 8.1 数据和表 4 Excel 输出结果，检验不良贷款和贷款余额之间的线性关系的显著性（$\alpha=0.05$）。

解 第 1 步：提出假设 $H_0:\beta_1=0$ 两个变量之间的线性关系不显著。

第2步:计算检验统计量为

$$F = \frac{SSR/1}{SSE/(n-2)} = \frac{222.485\ 98/1}{90.164\ 421/(25-2)} = \frac{222.485\ 98}{3.920\ 192} = 56.753\ 844$$

第3步:作出决策。根据显著性水平 $\alpha = 0.05$,分子自由度 $df_1 = 1$ 和分母自由度 $df_1 = n-2$ 查 F 分布表,得到临界值 $F_\alpha = 4.28$。由于 $F > F_\alpha$,则拒绝 H_0,表明不良贷款和贷款余额之间线性关系是显著的。

表 8.5 为 Excel 输出的方差分析表。

表 8.5   Excel 输出的方差分析表

	A	B	C	D	E	F
1	方差分析					
2		*df*	*SS*	*MS*	*F*	Significance F
3	回归分析	1	222.48598	222.48598	56.753844	1.18349E-07
4	残差	23	90.164421	3.9201922		
5	总计	24	312.6504			

在表 8.5 中,除了输出检验统计量 F 值外,还给出了用于检验的显著性 F,即 Significance F,它相当于用于检验的 p 值。除了可用统计量进行决策外,利用 Significance F,直接与给定的显著性水平 α 的值进行对比,如果 Significance F 的值小于 α 值,则拒绝原假设 H_0,表明因变量 y 与自变量 x 之间有显著的线性关系;如果 Significance F 的值大于 α 值,则不拒绝原假设 H_0,表明因变量 y 与自变量 x 之间没有显著的线性关系。

在表 8.5 中输出的结果,Significance $F = 1.183\ 49E-0.7 < \alpha = 0.05$,这说明不良贷款与贷款余额之间存在显著的线性关系。

2) 回归系数的检验

回归系数的显著性检验是检验自变量对因变量的影响是否显著。在一元线性回归模型 $y = \beta_0 + \beta_1 x + \varepsilon$ 中,如果回归系数 $\beta_1 = 0$,回归线是一条水平线,表明因变量 y 的取值不依赖于自变量 x,即两个变量之间没有线性关系。如果回归系数 $\beta_1 \neq 0$,也不能肯定就得出两个变量之间存在线性关系的结论,要看这种关系是否具有统计意义上的显著性。为此,需要研究回归系数 β_1 的抽样分布。

估计回归方程 $\hat{y}_i = \hat{\beta}_0 + \hat{\beta}_1 x_i$ 是根据样本数据得到的。当抽取不同的样本时,就会得出不同的估计方程。实际上,$\hat{\beta}_0$ 和 $\hat{\beta}_1$ 是根据最小二乘法得到的,用于估计参数 β_0 和 β_1 的统计量,它们都是随机变量,也都有自己的分布,根据检验的要求,这里只讨论 $\hat{\beta}_1$ 的分布。统计证明,$\hat{\beta}_1$ 服从正态分布,其数学期望值 $E(\hat{\beta}_1) = \beta_1$,标准差为

$$\sigma_{\hat{\beta}_1} = \frac{\sigma}{\sqrt{\sum x^2 - \dfrac{1}{n}(\sum x_i)^2}} \tag{8.22}$$

其中,σ 是误差项 ε 的标准差。

由于 σ 未知,用 σ 的估计量 s_e 代入式(8.22)得 $\sigma_{\hat{\beta}_1}$ 的估计量,即 $\hat{\beta}_1$ 的估计的标准差为

$$s_{\hat{\beta}_1} = \frac{s_e}{\sqrt{\sum x^2 - \frac{1}{n}(\sum x_i)^2}} \qquad (8.23)$$

这样,就可构造出用于检验回归系数 β_1 的统计量 t 为

$$t = \frac{\hat{\beta}_1 - \beta_1}{s_{\hat{\beta}_1}} \qquad (8.24)$$

该统计量服从自由度为 $n-2$ 的 t 分布。如果原假设成立,则 $\beta_1 = 0$,检验的统计量为

$$t = \frac{\hat{\beta}_1}{s_{\hat{\beta}_1}} \qquad (8.25)$$

回归系数显著性检验的步骤如下:

第 1 步:提出假设为

$$H_0: \beta_1 = 0; H_1: \beta_1 \neq 0$$

第 2 步:计算检验统计量 t 为

$$t = \frac{\hat{\beta}_1}{s_{\hat{\beta}_1}}$$

第 3 步:作出决策。确定显著性水平 α,并根据自由度 $df_1 = n-2$ 查 t 分布表,得到相应的临界值 $t_{\alpha/2}$。若 $|t| > t_{\alpha/2}$,则拒绝 H_0,表明自变量 x 对因变量 y 的影响是显著的,换言之,两变量之间存在显著的线性关系;若 $|t| < t_{\alpha/2}$,则不拒绝 H_0,没有证据表明 x 对 y 的影响是显著的,两者之间尚不存在显著的线性关系。

【例 8.8】 根据例 8.1 及表 8.4 提供的数据,对贷款余额是否是影响不良贷款的一个显著性因素进行检验。

解 第 1 步:提出假设为

$$H_0: \beta_1 = 0; H_1: \beta_1 \neq 0$$

第 2 步:计算检验统计量为

$$t = \frac{\hat{\beta}_1}{s_{\hat{\beta}_1}} = \frac{0.037\ 895}{0.005\ 030} = 7.533\ 797$$

第 3 步:作出决策。根据给定显著性水平 α,自由度 $df_1 = n-2 = 25-2 = 23$,查 t 分布表,得临界值 $t_{\alpha/2} = t_{0.025} = 2.068\ 7$。由于 $t = 7.533\ 797 > t_{0.025} = 2.068\ 7$,所以拒绝 H_0,表明贷款余额是影响不良贷款的一个显著性因素。

在实际应用中,可直接用 Excel 输出的参数估计表进行检验。表 8.4 中除了给出检验统计量外,还给出了用于检验的 p 值(p-value)。检验时可直接将 p-value 与给定的 α 进行比较,若 p-value $< \alpha$,则拒绝原假设 H_0,若 p-value $> \alpha$,则不拒绝原假设 H_0。在本例中,p-value $= 0.000\ 000 < \alpha = 0.05$,所以拒绝原假设,与前面的结论是一致的。

在进行显著性检验时,有以下两点需要注意:

①对回归系数进行检验时,如果拒绝了,$H_0: \beta_1 = 0$ 仅仅表明在样本观测值范围之内,x 和 y 之间存在线性关系,而且一个线性关系只是解释了 y 的变差中的显著部分。

②在一元线性回归中,自变量只有一个,因此 F 检验和 t 检验是等价的。但在多元回归

分析中,这两种检验的意义是不同的,F 检验是用来检验总体回归关系的显著性,而 t 检验则是检验各个回归系数的显著性。

　　为使读者能够完全明了 Excel 输出结果,最后将给出前面未涉及的一些结果的计算公式,见表 8.6。对这些结果的解释可进一步参考其他有关书籍。

表 8.6　Excel 输出的部分结果的计算公式

名　　称	计算公式	注　　释
Adjusted R Square（调整的 r^2）	$R^2 = 1-(1-R^2) \times \dfrac{n-1}{n-p-1}$	p 为自变量的个数
Intercept（截距）的抽样标准误差	$S_{\hat{\beta}_0} = s_y \sqrt{\dfrac{1}{n} + \dfrac{(\bar{x})^2}{\sum\limits_{i=1}^{n}(x_i - \bar{x})^2}}$	
Intercept 的置信区间（Lower 95% 和 Upper 95%）	$\hat{\beta}_0 \pm t_{\alpha/2}(n-2) \cdot s_y \sqrt{\dfrac{1}{n} + \dfrac{(\bar{x})^2}{\sum\limits_{i=1}^{n}(x_i - \bar{x})^2}}$	
斜率的置信区间（Lower 95% 和 Upper 95%）	$\hat{\beta}_1 \pm t_{\alpha/2}(n-2) \cdot \dfrac{s_y}{\sqrt{\sum\limits_{i=1}^{n}(x_i - \bar{x})^2}}$	

8.3　利用回归方程进行估计和预测

　　回归分析的目的是根据所建立的估计的回归方程进行预测或控制。在回归模型经过各种检验并表明符合预定的要求后,就可利用方程来完成这一目的了。

　　例如,根据前面建立的不良贷款与贷款余额的估计方程,给出一个贷款余额就可得到不良贷款的预测值。本节主要介绍根据估计方程进行估计和预测的方法,其中包括点估计和区间估计。

8.3.1　点估计

　　利用估计的回归方程,对于 x 的一个特定值 x_0,求出 y 的一个估计值就是点估计。点估计分为两种:一是平均值的点估计;二是个别值的点估计[①]。

---

①　平均值的点估计实际上是对总体参数的估计,而个别值的点估计则是对因变量的某个具体取值的估计。

◎定义 8.14:利用估计的回归方程,对于 x 的一个特定值 x_0 求出 y 的平均值的一个估计值 $E(y_0)$,称为平均值的点估计。

例如,在例 8.4 中,得到的估计的回归方程为 $\hat{y} = -0.829\,5 + 0.037\,895x$,如果要估计贷款余额为 100 亿元时,所有分公司不良贷款的平均值,就是平均值的点估计。根据估计的回归方程得

$$E(y_0) = -0.829\,5\ \text{亿元} + 0.037\,895 \times 100\ \text{亿元} = 2.96\ \text{亿元}$$

◎定义 8.15:利用估计的回归方程,对于 x 的一个特定值 x_0 求出 y 的一个个别值的估计值 $\hat{y}_0$,称为**个别值的点估计**。

如果只想知道贷款余额为 72.8 亿元的那家分公司(即编号为 10 的那家分公司)的不良贷款是多少,则属于个别值的点估计。根据估计的回归方程得

$$\hat{y}_0 = -0.829\,5\ \text{亿元} + 0.037\,895 \times 72.8\ \text{亿元} = 1.93\ \text{亿元}$$

在点估计条件下,对于同一个 x_0,平均值点估计和个别值的点估计的结果一样的,但在区间估计中则有所不同。

8.3.2　区间估计

利用估计的回归方程,对于 x 的一个特定值 x_0,求出 y 的一个估计值的区间就是区间估计。区间估计也有两种类型:一是置信区间估计;二是预测区间。

◎定义 8.16:对 x 的一个给定值 x_0,求出 y 的平均值的估计区间,这一区间称为**置信区间**(confidence interval estimate)。

◎定义 8.17:对 x 的一个给定值 x_0,求出 y 的一个个别值的估计区间,这一区间称为**预测区间**(confidence interval estimate)。

1) y 的平均值的置信区间估计

设 x_0 为自变量 x 的一个特定值或给定值;$E(y_0)$ 为给定 x_0 时因变量 y 的平均值或期望值。当 $x = x_0$ 时,$\hat{y}_i = \hat{\beta}_0 + \hat{\beta}_1 x_i$ 为 $E(y_0)$ 的估计值。

一般来说,不能期望估计值 $\hat{y}_0$ 精确地等于 $E(y_0)$,因此要想用 $\hat{y}_0$ 推断 $E(y_0)$,必须考虑根据估计的回归方程得到的 $\hat{y}_0$ 的方差。对于给定的 x_0,统计学家给出了估计 $\hat{y}_0$ 方差的公式,用 $s_{\hat{y}_0}^2$ 表示 $\hat{y}_0$ 方差的估计量。其计算公式为

$$s_{\hat{y}_0}^2 = s_e^2 \left[\frac{1}{n} + \frac{(x_0 - \bar{x})^2}{\sum_{i=1}^{n}(x_i - \bar{x})^2} \right] \tag{8.26}$$

$\hat{y}_0$ 标准差的估计量计算公式为

$$s_{\hat{y}_0} = s_e \sqrt{\frac{1}{n} + \frac{(x_0 - \bar{x})^2}{\sum\limits_{i=1}^{n}(x_i - \bar{x})^2}} \tag{8.27}$$

有了 $\hat{y}_0$ 标准差后,对于给定的 x_0,$E(y_0)$ 在 $1-\alpha$ 置信水平下的置信区间可表示为

$$\hat{y}_0 \pm t_{\alpha/2} \cdot s_e \sqrt{\frac{1}{n} + \frac{(x_0 - \bar{x})^2}{\sum\limits_{i=1}^{n}(x_i - \bar{x})^2}} \tag{8.28}$$

【例8.9】 根据例8.4所求的估计方程,取 $x_0 = 100$,建立不良贷款 95% 的置信区间。

解 根据前面的计算结果,已知 $n = 25$,$s_e = 1.979\ 9$,查表得 $t_{\alpha/2}(n-2) = t_{0.025}(25-2) = 2.068\ 7$。

当贷款余额为 100 亿元时,不良贷款的点估计值为 2.96 亿元,即

$$E(y_0) = -0.829\ 5\ \text{亿元} + 0.037\ 895 \times 100\ \text{亿元} = 2.96\ \text{亿元}$$

根据式(8.28)得 $E(y_0)$ 的置信区间为

$$2.96 \pm 2.068\ 7 \times 1.979\ 9 \times \sqrt{\frac{1}{25} + \frac{(100 - 120.268)^2}{154\ 933.574\ 4}} = 2.96 \pm 0.845\ 9$$

即 $2.1141 \leqslant E(y_0) \leqslant 3.805\ 9$。也就是说,当贷款余额为 100 亿元时,有 95% 的**置信水平**估计不良贷款的平均值在 2.114 1 亿~3.805 9 亿元。

当 $x_0 = \bar{x}$ 时,$\hat{y}_0$ 的标准差的估计量最小,此时 $s_{\hat{y}_0} = s_e\sqrt{1/n}$。这就是说,当 $x_0 = \bar{x}$ 时,估计是最准确的。x_0 偏离 $\bar{x}$ 越远,y 的平均值的置信区间就越宽,估计的效果也就越不好。

2)y 的个别值的预测区间估计

若不再是估计贷款余额为 100 亿元时所有分公司的平均不良贷款,而只希望估计贷款余额为 72.8 亿元的那家分公司的不良贷款的区间是多少,这个区间则称为预测区间。

计算个别值的预测区间,首先必须知道用于估计的方差。统计学家已给出了 y 的一个个别估计值 y_0 的方差估计量,用 s_{ind}^2 表示。其计算公式为

$$s_{\text{ind}}^2 = s_e^2 + s_{\hat{y}_0}^2 = s_e^2 + s_e^2 \left[\frac{1}{n} + \frac{(x_0 - \bar{x})^2}{\sum\limits_{i=1}^{n}(x_i - \bar{x})^2} \right]$$

$$= s_e^2 \left[1 + \frac{1}{n} + \frac{(x_0 - \bar{x})^2}{\sum\limits_{i=1}^{n}(x_i - \bar{x})^2} \right] \tag{8.29}$$

因此,y 的一个个别估计值 y_0 的标准差估计量为

$$s_{\text{ind}} = s_e \sqrt{1 + \frac{1}{n} + \frac{(x_0 - \bar{x})^2}{\sum\limits_{i=1}^{n}(x_i - \bar{x})^2}} \tag{8.30}$$

统 计 学

TONGJIXUE

因此,对于给定的 x_0, y 的一个个别值 y_0 在 $1-\alpha$ 置信水平下的预测区间为

$$\hat{y}_0 \pm t_{\alpha/2} \cdot s_e \sqrt{1 + \frac{1}{n} + \frac{(x_0 - \bar{x})^2}{\sum_{i=1}^{n}(x_i - \bar{x})^2}} \qquad (8.31)$$

与式(8.28)相比,式(8.31)的根号内多了一个 1。因此,即使是对同一个 x_0,这两个区间的宽度也是不一样的,预测区间要比置信区间宽些。

【例 8.10】 根据例 8.4 所求的估计方程,建立贷款余额为 72.8 亿元的那个分公司不良贷款 95% 的预测区间。

解 根据前面的计算结果,已知 $n = 25$, $s_e = 1.979\,9$,查表 $t_{\alpha/2}(n-2) = t_{0.025}(25-2) = 2.068\,7$。

当贷款余额为 72.8 亿元时,不良贷款的点估计 $\hat{y}_0 = -0.829\,5 + 0.037\,895 \times 72.8 = 1.93$ 亿元 不良贷款 95% 的预测区间为

$$1.93 \pm 2.068\,7 \times 1.979\,9 \times \sqrt{1 + \frac{1}{25} + \frac{(72.8 - 120.268)^2}{154\,933.574\,4}} = 1.93 \pm 4.206\,6$$

即 $-2.276\,6 \leqslant \hat{y}_0 \leqslant 6.136\,6$。也就是说,贷款余额为 72.8 亿元的那个分公司,其不良贷款余额在 95% 的置信水平下,预测区间在 $-2.276\,6$ 亿~$6.136\,6$ 亿元。

表 8.7 给出了 25 家分公司不良贷款的置信区间和预测区间,可知两个区间的宽度是不一样的,y 的个别值的预测区间要宽一些。两者的差别表明,估计 y 的平均值比预测 y 的一个特定值或个别值更精确。同样,当 $x_0 = \bar{x}$ 时,预测区间也是最精确的。图 8.12 给出了置信区间和预测区间的示意图。

表 8.7 25 家分公司不良贷款的置信区间和预测区间

	A	B	C	D	E	F	G	H
1	分行	不良贷款	贷款余额	预测 Y	置信区间		预测区间	
2	编号	(y)	(x)		置信下限	置信上限	预测下限	预测上限
3	1	0.9	67.3	1.720 8	0.733 3	2.708 3	-2.496 4	5.938 0
4	2	1.1	111.3	3.388 2	2.563 6	4.212 8	-0.793 9	7.570 2
5	3	4.8	173	5.726 3	4.740 1	6.712 4	1.509 4	9.943 1
6	4	3.2	80.8	2.232 4	1.315 9	3.148 9	-1.968 7	6.433 5
7	5	7.8	199.7	6.738 1	5.574 2	7.901 9	2.476 1	11.000 0
8	6	2.7	16.2	-0.215 6	-1.573 7	1.142 4	-4.534 6	4.103 4
9	7	1.6	107.4	3.240 4	2.410 2	4.070 5	-0.942 8	7.423 5
10	8	12.5	185.4	6.196 2	5.132 8	7.259 5	1.960 6	10.431 7
11	9	1.0	96.1	2.812 2	1.955 1	3.669 2	-1.376 4	7.000 7
12	10	2.6	72.8	1.929 2	0.972 5	2.885 9	-2.280 9	6.139 3
13	11	0.3	64.2	1.603 3	0.597 5	2.609 2	-2.618 2	5.824 8
14	12	4.0	132.2	4.180 2	3.351 5	5.008 8	-0.002 7	8.363 0
15	13	0.8	58.6	1.391 1	0.350 4	2.431 9	-2.838 8	5.621 1
16	14	3.5	174.6	5.786 9	4.791 4	6.782 4	1.567 8	10.005 9
17	15	10.2	263.5	9.155 7	7.454 7	10.856 7	4.717 0	13.594 5
18	16	3.0	79.3	2.175 5	1.251 9	3.099 1	-2.027 1	6.378 2
19	17	0.2	14.8	-0.268 7	-1.638 4	1.101 0	-4.591 3	4.054 0
20	18	0.4	73.5	1.955 7	1.002 8	2.908 7	-2.253 5	6.165 0
21	19	1.0	24.7	0.106 5	-1.182 1	1.395 1	-4.191 2	4.404 1
22	20	6.8	139.4	4.453 0	3.609 9	5.296 2	0.267 3	8.638 7
23	21	11.6	368.2	13.123 3	10.416 0	15.830 6	8.210 2	18.036 4
24	22	1.6	95.7	2.797 0	1.938 7	3.655 3	-1.391 8	6.985 8
25	23	1.2	109.6	3.323 7	2.496 9	4.150 5	-0.858 7	7.506 2
26	24	7.2	196.2	6.605 4	5.467 1	7.743 7	2.350 4	10.860 4
27	25	3.2	102.2	3.043 3	2.202 7	3.883 9	-1.141 9	7.228 5

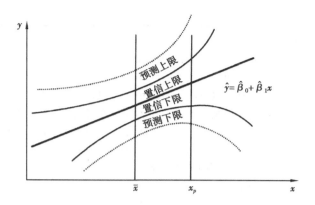

图 8.12 置信区间和预测区间示意图

从图 8.12 中可知,影响区间宽度的因素:

①置信水平($1-\alpha$)。区间宽度随置信水平的增大而增大。

②数据的离散程度 s。区间宽度随离散程度的增大而增大。

③样本容量。区间宽度随样本容量的增大而减小。

④用于预测的 xp 与$\bar{x}$的差异程度。区间宽度随 xp 与$\bar{x}$的差异程度的增大而增大。

【学习指导与小结】

相关与回归是研究数值型变量之间关系的统计方法。该方法广泛应用于自然科学和社会科学的各个领域。本章首先介绍相关分析方法,然后介绍一元线性回归分析方法。见表 8.8。

表 8.8 本章各节的主要内容和学习要点

章 节	主要内容	学习要点
8.1 变量间关系的度量	变量间的关系	**概念**:函数关系,相关关系 相关关系的特点
	相关关系的描述与测度	**概念**:相关系数 **相关分析的内容**:两个变量之间是否存在线性相关关系;测定他们之间的关系;能否通过检验 **散点图的绘制和分析**:散点图识别两个变量之间是否存在线性相关关系 **相关系数的计算**:用积差法(即两变量的协方差除以其标准差)计算的相关系数测定两变量间的关系程度与方向 **相关系数的性质**:相关系数 r 的取值范围在$-1\sim+1$,$r>0$ 表示正相关,$r<0$ 表示负相关。若 $r=0$,则表示两个变量之间不存在线性相关**关系**
	相关系数的显著性检验	采用 t 检验的方法对样本相关系数进行检验、Excel 操作 相关系数检验统计量的计算、Excel 操作与分析结论

续表

章　节	主要内容	学习要点
8.2　一元线性回归	回归与相关分析的关系	回归分析与相关分析的区别 回归分析与相关分析的联系
	一元线性回归模型	**概念**:回归模型,回归方程,估计的回归方程 回归分析的**内容**:如何建立直线模型;模型是否通过检验;利用建立的模型如何进行估计与预测;如何对实际观测值与估计的回归方程求出的预测值之间存在的误差进行分析 回归模型的基本假定
	参数的最小二乘估计	概念:最小二乘法 $\hat{\beta}_0$ 和 $\hat{\beta}_1$ 的计算、$\hat{\beta}_1$ 的**解释** **Excel 操作及结果识别、利用输出结果进行回归分析**
	回归直线的拟合优度	**概念**:总平方和,回归平方和,残差平方和,判定系数,估计量的标准误差 **判定系数**的计算和**解释**。判定系数与相关系数的关系 估计标准误差的**计算**和**解释**,在预测中的作用
	显著性检验	回归分析中的线性相关检验显著性检验主要包括两个方面的内容:一是线性关系的 **F 检验**;二是回归系数的 **t 检验**,在一元线性回归模型的显著性检验中两者是等价的 **Excel 输出的回归结果的解释和应用**
8.3　利用回归方程进行估计和预测	点估计	**概念**:平均值的点估计,个别值的点估计
	区间估计	**概念**:平均值的置信区间、个别值的预测区间 置信区间与预测区间的计算、分析意义 影响区间宽度的因素及估计与预测需要注意的问题

注:"加粗"部分为重点学习要点,应当重点学习并掌握。

【常用术语】

相关关系　相关分析　相关系数　回归分析　回归模型　回归参数　估计标准误差　判定系数　置信区间估计　预测区间估计

【案例讨论】

三角洲线缆的强大武器①

三角洲线缆公司于 1978 年成立于密西西比的克拉克斯代尔,公司为全球市场提供高碳钢线缆。目前,职工约 100 人,最近几年销售业绩一直呈上升趋势。

不过,就在几年前,三角洲线缆的前途似乎不怎么光明,原因是它们受到了可能毁灭前

---

① 肯·布莱克,等.以 Excel 为决策工具的商务与经济统计[M].张久琴,等,译.北京:机械工业出版社,2003:378.

途的阻碍。随着美元的贬值,来自国际市场的竞争使三角洲的市场地位不断受到威胁。随着国际市场竞争的加剧,行业品质的要求也在逐年提高。三角洲的管理层认识到有些因素,如美元贬值是不受他们控制的,但是,有一个方面他们可以做出改善,那就是员工培训。公司与密西西比州携手与一本地社区大学联合建立了自己的学校。三角洲的职员在那里学习了统计的过程控制及其他保证品质的方法。同时,三角洲向其用户一再保证公司正致力于品质及竞争力的提高,客户也被邀请到培训现场旁听。通过这些努力,三角洲终于拨开乌云,捍卫了自己在激烈竞争的钢质线缆中的领先地位。

【讨论】

①三角洲线缆为自己在员工培训方面作出的努力而自豪,员工培训可以获得多方面的好处,对他们中的一部分进行讨论。其中一个好处是可以重新燃起对工作和公司的兴趣和兴奋度。有人提出一个理论:由于对补充知识的学习态度更积极、兴趣更大,员工受到的培训越多,他/她缺勤的可能性越小。假定表8.9的数据反映的是上一年度20个员工的病假天数和相应培训合同时数,用本章学习的方法对数据进行分析,包括回归分析和相关分析,讨论相关强度以及建立的任何模型。

表8.9 上一年度20个员工的病假天数和相应培训合同时数

员工号	培训时间/h	病假天数	员工号	培训时间/h	病假天数
1	24	5	11	8	8
2	16	4	12	60	1
3	48	0	13	0	9
4	120	1	14	28	3
5	36	5	15	15	8
6	10	7	16	88	2
7	65	0	17	120	1
8	36	3	18	15	8
9	0	12	19	48	0
10	12	8	20	5	10

②许多公司发现,全面质量管理的执行最终会使销售额增长,很多例子表明,公司如果不致力于质量的管理,最终会失去市场份额甚至退出市场。公司改善质量的努力成果可用客户满意度来衡量。假定三角洲线缆公司雇用某个公司来调查每年的客户满意度,调查公司将客户满意度设定了一个范围,完全满意为50分,完全不满意为0分,通过对不同行业的调查得出分数,然后取平均数得到年客户满意度平均分地。随着客户满意度分数的升高,销售额会上升吗?为研究这一问题,假定有了15年中三角洲线缆每年客户满意度平均分以及相应年度的销售额数据,对这些数据进行了回归分析,假定表8.10的Excel输出表就是回归分析结果。如果你被三角洲线缆公司邀请对数据进行分析并对结果进行小结,你会得到什么结论?

表 8.10　回归分析结果

SUMMARY OUTPUT					
回归统计					
Multiple R	0.949				
R Square	0.901				
Adjusted R Square	0.894				
标准误差	0.411				
观测值	15				
方差分析					
	df	SS	MS	F	Significance F
回归分析	1	20.098	20.098	118.80	0.000 0
残差	13	2.199	0.169		
总计	14	22.297			
	Coefficients	标准误差	t Stat	p-value	
Intercept	1.733	0.436	3.97	0.001 6	
X Variable 1	0.162	0.015	10.90	0.000 0	

【思考与练习】

一、思考题

1. 解释相关关系的含义,说明相关关系的特点。

2. 相关分析主要解决哪些问题?

3. 简述相关系数的性质。

4. 为什么要对相关系数进行显著性检验?

5. 在回归模型中,为什么要加入误差项 ε?

6. 简述参数最小二乘估计的基本有理。

7. 解释总平方和、回归平方和和残差平方和的含义,并说明它们之间的关系。

8. 简述判定系数的含义和作用。

9. 在回归分析中,F 检验和 t 检验各有什么作用?

10. 简述线性关系检验和回归系数检验的具体步骤。

二、练习题

1. 从某一行业中随机抽取 12 家企业,所得产量与生产费用数据见表 8.11。

表 8.11 所得产量与生产费用数据

企业编号	产量 /台	生产费用 /万元	企业编号	产量 /台	生产费用 /万元
1	40	130	7	84	165
2	42	150	8	100	170
3	50	155	9	116	167
4	55	140	10	125	180
5	65	150	11	130	173
6	78	154	12	140	185

（1）绘制产量与生产费用的散点图，判断两者之间的关系形态。

（2）计算产量与生产费用之间的相关系数。

（3）对相关系数的显著性进行检验（$\alpha = 0.05$），并说明两者之间的关系强度。

2.学生在期末考试之前用于复习的时间和考试分数之间是否有关系？为研究这一问题，一位研究者抽取了由 8 名学生构成的一个随机样本，得到的数据见表 8.12。

表 8.12 所得的数据结果

复习时间 x/h	20	16	34	23	27	32	18	22
考试分数 y/分	64	61	84	70	88	92	72	77

（1）绘制复习时间和考试分数的散点图，判断两者之间的关系形态。

（2）计算相关系数，说明两个变量之间的关系强度。

3.一家物流公司的管理人员想研究货物的运输距离和运输时间的关系，为此，抽取了公司最近 10 辆卡车运货记录随机样本数据见表 8.13。

表 8.13 运货记录随机样本数据

运送距离 x/km	825	215	1 070	550	480	920	1 350	325	670	1 215
运送时间 y/天	3.5	1.0	4.0	2.0	1.0	3.0	4.5	1.5	3.0	5.0

（1）绘制运送距离和运送时间的散点图，判断两者之间的关系形态。

（2）计算线性相关系数，说明两个变量之间的关系强度。

（3）利用最小二乘法求出估计的回归方程，并解释回归系数的实际意义。

4.表 8.14 是 7 个地区 2000 年的人均国内生产总值（GDP）和人均消费水平的统计数据。

表 8.14　2000 年的人均国内生产总值(GDP)和人均消费水平的统计数据

地　区	人均 GDP/元	人均消费水平/元
北京	22 460	7 326
辽宁	11 226	4 490
上海	34 547	11 546
江西	4 851	2 396
河南	5 444	2 208
贵州	2 662	1 608
陕西	4 549	2 035

(1)人均 GDP 作自变量,人均消费水平作因变量,绘制散点图,并说明两者之间的关系形态。

(2)计算两个变量之间的线性相关系数,说明两个变量之间的关系强度。

(3)利用最小二乘法求出估计的回归方程,并解释回归系数的实际意义。

(4)计算判定系数,并解释其意义。

(5)检验回归方程线性关系的显著性($\alpha = 0.05$)。

(6)如果某地区的人均 GDP 为 5 000 元,预测其人均消费水平。

5.某汽车生产商欲了解广告费用(x)对销售量(y)的影响,收集了过去 12 年的有关数据。通过计算得到表 8.15 和表 8.16 的有关结果。

表 8.15　方差分析表

变差来源	df	SS	MS	F	Significance F
回归					2.17E-09
残差		40 158.07	——	——	——
总计	11	1 642 866.67	——	——	——

表8.16　参数估计表

	Coefficients	标准误差	t Stat	p-value
Intercept	363.689 1	62.455 29	5.823 191	0.000 168
X Variable 1	1.420 211	0.071 091	19.977 49	2.17E-09

(1)完成上面的方差分析表。

(2)汽车销售量的变差中有多少是由于广告费用的变动引起的?

(3)销售量与广告费用之间的相关系数是多少?

（4）写出估计的回归方程并解释回归系数的实际意义。

（5）检验线性关系的显著性（$\alpha = 0.05$）。

6.一家公司拥有多家子公司，公司的管理者想通过广告支出来估计销售收入，为此他抽取了8家子公司，得到广告支出和销售收入的数据见表8.17。

表8.17　广告支出和销售收入的数据/万元

广告支出 x	12.5	3.7	21.6	60.0	37.6	6.1	16.8	41.2
销售收入 y	148	55	338	994	541	89	126	379

建立线性回归模型，并求出当 $x = 40$ 万元时，销售收入95%的置信区间。

7.表8.18是10个品牌啤酒的广告费用和销售量的数据。

表8.18　10个品牌啤酒的广告费用和销售量的数据

啤酒品牌	广告费/万元	销售额/万元	啤酒品牌	广告费/万元	销售额/万元
A	120.0	36.3	F	1.0	7.1
B	68.7	20.7	G	21.5	5.6
C	100.1	15.9	H	1.4	4.4
D	76.6	13.2	I	6.3	4.4
E	8.7	8.1	J	1.7	4.3

（1）用广告费支出作自变量 x，销售额作因变量 y，求出估计的回归方程。

（2）用残差分析检测是否存在异常值和有影响的观测值。

（3）简要概括一下你的发现。

8.某集团所属10个企业近年来平均研究费用和利润额资料见表8.19。

表8.19　平均研究费用和利润额资料

企业编号	研究费用/万元	利润额/万元	企业编号	研究费用/万元	利润额/万元
1	9	100	6	11	280
2	10	150	7	11	290
3	10	200	8	12	310
4	11	180	9	13	320
5	9	250	10	12	300

试分析研究费用与利润额之间是否存在相关关系？计算相关系数并加以检验（$\alpha = 0.05$）。

9.随机抽取某企业15户职工家庭，并对月人均收入和恩格尔系数进行调查。其结果见表8.20，试用 Excel 进行回归分析，计算其相关系数并进行显著性检验、判定系数、估计标准误差,建立一元线性回归方程并解释回归系数的意义,对回归模型和回归系数进行检验($\alpha =$ 0.05)。

表 8.20　调查结果

家庭编号	人均月收/元	恩格尔系数/元	家庭编号	人均月收/元	恩格尔系数/元
1	102	27	9	123	31
2	96	26	10	106	31
3	97	25	11	129	34
4	102	28	12	138	38
5	91	27	13	81	27
6	158	36	14	92	28
7	54	19	15	64	20
8	83	26			

第9章 时间序列分析与预测

【学习目标】

时间序列分析与预测是统计学实践应用的重要环节。本章的主要学习目标是要求学生在理解时间序列及其分解原理的基础上,掌握平稳序列的平滑和预测方法;掌握有趋势序列的分析和预测方法;理解复合型序列的综合分析方法;为实行动态管理提供预测与决策信息。

【知识点浏览】

1.时间序列及其分解原理。

2.时间序列的描述性分析。

3.平稳序列的分析和预测。

4.有趋势序列的分析和预测。

5.复合型序列的综合分析。

---

① 李金昌,苏为华.统计学[M].北京:机械工业出版社,2007.

运用时间序列分析和预测城市的经济运行情况

大家在平时经常能听到关于当今社会的议论,如物价飞涨,房价节节攀升,当你听到这些议论时,你是否相信呢? 如果存在怀疑,你如何寻求证据呢? 统计学教会我们要用数据说话,因此,我们需要围绕这些议论的方面去收集数据,针对这些数据进行分析,看能得到什么结论,这样才可以知道物价是否上涨? 上涨速度是多少?

假如提供给你某城市的数据见表9.1,要求分析这个城市这几年的经济运行情况,并写一份报告,你会如何展开这项工作?

表9.1　某城市历年经济运行数据资料

年份	地区生产总值/亿元	财政收入/亿元	农业总产值/亿元	全社会固定资产投资/亿元	房地产开发/亿元	社会消费品零售总额/亿元	城镇居民人均可支配收入/元	居民消费价格指数/%
2000	1 206.84	126.15	126.94	462.00	101.31	606.10	6 761.00	100.60
2001	1 347.80	150.18	133.78	508.00	115.34	685.82	7 305.05	99.50
2002	1 492.74	196.54	141.25	570.00	132.50	770.08	7 820.00	98.60
2003	1 662.40	230.89	151.79	645.00	169.55	853.99	8 524.52	102.30
2004	1 956.00	288.60	165.65	822.00	233.30	960.58	9 564.05	103.30
2005	2 238.00	389.36	180.60	1 055.00	297.99	1 128.64	10 849.72	102.70
2006	2 590.00	502.36	191.21	1 325.00	366.15	1 293.33	12 359.98	101.40
2007	3 141.50	634.06	215.92	1 733.00	459.75	1 518.30	14 357.64	104.10
2008	3 960.08	791.31	244.64	2 252.00	570.36	1 850.05	16 712.44	105.70
2009	4 560.62	1 005.03	251.79	3 001.00	778.59	2 164.09	18 385.02	99.40

看到这么多的数据,如何理清思路,将这份报告写出来呢? 这里面涉及的就是时间序列的分析问题,如何建立一个正确的思路,在这一章中我们将进行系统的学习。关于表9.1中各项数据的分析,我们可以从后面的内容和课后习题中找到答案。

时间序列分析是一种广泛应用的数量分析方法,其主要用于描述和研究各种现象随时间发展变化的趋势变化规律,并将这些规律进行图表展示和量化测度,以期起到预测并对以后的决策给予参考依据。本章主要介绍时间序列分析中的平稳和非平稳序列的分析方法。

9.1 时间序列及其分解

9.1.1 时间序列的定义

什么是时间序列呢？其实同样是研究变量之间关系，只不过这种类型的变量随时间变化有一定的确定性，其自变量是现象所属的时间。

> ◎定义 9.1：同一现象在不同时间上的相继观察值排列而成的数列称为**时间序列**（times series）。

时间序列可以表明社会经济现象的发展变化过程及其趋势，故又称动态数列或时间数列。时间序列形式上由现象所属的时间（一般我们用时间标号 t 表示）和现象在不同时间上的观察值 y_i（对应时间为 t_i 上，$i=1,2,\cdots,n$）两部分组成。现象排列的时间可以是年份、季度、月份或其他任何时间形式。观察值是各时间上的统计指标数值，又称时间序列中的发展水平。

9.1.2 时间序列的分类

根据时间序列显现出来的趋势，可将时间序列分为平稳序列和非平稳序列。

1) 平稳序列

> ◎定义 9.2：基本上不存在趋势的序列称为**平稳序列**（stationary series）。

平稳序列中各观察值基本上在某个固定的水平上波动；或虽有波动，但并不存在某种规律，而且其波动可看成随机的。

2) 非平稳序列

社会经济现象的发展变化是由很多错综复杂的因素共同作用的结果，不同的因素对事物的变化发展所起的作用不同，产生的影响也不同，并且形成不同的时间序列。影响时间序列的因素归纳起来，可分为 4 类：长期趋势、季节变动、循环变动及不规则变动。由这几项因素中的一项或几项的组合形成的序列是非平稳序列。

> ◎定义 9.3：包含长期趋势、季节变动或循环变动的序列称为**非平稳序列**（non-stationary series），非平稳序列可能只含有其中的一种成分，也可能是几种成分的组合。

（1）长期趋势

◎定义 9.4：呈现出某种持续向上或持续下降的趋势或规律称为**长期趋势**（trend）。

长期趋势，通常用 T 表示，是指社会经济现象在一个较长时期内受某种根本的、决定性因素的影响，所呈现出的上升或下降的基本趋势。如表 9.1 中该城市的生产总值、财政收入、农业总产值、全社会固定资产投资、房地产开发、社会消费品零售总额、城镇居民人均可支配收入指标都表现出持续上升的势态，这些表现均属于"长期趋势"。

（2）季节变动（季节性）

◎定义 9.5：现象在一年内随着季节的更换而引起的有规律变动称为**季节变动**（seasonal fluctuation），也称**季节性**（seasonality）。

季节变动，通常用 S 表示，是指客观社会经济现象受季节更替等因素的影响，在一定时期内所呈现的周期性变动。在商业活动中，我们通常听到"销售旺季"或"销售淡季"这类术语；在旅游业中，也通常使用"旅游旺季"或"旅游淡季"这类术语。这表明，很多经济活动因季节的不同而发生着变化。我们把客观现象由于受自然因素或生产生活条件的影响，在一年内随着季节的更换而引起的规律性变动，称为季节变动。

（3）循环变动（周期性）

◎定义 9.6：现象从低至高再从高至低的周而复始的变动称为**循环变动**（cyclical fluctuation），也称**周期性**（cyclicity）。

循环变动，通常用 C 表示，是指客观现象由于受一些周期性因素的影响，如经济周期呈现出的周而复始的变动。循环变动和季节变动最大的区别是季节变动一般是 1 年之内的周期变化，而循环变动一般周期在 1 年以上，因此要发现数据是否存在周期性，需要多年甚至是上 10 年的数据。

（4）不规则变动（随机性）

◎定义 9.7：偶然性因素对时间序列应征影响称为**不规则变动**（irregular variations），也称**随机性**（random）。

不规则变动，通常用 I 表示，是指社会经济现象受一些临时的、偶然的影响而引起的非规律性变动。

9.1.3　时间序列的构成模型

综上所述，非平稳时间序列的构成要素分为 4 种，即长期趋势 T、季节变动 S、循环变动 C、不规则变动 I，根据影响时间因素的相互关系的不同假设，可将时间序列的分析模型分为加法和乘法两种。

1）乘法模型

乘法模型是假设 4 种因素存在某种相互影响的关系，互不独立，则时间序列各期发展水平是各个影响因素相乘之积。它们之间的结构可表述为乘法模型，即

$$Y = T \times S \times C \times I \tag{9.1}$$

2）加法模型

加法模型是假设 4 种影响因素是相互独立的，则时间序列各期发展水平是各影响因素相加的总和。它们之间的结构可表述为加法模型，即

$$Y = T + S + C + I \tag{9.2}$$

在统计实践中，根据所研究对象的性质和掌握资料的情况选用不同的模型进行分析。本章介绍的时间序列分解方法都是以乘法模型为基础的。

9.2 时间序列的描述性分析

9.2.1 图表描述

有了时间序列数据我们如何发现其规律呢？在没有明确的分析方法和依据前，我们唯一可以借助的手段就是通过图表描述直观发现时间序列的规律。针对时间序列数据我们最常选用的图形是线图，下面借助一系列数据运用线图来发现其规律。

【例 9.1】 根据表 9.1 提供的数据我们选出 4 组时间序列数据组成表 9.2，请采用图形显示其发展规律。

表 9.2 某城市历年经济运行数据资料

年份	农业总产值 /亿元	财政收入 /亿元	城镇居民人均可支配收入/元	居民消费价格指数/%
2000	126.94	126.15	6 761.00	100.60
2001	133.78	150.18	7 305.05	99.50
2002	141.25	196.54	7 820.00	98.60
2003	151.79	230.89	8 524.52	102.30
2004	165.65	288.60	9 564.05	103.30
2005	180.60	389.36	10 849.72	102.70
2006	191.21	502.36	12 359.98	101.40
2007	215.92	634.06	14 357.64	104.10
2008	244.64	791.31	16 712.44	105.70
2009	251.79	1 005.03	18 385.02	99.40
合　计	1 803.57	4 314.48	——	——

根据表9.2的4组时间序列数据我们分别绘制线图得到图9.1。

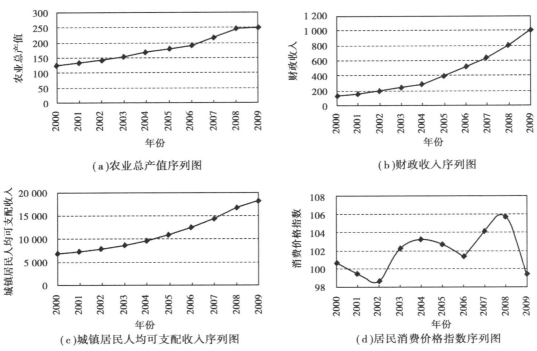

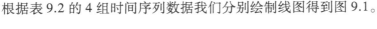

图9.1　不同时间序列的图形

从图9.1中可以看出,农业总产值序列图呈现出比较缓的直线变化趋势;财政收入序列图呈现出明显的指数趋势;城镇居民可支配收入序列图呈现出非线性上升趋势;而居民消费价格指数没有呈现出趋势,是否有周期波动还需更多数据支持。通过对线图的观察可以得到一些初步认识,要深入分析并验证观察的结果,预测我们还需要进一步探讨。

9.2.2　增长速度分析

从图9.1中我们可以发现其初步规律,但是对这些规律的特征进行深入分析还需要借助一些测度指标。在介绍针对时间序列的指标之前,有必要介绍一些基本概念。

时间序列的速度分析是前面第4章讲到的平均数的具体应用。它是从相对数和平均数的角度来分析社会经济现象的发展程度和增长幅度。它主要包括发展速度、增长速度、平均发展速度和平均增长速度。

1) 发展速度

◎定义9.8:**发展速度**指报告期水平与基期水平对比得到的动态相对数,用以反映社会经济现象发展变化的程度。

其计算公式为

$$\text{发展速度} = \frac{\text{报告期水平}}{\text{基期水平}} \times 100\% \tag{9.3}$$

由于采用的基期不同,发展速度可分为环比发展速度和定基发展速度两种。

(1)环比发展速度

环比发展速度是报告期水平与前一期水平对比得到的动态相对数。它表明社会经济现象逐期的发展变化程度。其计算公式用符号表示为

$$\frac{Y_1}{Y_0}, \frac{Y_2}{Y_1}, \frac{Y_3}{Y_2}, \cdots, \frac{Y_n}{Y_{n-1}} \tag{9.4}$$

(2)定基发展速度

定基发展速度是报告期水平与某一固定期水平(通常为最初水平)进行对比所得到的动态相对数。它表明社会经济现象一段时期内总的发展程度。其计算公式用符号表示为

$$\frac{Y_1}{Y_0}, \frac{Y_2}{Y_0}, \cdots, \frac{Y_n}{Y_0} \tag{9.5}$$

(3)两者之间关系

首先,环比发展速度的连乘积等于相应时期的定基发展速度,即

$$\frac{Y_1}{Y_0} \times \frac{Y_2}{Y_1} \times \cdots \times \frac{Y_n}{Y_{n-1}} = \frac{Y_n}{Y_0} \tag{9.6}$$

其次,相邻两个定基发展速度之商等于相应时期环比发展速度,即

$$\frac{\dfrac{Y_n}{Y_0}}{\dfrac{Y_{n-1}}{Y_0}} = \frac{Y_n}{Y_{n-1}} \tag{9.7}$$

◎定义 9.9:**平均发展速度**指时间序列中各环比发展速度的序时平均数,反映现象在较长时间内平均每一期的发展程度。

2)平均发展速度

由于社会经济现象发展的总速度不等于各年发展速度之和,而是等于各年环比发展速度的连乘积,因此,平均发展速度不能用一般算术平均法,而用几何平均法计算,这种方法也称水平法。其计算公式为

$$\overline{Y} = \sqrt[n]{\frac{Y_1}{Y_0} \times \frac{Y_2}{Y_1} \times \cdots \times \frac{Y_n}{Y_{n-1}}} = \sqrt[n]{\frac{Y_n}{Y_0}} \tag{9.8}$$

小结

> 在实际计算时,我们可根据实际数据来选用合适的公式。
>
> ①已知各期环比发展速度时:各期环比发展速度之积开 n 次方(n 表示环比发展速度的个数,下同)。
>
> ②已知报告期和基期发展水平时,报告期发展水平除以基期发展水平,并开 n 次方。
>
> ③已知总定基发展速度,可直接开 n 次方。

3) 增长速度

> ◎定义 9.10:**增长速度**(growth rate),也称增长率,是指增长量与基期水平进行对比所得到的动态相对数。它是扣除了基数后的变动程度,表明社会经济现象增长(或下降)的相对程度。

其计算公式为

$$增长速度 = \frac{增长量}{基期水平} = \frac{报告期水平 - 基期水平}{基期水平} \qquad (9.9)$$

增长率等于报告期观察值与基期观察值之比减 1,用%表示,计算得到的比率有正有负,正值表明增长;负值表明下降。

由于采用的基期不同,增长速度可分为环比增长速度和定基增长速度两种。

(1)环比增长速度

环比增长速度是用逐期增长量与前一期水平进行对比得到的动态相对数,表明现象逐期增长(或下降)的方向及程度。其计算公式为

$$环比增长速度 = \frac{逐期增长量}{前一期水平} = 环比发展速度 - 1 \qquad (9.10)$$

用符号表示为

$$G_i = \frac{Y_i}{Y_{i-1}} - 1 \qquad i = 1, 2, \cdots, n \qquad (9.11)$$

(2)定基增长速度

定基增长速度是用累计增长量与某一固定期水平(通常为最初水平)进行对比得到的动态相对数,表明现象在一个较长时期内总的增长(或下降)的方向及程度,又称总增长速度。其计算公式为

$$定基增长速度 = \frac{累计增长量}{固定基期水平} = 定基发展速度 - 1 \qquad (9.12)$$

用符号表示为

$$G_i = \frac{Y_i}{Y_0} - 1 \qquad i = 1, 2, \cdots, n \qquad (9.13)$$

注意

> 需要强调的是,两种增长速度都是发展速度的派生指标,定基增长速度不等于各环比增长速度的连乘积,相互间不能直接推算。若要由环比增长速度计算定基增长速度,必须首先将环比增长速度加上基数 1 还原为环比发展速度,然后再将各环比发展速度连乘积得到定基发展速度,最后将其结果减 1 才是定基增长速度。

【例 9.2】 根据表 9.3 的资料计算速度指标。

表 9.3 某企业工业总产值发展速度计算表

年 份		2010	2011	2012	2013	2014
符 号		Y_0	Y_1	Y_2	Y_3	Y_4
工业总产值/万元		2 500	2 600	2 800	3 000	3 080
发展速度/%	环比	100	104	107.69	107.14	102.67
	定基(Y_0 为基期)	100	104	112	120	123.2
增长速度/%	环比	—	4	7.69	7.14	2.67
	定基(Y_0 为基期)	—	4	12	20	23.2

表 9.3 中,2014 年的定基发展速度 123.2% 与 2010 年、2011 年、2012 年、2013 年和 2014 年的环比发展速度之间有关系为

$$123.2\% = 100\% \times 104\% \times 107.69\% \times 107.14\% \times 102.67\%$$

2014 年和 2013 年的定基发展速度与 2014 年的环比发展速度有关系为

$$123.2\% \div 120\% = 102.67\%$$

【思考与分析】

请根据表 9.3 举出其他例子验证环比发展速度和定基发展速度之间的关系,并验证环比增长速度和定基增长速度之间是否有这种关系?

由于计算方法的不同,增长速度有一般增长速度、平均增长速度及年度化增长速度 4 种形式。

4)平均增长速度

> ◎定义 9.11:说明现象在一段时间内平均每期增长的程度称为**平均增长速度**,也称**平均增长率**(average rate of increase)。

平均增长速度序列中各逐期环比值(也称环比发展速度)的平均数减 1 后的结果;描述现象在整个观察期内平均增长变化的程度。通常用几何平均法求得。其计算公式为

$$\overline{G} = \sqrt[n]{\frac{Y_1}{Y_0} \times \frac{Y_2}{Y_1} \times \cdots \times \frac{Y_n}{Y_{n-1}}} - 1 = \sqrt[n]{\prod \frac{Y_i}{Y_{i-1}}} - 1$$

$$= \sqrt[n]{\frac{Y_n}{Y_0}} - 1 \qquad i = 1, 2, \cdots, n \qquad (9.14)$$

若计算结果为正,是平均增长速度,或称平均增长率,或递增速度;若计算结果为负,则是平均降低速度,或称平均递减率,或递减速度。

【例 9.3】 我国 1999 年国内生产总值为 82 054 亿元,2009 年国内生产总值为 335 353 亿元,10 年间平均递增速度为多少? 2009 年后若以 12% 的速度递增,到 2019 年我国的国内生产总值将达到多少?

【解】 根据式(9.14)计算 10 年间平均递增速度为

$$\overline{G}_{10} = \sqrt[10]{\frac{Y_{2009}}{Y_{1999}}} - 1 = \sqrt[10]{\frac{335\ 353}{82\ 054}} - 1 = 15.12\%$$

则 2019 年我国国内生产总值为

$$生产总值 = 335\ 353 \times (1 + 12\%)^{10} 亿元 = 1\ 041\ 555.51\ 亿元$$

【例 9.4】 某公司 A 产品单位产品成本 2010 年到 2015 年下降 20%,试计算该公司 A 产品单位产品成本年递降率为多少?

【解】 根据式(9.14)计算该公司 A 产品单位产品成本年递降率为

$$\overline{G}_5 = \sqrt[5]{\frac{Y_{2005}}{Y_{2000}}} - 1 = \sqrt[5]{1 - 20\%} - 1 = 95.64\% - 1 = -4.36\%$$

负数表示每年成本递降,即该公司 A 产品单位产品成本平均每年下降 4.36%。

5) 年度化增长速度

上面已经详细说明了一般增长速度和平均增长速度的计算方法,根据时间序列数据反映的时期不同,计算出的增长速度也有了时期之分。例如,时间序列数据为月份数据,你们计算出的增长速度就是月份增长速度了。习惯思维上,我们喜欢用年这个时期来衡量增长速度,所以我们有必要学会如何通过已知的非年份数据来得到年增长速度,即将其他时期如月或季增长速度换算成年增长速度,这样一来也方便进行增长速度之间的比较。

◎定义 9.12:增长速度以年来表示时,称为**年度化增长速度**,也称**年度化增长率或年率**(annualized rate)。

年度化增长率的计算公式为

$$G_A = \left(\frac{Y_i}{Y_{i-1}}\right)^{\frac{m}{n}} - 1 \qquad (9.15)$$

式中,G_A 为年度化增长率;m 为 1 年中的时期个数;n 为所跨的时期总数。

运用上式,可将月度增长率或季度增长率转换为年度增长率。如季度增长率被年度化时,$m = 4$;月增长率被年度化时,$m = 12$;当 $m = n$ 时,上述公式就是年增长率。

【**例 9.5**】 已知某城市经济运行数据,请计算年度化增长率。

（1）2014 年 1 季度完成全社会固定资产投资 426.32 亿元,2015 年 1 季度完成全社会固定资产投资 574.63 亿元。

【**解**】 由于是季度数据,所以 $m=4$,从 2014 年 1 季度到 2015 年 1 季度所跨的时期总数为 4,所以 $m=n=4$。

年度化增长率为

$$G_A = \left(\frac{574.63}{426.32}\right)^{\frac{4}{4}} - 1 = 34.79\%$$

即年度化增长率为 34.79%,这实际上就是年增长率,因为所跨的时期总数为 1 年即全社会固定资产投资年增长率为 34.79%。

（2）2012 年 1 季度,实现国民生产总值 801.27 亿元,2014 年 1 季度实现国民生产总值 1 104.77 亿元。

【**解**】 由于是季度数据,$m=4$,从 2012 年 1 季度到 2014 年 1 季度所跨的季度总数为 8,所以 $n=8$。

年度化增长率为

$$G_A = \left(\frac{1\ 104.77}{801.27}\right)^{\frac{4}{8}} - 1 = 17.42\%$$

即根据 2012 年 1 季度到 2014 年 1 季度的数据计算,国民生产总值的年增长率为 17.42%,这实际上就是国民生产总值的年平均增长速度。

（3）2010 年 1 月社会消费品零售总额为 84.43 亿元,2016 年 2 月社会消费品零售总额为 210.19 亿元。

【**解**】 由于是月份数据,$m=12,n=73$。

年度化增长率为

$$G_A = \left(\frac{210.19}{84.43}\right)^{\frac{12}{73}} - 1 = 16.18\%$$

即该市社会消费品零售总额的年增长率为 16.18%。

6）增长率分析中应注意的问题

对于绝大部分的时间序列数据,我们都可采用增长率（即各种形式的增长速度）来分析其增长状况。值得一提的是,增长率虽然计算方便,分析简单,但并不是万能的。当时间序列数据出现以下情形时,就会出现增长率计算分析的结果与实际大相径庭的情况。因此,应用增长率分析时间序列数据的增长状况时,我们要灵活变通,不能一概而论,以下两点需要我们注意:

①当时间序列中的观察值出现 0 或负数时,不宜计算增长率。例如,假定某企业连续五年的收入分别为 10,20,0,−10,20 万元,对这一序列计算增长率,要么不符合数学公理,要么无法解释其实际意义。在这种情况下,适宜直接用绝对数进行分析。如第二年比第一年增长了 1 万元,第三年比第二年减少了 2 万元,等等。

②因为增长率是采用相对数的形式来计算,所以其数值的大小与分母有着紧密的联系。在有些情况下,不能单纯就增长率的大小论增长状况,而要注意将增长率与增长的绝对水平结合起来分析。我们看看下面的一个例子。

【例 9.6】 假定有两个生产条件基本相同的企业,各年的利润额及有关的速度值见表9.4。

表 9.4 甲、乙两个企业的有关资料

年 份	甲企业		乙企业	
	利润额/万元	增长率/%	利润额/万元	增长率/%
2015	500	—	50	—
2016	600	20	60	20

从例 9.6 中可以看出,如果仅从增长率上衡量,甲乙两个企业的增长率一样都是 20%,那么是不是两个企业的经营业绩也差不多呢? 实际情况不是这样的。因为增长率是一个相对值,它与对比的基期值的大小有很大的关系。两个企业生产起点不同,增长的利润额也不一样,经营业绩应该有明显差距。如果这时仅根据相对数来计算增长率的话,也就得不出反映实际情况的增长情况了。此时,需要将增长率与增长的绝对水平结合起来分析,通常我们会采用增长 1% 的绝对值这个指标来弥补增长率分析的局限性。

◎ 定义 9.13:**增长** 1% **的绝对值**指每增长一个百分点而增加的绝对量。

某种现象的增长量是说明现象的增长规模,而增长速度是说明现象增长的相对程度。为了全面反映现象的发展变化情况,必须计算增长 1% 的绝对值。它实际上是水平分析和速度分析的结合。其计算公式为

$$增长 1\% 的绝对值 = \frac{逐期增长量}{环比增长速度} \times 1\% = \frac{前一期水平}{100} \qquad (9.16)$$

根据例 9.6 的数据我们可以得到甲企业利润增长 1 个百分点的利润额为 500 万元/100 = 5万元

乙企业利润增长 1 个百分点的利润额为 50 万元/100 = 0.5 万元,甲企业远高于乙企业。说明甲企业的生产经营状况优于乙企业,而不是与乙企业相等。

9.2.3 时间序列的分析与预测

通过上面两节我们可以简要总结一下对时间序列数据的分析思路:

①有了时间序列数据后,在没有明确的分析方法和依据前,首先可借助图表描述发现时间序列的直观规律。

②从图表上我们发现其初步规律后,需要借助一些测度指标对这些规律的特征进行深入分析,如在上节提到的增长率。

③对时间序列进行分析后,就需要采用合适的预测方法来进行以后各期观察值的预测,

关于合适与否可用预测值和实际值之间的差距即预测误差来评估预测方法。不同类型的时间序列可以有针对性地采用不同的预测方法。下面各节将讲述不同类型时间序列的预测方法。

9.3 平稳序列的分析和预测

在第一节中已经讲过时间序列分为平稳和非平稳时间序列两种。这一节将具体讲述如何针对平稳时间序列进行分析和预测。平稳序列中各观察值基本上在某个固定的水平上波动;或虽有波动,但并不存在某种规律,而且其波动可看成随机的。因此,要针对过去已有的时间序列数据预测将来的结果只需要消除这些随机波动,就可得到能延续到未来的变化趋势。因为消除掉时间序列数据的随机波动后序列会更加平滑,故也称平滑法。常见的平稳序列的平滑法有简单平均法、移动平均法、指数平滑法等。本节将重点介绍这 3 种方法。平滑法除了可用于对平稳序列进行预测之外,还可用于分析非平稳时间序列中的趋势因素。

9.3.1 简单平均法

> ◎定义 9.14:**简单平均法**(simple average)是指根据过去已有的 t 期观察值来预测下一期数值的预测方法。

设时间序列已有的其观察值为 $Y_1, Y_2, \cdots, Y_t$,则 $t+1$ 期的预测值 F_{t+1} 为

$$F_{t+1} = \frac{1}{t}(Y_1 + Y_2 + \cdots + Y_t) = \frac{1}{t}\sum_{i=1}^{t} Y_i \tag{9.17}$$

有了 $t+1$ 的实际值 Y_{t+1},便可计算出的预测误差为

$$e_{t+1} = Y_{t+1} - F_{t+1} \tag{9.18}$$

以此类推,$t+2$ 期的预测值为

$$F_{t+2} = \frac{1}{t+1}(Y_1 + Y_2 + \cdots + Y_t + Y_{t+1}) = \frac{1}{t+1}\sum_{i=1}^{t+1} Y_i \tag{9.19}$$

【例 9.7】 根据表 9.2 中的居民消费价格指数数据,预测 2010 年的居民消费价格指数。

【解】 根据式(9.24)得

$$F_{2010} = \frac{1}{10}(100.6 + 99.5 + 98.6 + 102.3 + 103.3 + 102.7 + 101.4 + 104.1 + 105.7 + 99.4)$$

$$= 101.76$$

即 2010 年的居民消费价格指数为 101.76%。

简单平均法的特点:因取已有 t 观察值的均值作为 $t+1$ 期的预测值,故适合对较为平稳的时间序列进行预测,即均值代表性比较好时,用该方法预测效果比较好;相反的,如果时间序列有趋势或有季节变动时,数据离散程度较大,均值代表性不甚理想,这时该方法的预测

的准确性就很值得怀疑了。从另一个角度来讲,在简单平均法预测中,取已有观察值的简单算术平均数即将远期的数值和近期的数值看作对未来同等重要,重要性皆为 $1/t$,从预测角度看,近期的数值要比远期的数值对未来有更大的作用,因此,简单平均法预测的结果不够准确。

9.3.2 移动平均法

◎定义 9.15:**移动平均法**(moving average)是指通过对时间序列逐期递移求得一系列平均数作为趋势值或预测值的预测方法。

移动平均法是指根据时间序列资料,逐项递推移动,依次计算包含一定间隔的扩大时距平均数,形成一个新的时间数列,据以反映长期趋势并进行外推预测的方法。根据对各期观察值所赋予的权重不同,可将移动平均法分为两种:简单移动平均法和加权移动平均法。

1)简单移动平均法(simple moving average)

简单移动平均法就是将最近的 k 期数据加以平均作为下一期的预测值。

设移动间隔为 $k(1<k<t)$,则 t 期的移动平均值为

$$\overline{Y}_t = \frac{Y_{t-k+1} + Y_{t-k+2} + \cdots + Y_{t-1} + Y_t}{k} \tag{9.20}$$

则 $t+1$ 期的简单移动平均预测值为

$$F_{t+1} = \overline{Y}_t = \frac{Y_{t-k+1} + Y_{t-k+2} + \cdots + Y_{t-1} + Y_t}{k} \tag{9.21}$$

简单移动平均法采用距离预测值最近 k 期的数据作为预测依据,对近期数据的考虑多于远期数据,在一定程度上对简单平均法进行改进,但仍是采用平均值作为最终预测值,故同样主要适合于对较为平稳的时间序列进行预测。

此方法计算简便,虽然比简单平均法有所改进,但仍有弊端:如对最近 k 期每个观察值都给予相同的权数;只使用最近期的数据,在每次计算移动平均值时,移动的间隔都为 k。所以在其应用时,确定合理的移动间隔长 k 是关键。显而易见,对于同一个时间序列,采用不同的移动步长预测的准确性是不同的;最终如何选择移动步长,可通过采用多个步长试验的办法,选择一个使均方误差达到最小的移动步长。

【例 9.8】 表 9.5 为某啤酒厂 2000—2014 年的啤酒产量,现要求分别采用移动步长为 3 期和 4 期的简单移动平均法对啤酒产量时间序列进行平滑。

表 9.5 某啤酒厂历年啤酒产量资料/t

时间变量	年 份	产 量	3 项移动平均 $k=3$	4 项移动平均 一次平均 $k=4$	4 项移动平均 移正平均
1	2000	4 942	—	—	—
2	2001	5 041	5 072	5 400	—

续表

时间变量	年 份	产 量	3项移动平均 $k=3$	4项移动平均	
				一次平均 $k=4$	移正平均
3	2002	5 232	5 553	5 745	5 573
4	2003	6 385	5 980	6 111	5 928
5	2004	6 323	6 403	6 405	6 258
6	2005	6 502	6 411	6 363	6 384
7	2006	6 408	6 376	6 233	6 298
8	2007	6 218	6 143	6 000	6 117
9	2008	5 802	5 864	5 850	5 925
10	2009	5 571	5 727	5 839	5 845
11	2010	5 807	5 851	5 986	5 913
12	2011	6 174	6 124	6 247	6 117
13	2012	6 390	6 393	6 457	6 352
14	2013	6 615	6 552	—	—
15	2014	6 650	—	—	—

在上述例题中,大家不难发现在移动平均过程中,会造成数据和信息的丢失:移动平均后,头尾的数据项数会减少。所以我们有一个操作即利用移动平均法进行长期趋势分析(平滑)时,每一移动平均数位于计算观测值的中期位置。所以当移动步长采用奇数项(如3,5,7,9等)计算移动平均数时,一次移动平均即可取得观测值中间项的长期趋势值(平滑值)。当步长采用偶数项(如2,4,6,8等)计算移动平均数时,观察值的中点,位于偶数项的中间位置,不和任一具体时期相对应,为了求得某一具体时期的长期趋势值,还应以步长为2再次计算二次移动平均数,以移正长期趋势值。

另外,移动步长的选择还要结合时间序列数据本身的特点。如果现象变化有一定周期,应以周期长度为平均项数;如季节资料,可取4项移动平均;如月度资料,则可取12项移动平均,以消除季节变动,揭示现象发展的长期趋势;如果原始数列中无明显周期变动,用奇数项移动平均较为方便,其移动平均值都可对正所平均的中点时期,只需移动一次即可得到趋势值。关于季节变化数据的分析,我们在最后一节会介绍。

【例9.9】 某超市某时期的月销售额见表9.6,分别取移动间隔 $k=3$ 或 $k=5$,用 Excel 计算各时期销售额的平滑值(预测值),计算出预测误差,并将原序列和预测后的序列绘制成图形进行比较。

表 9.6　某超市每月的销售额

时期/月	销售额/万元	时期/月	销售额/万元
1	139.7	10	139.7
2	114.3	11	139.7
3	101.6	12	152.4
4	152.4	13	165.1
5	215.9	14	177.8
6	228.6	15	177.8
7	215.9	16	203.2
8	190.5	17	241.3
9	177.8	18	279.4
合计			3 213.1

图 9.2　移动平均的步骤

用 Excel 进行简单移动平均的步骤和操作：

第 1 步：选择"工具"下拉菜单,选择"数据分析"选项。

第 2 步：在分析工具中选择"移动平均",然后单击"确定"按钮。

第 3 步：在出现的对话框中,在"输入区域"设置框内输入数据单元格区域 B2：B19,在"间隔"设置框中输入"3"。在"输出区域"中输入 C2：C19,在最后一行的复选框中选中"标准误差",如图 9.2 所示。

第 4 步：单击"确定"按钮,就会出现移动间隔 $k=3$ 的预测值,见表 9.7。

然后重复上面的操作,只需要将"间隔"设置框中输入"5",在"输出区域"输入 F2：F19,再单击"确定"按钮,就会出现表 9.7 的结果,图形如图 9.3 所示。

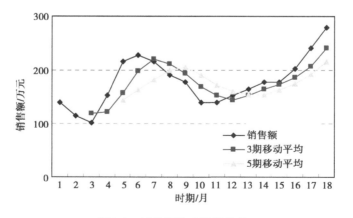

图 9.3　销售额移动平滑趋势

表9.7 移动平均的输出结果

	A	B	C	D	E	F	G	H
1	时期/月	销售额/万元	3期移动平均预测	预测误差	误差平方	5期移动平均预测	预测误差	误差平方
2	1	139.7						
3	2	114.3						
4	3	101.60	118.53	−16.93	286.74			
5	4	152.40	122.77	29.63	878.13			
6	5	215.90	156.63	59.27	3512.54	144.78	71.12	5 058.05
7	6	228.60	198.97	29.63	878.13	162.56	66.04	4 361.28
8	7	215.90	220.13	−4.23	17.92	182.88	33.02	1 090.32
9	8	190.50	211.67	−21.17	448.03	200.66	-10.16	103.23
10	9	177.80	194.73	−16.93	286.74	205.74	-27.94	780.64
11	10	139.70	169.33	−29.63	878.13	190.50	-50.80	2 580.64
12	11	139.70	152.40	−12.70	161.29	172.72	-33.02	1 090.32
13	12	152.40	143.93	8.47	71.68	160.02	-7.62	58.06
14	13	165.10	152.40	12.70	161.29	154.94	10.16	103.23
15	14	177.80	165.10	12.70	161.29	154.94	22.86	522.58
16	15	177.80	173.57	4.23	17.92	162.56	15.24	232.26
17	16	203.20	186.27	16.93	286.74	175.26	27.94	780.64
18	17	241.30	207.43	33.87	1 146.95	193.04	48.26	2 329.03
19	18	279.40	241.30	38.10	1 451.61	215.90	63.50	4 032.25
20	合计	—	—	—	10 645.14	—	—	23 122.53

以 3 期移动平均为例,表 9.7 中的 118.53 是前 3 月的平滑值,也可作为第 4 个月的预测值。同样的,122.77 是第 2,3,4 月份的平滑值,它也可作为第 5 月份的预测值。

从平滑的结果来看,3 期移动的均方误差为 665.32(10 645.14/16),5 期移动的均方误差为 1 651.61(23 122.53/14)。因此,在本题的时间序列中,采用 3 期移动平均进行平滑或预测比较好。

2) 加权移动平均法(Weighted moving average)

简单移动平均法中,对最近 k 期每个观察值都给予相同的权数,如果对近期的观察值和远期的观察值赋予不同的权数后再进行预测,就是加权移动平均法。

一般而言,当时间序列的波动较大时,最近期的观察值应赋予最大的权数,较远的时期的观察值赋予的权数依次递减。而当时间序列的波动不是很大时,对各期的观察值应赋予近似相等的权数。不管如何确定权数,有一个准则必须遵守就是所选择的各期的权数之和必须等于 1。

同简单移动平均法中移动步长的选择一样,加权移动平均需要对移动间隔(步长)和权数进行选择,同样可用均方误差来测度预测精度,即选择一个均方误差最小的移动间隔和权数的组合。

【思考与分析】

大家可根据表 9.2 中的居民消费价格指数自己采用一定的移动步长进行居民消费价格指数的预测,不妨自己动手试一试。

9.3.3　指数平滑法

> ◎定义 9.16：**指数平滑法**（exponential smoothing）是指通过对时间序列过去的观测值进行加权平均得到预测值的预测方法。具体操作为第 $t+1$ 期的预测值等于第 t 的观测值和第 t 期指数平滑预测值的加权平均值。

指数平滑法采用的是加权平均的特殊形式,通过对过去已有的观测值加权得到预测值的方法。一般而言,距离预测值越远,即观测值时间越久远,其所起的作用相对而言越小,其权数也应呈下降趋势,因权数所呈现的趋势为指数的下降,故命名为指数平滑法。指数平滑法有一次指数平滑、二次指数平滑、三次指数平滑等。本节主要介绍一次指数平滑法。

一次指数平滑法（single exponential smoothing）中,只有一个平滑系数来构成权数,当观测值时间越久远时,权数变得越小;一次指数平滑法也可用于对时间序列进行修匀,以消除随机波动,找出序列的变化趋势。

其具体操作为以一段时期的预测值与观察值的线性组合作为 $t+1$ 的预测值

$$F_{t+1} = \alpha Y_t + (1 - \alpha)F_t \tag{9.22}$$

式中,Y_t 为 t 期的实际观察值;F_t 为 t 期的预测值;α 为平滑系数（$0 < \alpha < 1$）。

在开始计算时,没有第 1 个时期的预测值 F_1,通常可设 F_1 等于 1 期的实际观察值,即 $F_1 = Y_1$。

第 2 期的预测值为

$$F_2 = \alpha Y_1 + (1 - \alpha)F_1 = \alpha Y_1 + (1 - \alpha)Y_1 = Y_1 \tag{9.23}$$

第 3 期的预测值为

$$F_3 = \alpha Y_2 + (1 - \alpha)F_2 = \alpha Y_2 + (1 - \alpha)Y_1 \tag{9.24}$$

【思考与分析】

根据上面的基本规则,大家算算第 4 期的预测值为多少？从其中可以发现什么呢？

以此类推。从后面多期的预测值大家应该不难发现,从本质上来讲任何一期的预测值都是以前所有观测值的加权平均值。但是仅仅从表面上看,预测某一期只需在选定平滑系数的基础上,知道上一期的预测值和观察值这两项即可,感觉上是否得到了简化呢。

对一次指数平滑的预测精度,我们依循惯例同样可用预测误差中的误差均方来衡量,即

$$F_{t+1} = \alpha Y_t + (1 - \alpha)F_t = \alpha Y_t + F_t - \alpha F_t = F_t + \alpha(Y_t - F_t) \tag{9.25}$$

从上式中,我们不难看出第 $t+1$ 期的预测值 F_{t+1} 是 t 期的预测值 F_t 加上用 α 调整的 t 期的预测误差（$Y_t - F_t$）。

指数平滑法计算形式比较简单,但是采用时也有一个关键问题,这就是平滑系数 α 的确定。显而易见,采用不同的 α 会对预测结果产生不同的影响,到底应该如何确定呢？我们要根据时间序列本身和预测误差两方面结合考虑。一般而言,当时间序列有较大的随机波动时,宜选较大的 α,以便能很快跟上近期的变化;当时间序列比较平稳时,宜选较小的 α;确定 α 时,可选择几个进行预测试验,然后从中找出预测误差最小的作为最后的 α 值 。

【例 9.10】 根据表 9.6 中的销售额数据,选择适当的平滑系数,运用 Excel 进行指数平滑预测,计算出预测误差,并将原序列和预测后的序列绘制成图形进行比较。

用 Excel 进行指数平滑预测的步骤和操作:

第 1 步:选择"工具"下拉菜单,选择"数据分析"选项。

第 2 步:在分析工具中,选择"指数平滑",然后单击"确定"按钮。

第 3 步:在出现的对话框中,在"输入区域"设置框内输入数据单元格区域 B2:B19。在"阻尼系数"(注:阻尼系数 $=1-$ 平滑系数 α)设置框中输入 $1-\alpha$ 的值,单击"确定"按钮。

表 9.8 就是我们用对各期的销售额进行平滑预测的结果,并给出了预测误差。在表 9.8 中,通过比较各误差平方,我们知道 $\alpha=0.9$ 的预测效果最好。但用一次指数平滑时进行预测时,一般 α 不大于 0.5。如果 α 大于 0.5 才能接近实际值,通常表明序列有某种趋势或波动较大,一般不适合用指数平滑法进行预测,本题就表明了这一点。不同的 α 的预测值和实际观察值的图形如图 9.4 所示。

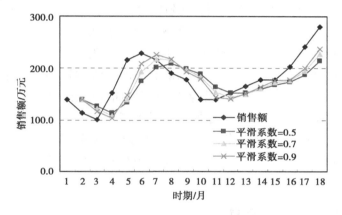

图 9.4 销售额的指数平滑趋势

表 9.8 指数平滑预测结果

	A	B	C	D	E	F	G	H
1	时期/月	销售额/万元	$\alpha=0.5$	误差平方	$\alpha=0.7$	误差平方	$\alpha=0.9$	误差平方
2	1	139.7						
3	2	114.3	139.70	645.16	139.70	645.16	139.70	645.16
4	3	101.6	127.00	645.16	121.92	412.90	116.84	232.26
5	4	152.4	114.30	1 451.61	107.70	1 998.45	103.12	2 428.12
6	5	215.9	133.35	6 814.50	138.99	5 915.33	147.47	4 682.34
7	6	228.6	174.63	2 913.30	192.83	1 279.73	209.06	381.92
8	7	215.9	201.61	204.13	217.87	3.87	226.65	115.47
9	8	190.5	208.76	333.29	216.49	675.50	216.97	700.90
10	9	177.8	199.63	476.47	198.30	420.13	193.15	235.54
11	10	139.7	188.71	2 402.38	183.95	1 957.99	179.33	1 570.91
12	11	139.7	164.21	600.59	152.97	176.22	143.66	15.71
13	12	152.4	151.95	0.20	143.68	76.00	140.10	151.38
14	13	165.1	152.18	167.01	149.78	234.56	151.17	194.06
15	14	177.8	158.64	367.17	160.51	299.10	163.71	198.61
16	15	177.8	168.22	91.79	172.61	26.92	176.39	1.99
17	16	203.2	173.01	911.46	176.24	726.65	177.66	652.34
18	17	241.3	188.10	2 829.73	195.11	2 133.23	200.65	1 652.76
19	18	279.4	214.70	4 185.78	227.44	2 699.43	237.23	1 777.92
20	合计	—	—	25 039.74	—	19 681.19	—	15 637.39

9.4 有趋势序列的分析和预测

上一节中已经详细介绍了平稳时间序列的分析和预测方法。接下来,需要针对非平稳时间序列,因非平稳时间序列可能包含的 4 项因素中,除趋势外其他因素可采用前面所讲的方法进行分析,所以此节我们重点来分析有趋势序列。长期趋势分析就是研究现象在一个较长时期内持续上升或下降变动的趋势。在实际工作中,通常把趋势分析与统计预测结合在一起。趋势分析可反映现象发展变化的规律,而预测可为管理决策提供依据。

到底如何分析趋势呢? 一般我们都采用数学模型法,即建立数学模型对原时间序列配合适当的趋势线进行修匀,以显示出数列长期趋势的一种方法。由于现象发展变化的差异,有的呈直线趋势,有的呈曲线趋势,因此,必须先了解现象变化类型,才能配以适当的趋势线。时间序列的趋势我们一般分为线性和非线性趋势两大类。

判断现象变化类型的方法有两种:一是画散点图的方法,即直接在坐标系中作散点图,若散点图属直线形态,可以配合直线方程;若散点图属曲线形态,可以配合曲线方程。二是根据动态分析数据判断,若时间数列的逐期增长量近似于一个常量,则趋势线为直线;各时间数列中二次增长量大体相同,则趋势线为二次曲线;若时间数列中各期环比发展速度大体相等,则趋势线为指数曲线。此节主要介绍线性趋势和非线性趋势中二次曲线和指数曲线的预测方法。

9.4.1 线性趋势分析和预测

线性趋势(linear trend)是指现象随着时间的推移而呈现出稳定增长或下降的线性变化规律。只要找出这个变化的线性规律,就可利用这个规律进行预测。如果确定该时间序列存在线性变化规律,就可采用一个线性模型对其进行描述。一般我们确定的线性模型中的线性趋势方程形式为

$$\hat{Y}_t = a + bt \tag{9.26}$$

式中:$\hat{Y}_t$ 为时间序列的趋势值;t 为时间标号;a 为趋势线在 Y 轴上的截距;b 为趋势线的斜率,表示时间 t 变动一个单位时观察值的平均变动数量。这里其实与前面的线性回归本质一样,只不过自变量变为时间而已。这里同样可采用最小二乘法(Least-square Method),使各实际观察值与趋势值的离差平方和为最小来求取这个趋势方程中的两个未知常数 a 和 b。其实,最小二乘法不仅配合趋势直线,也可用于配合趋势曲线。

根据最小二乘法得到求解 a 和 b 的标准方程为

$$\begin{cases} \sum Y = na + b \sum t \\ \sum tY = a \sum t + b \sum t^2 \end{cases}$$

求解得：

$$\begin{cases} b = \dfrac{n\sum tY - \sum t\sum Y}{n\sum t^2 - \left(\sum t\right)^2} \\ a = \overline{Y} - b\overline{t} \end{cases} \tag{9.27}$$

求出 a 和 b 之后，就可根据趋势线计算出各个时期的趋势值了，只需把对应的时间变量代入即可。趋势的预测误差可用线性回归中对的估计标准误差来衡量，大家不妨回忆一下在上章中的知识，计算公式为

$$s_Y = \sqrt{\dfrac{\sum\limits_{i=1}^{n}\left(Y_i - \hat{Y}_i\right)^2}{n - m}} \tag{9.28}$$

式中，n 为观测值的个数，m 为趋势方程中未知常数的个数。

【例9.11】 根据表9.2中的农业总产值数据，我们先通过观察图9.1判断其变化规律为线性趋势，根据最小二乘法确定直线趋势方程，计算出各期的预测值和预测误差，预测2010年的农业总产值，并将原序列和各期的预测值序列绘制成图形进行比较。

【解】 根据最小二乘法求得的线性趋势方程为

$$\hat{Y}_t = 100.149\ 3 + 14.583\ 21t$$

将 $t = 1, 2, \cdots, 10$ 代入趋势方程得到各期的预测值，见表9.9。预测的估计标准误差为

$$s_Y = \sqrt{\dfrac{656.79}{10 - 2}} = 9.06$$

将 $t = 11$ 代入趋势方程，即可得到2010年农业总产值的预测值，即

$$\hat{Y}_{2010} = 100.149\ 3\ 亿元 + 14.583\ 2\ 亿元 1 \times 11 = 260.56\ 亿元$$

将各年的预测值与原序列绘制成图9.5，可以看出农业总产值的变化趋势。

表 9.9 Excel 输出的线性趋势预测结果

	A	B	C	D	E	F
1	年份	t	农业总产值	线性预测值	残差	残差平方
2	2000	1	126.94	114.73	12.21	149.02
3	2001	2	133.78	129.32	4.46	19.93
4	2002	3	141.25	143.90	-2.65	7.02
5	2003	4	151.79	158.48	-6.69	44.78
6	2004	5	165.65	173.07	-7.42	54.99
7	2005	6	180.6	187.65	-7.05	49.68
8	2006	7	191.21	202.23	-11.02	121.48
9	2007	8	215.92	216.81	-0.89	0.80
10	2008	9	244.64	231.40	13.24	175.35
11	2009	10	251.79	245.98	5.81	33.74
12	合计	—	1 803.57	1 803.57	—	656.79

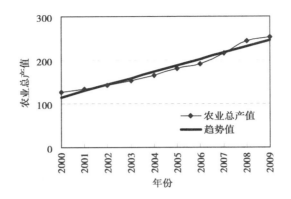

图 9.5　农业总产值的线性趋势预测

9.4.2　非线性趋势分析和预测

前面我们讲过趋势分为线性和非线性两种。既然线性趋势我们用线性方程去拟合。那么可想而知非线性趋势我们会采用曲线方程去拟合。这里我们主要介绍二次曲线和指数曲线两种非线性趋势。虽然曲线方程和线性方程形式不同,但值得一提的是曲线方程中未知数的求取方法我们仍是将非线性转换为线性然后求取系数的方法。

1) 二次曲线(second degree curve)

当观察时间序列的散点图发现现象的发展趋势近似为抛物线形态时,就可采用二次曲线对其趋势进行拟合了。其一般形式为

$$\hat{Y}_t = a + bt + ct^2 \tag{9.29}$$

二次曲线方程中有 3 个未知数 a,b,c,其求取方法仍可采取最小二乘法原理。做回归时,只要把 t 和 t^2 都当成自变量,做一个二元线性回归即可。

根据最小二乘法求得 a,b,c 标准方程

$$\begin{cases} \sum Y = na + b\sum t + c\sum t^2 \\ \sum tY = a\sum t + b\sum t^2 + c\sum t^3 \\ \sum t^2 Y = a\sum t^2 + b\sum t^3 + c\sum t^4 \end{cases} \tag{9.30}$$

【例 9.12】　根据表 9.2 中的城镇居民人均可支配收入数据,可先通过观察图 9.1 初步推测判断其变化规律为非线性趋势中的二次曲线。根据最小二乘法,确定二次曲线趋势方程,计算出各期的预测值和预测误差,预测 2010 年的城镇居民可支配收入,并将原序列和各期的预测值序列绘制成图形进行比较。

【解】　根据上面的分析,只需将二次曲线进行一个线性转换,然后做一个二元线性回归即可得到二次曲线方程。根据最小二乘法求得的二次曲线方程为

$$\hat{Y}_t = 6\ 767.743 - 42.259\ 9t + 122.821\ 5t^2$$

将 $t = 1,2,\cdots,10$ 代入趋势方程得到各期的预测值,见表 9.10。预测的估计标准误差为

$$s_Y = \sqrt{\frac{264\ 934.71}{10 - 3}} = 194.545\ 2$$

将 $t=11$ 代入趋势方程即可得到 2010 年城镇居民人均可支配收入的预测值,即

$$\hat{Y}_{2010} = 6\ 767.743 \text{元} - 42.259\ 9 \text{元} \times 11 + 122.821\ 5 \text{元} \times 11^2 = 21\ 164.29\text{元}$$

将各年的预测值与原序列绘制成图 9.6,可看出城镇居民人均可支配收入的变化趋势。

表 9.10 二次曲线趋势预测结果

	A	B	C	D	E	F
1	年份	t	城镇居民人均可支配收入	预测值	残差	残差平方
2	2000	1	6 761.00	6 848.30	−87.30	7 622.09
3	2001	2	7 305.05	7 174.51	130.54	17 040.90
4	2002	3	7 820.00	7 746.36	73.64	5 423.32
5	2003	4	8 524.52	8 563.85	−39.33	1 546.64
6	2004	5	9 564.05	9 626.98	−62.93	3 960.31
7	2005	6	10 849.72	10 935.76	−86.04	7 402.47
8	2006	7	12 359.98	12 490.18	−130.20	16 951.31
9	2007	8	14 357.64	14 290.24	67.40	4 542.79
10	2008	9	16 712.44	16 335.95	376.49	141 748.18
11	2009	10	18 385.02	18 627.29	−242 27	58 696.69
12	合计	—	112 639.42	112 639.41	—	264 934.71

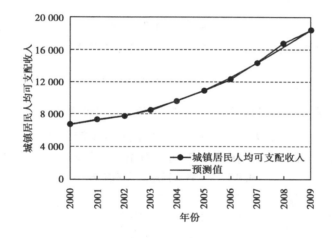

图 9.6 城镇居民人均可支配收入预测

从图 9.6 中可以看出,二次曲线拟合的效果是非常好的,预测结果也应该非常理想。

2) 指数曲线(exponential curve)

当时间序列呈现以几何级数递增或递减的现象时,我们就需要用指数模型来拟合其规律了。一般而言,当时间序列的观测值按一定的增长率增长或衰减时,就可判定其极大可能是呈指数变化趋势的,如图 9.1 所示的财政收入序列,它的变化就呈现出明显的指数规律。值得一提的是,一般的自然增长和大多数经济时间序列都会呈现指数变化趋势。

指数曲线的一般形式为

$$\hat{Y}_t = ab^t \tag{9.31}$$

式中,a,b 为未知常数。

将 t 期预测值和前一期比较,不难发现逐期增长率为 b;若 $b>1$,增长率随着时间 t 的增

加而增加;若 $b<1$,增长率随着时间 t 的增加而降低;若 $a>0,b<1$,趋势值逐渐降低到以 0 为极限。

指数曲线方程中有两个未知数,求取的方法是采取"线性化"手段将其化为对数直线形式,对指数曲线方程两边取对数后,方程变为 $\lg \hat{Y}_t = \lg a + t \lg b$ 的线性形式。接着,可根据最小二乘法的原理,得到求解 $\lg a,\lg b$ 的标准方程为

$$\begin{cases} \sum \lg Y = n \lg a + \lg b \sum t \\ \sum t \lg Y = \lg a \sum t + \lg b \sum t^2 \end{cases} \tag{9.32}$$

求出 $\lg a$ 和 $\lg b$ 后,再取其反对数,即得常数 a 和 b。

【例 9.13】 根据表 9.2 中的财政收入数据,我们先通过观察图 9.1 初步推测判断其变化规律为非线性趋势中的指数曲线。根据最小二乘法确定指数曲线趋势方程,计算出各期的预测值和预测误差,预测 2010 年的财政收入,并将原序列和各期的预测值序列绘制成图形进行比较。

【解】 根据上面的分析,只需将指数曲线两边取对数进行一个线性转换,然后根据最小二乘法求得的指数曲线方程为

$$\hat{Y}_t = 94.89 \times 1.265\ 09^t$$

将 $t=1,2,\cdots,10$ 代入趋势方程得到各期的预测值,见表 9.11。预测的估计标准误差为

$$s_Y = \sqrt{\frac{889.37}{10-2}} = 10.543\ 75$$

将 $t=11$ 代入趋势方程即可得到 2010 年财政收入的预测值,即

$$\hat{Y}_{2010} = 94.89\ \text{亿元} \times 1.265\ 09^{11}\ \text{亿元} = 1\ 260.54\ \text{亿元}$$

将各年的预测值与原序列绘制成图 9.7,可以看出财政收入的变化趋势。

表 9.11　指数曲线趋势预测结果

	A	B	C	D	E	F
1	年份	t	财政收入	预测值	残差	残差平方
2	2000	1	126.15	120.04	6.11	37.28
3	2001	2	150.18	151.87	-1.69	2.85
4	2002	3	196.54	192.13	4.41	19.49
5	2003	4	230.89	243.06	-12.17	148.01
6	2004	5	288.6	307.49	-18.89	356.74
7	2005	6	389.36	389.00	0.36	0.13
8	2006	7	502.36	492.12	10.24	104.87
9	2007	8	634.06	622.58	11.48	131.90
10	2008	9	791.31	787.61	3.70	13.66
11	2009	10	1 005.03	996.40	8.63	74.44
12	合计	—	4 314.48	4 302.29	—	889.37

从图 9.7 中我们可以看出,指数曲线拟合的效果是非常好的,预测结果也应该非常理想。

用指数曲线预测时,一般比直线趋势预测应用更加广泛。前面我们提过指数曲线模型

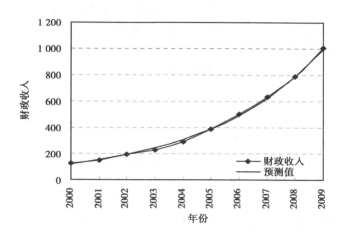

图 9.7 财政收入指数曲线预测

中的 b 可反映出逐期的增长速度,进而可比较不同时间序列的各自增长速度。如在例 9.13 中,$a = 94.89$,表示 $t = 0$ 时财政收入的预测值,而 $b = 1.265\ 09$,则可反映出逐期发展速度为 $1.265\ 06$,则增长速度为 $1.265\ 09 - 1 = 0.265\ 09 = 26.509\%$,即财政收入的年平均增长率为 26.509%。

9.5 复合型序列的分解

前面分别讲述了平稳和非平稳时间序列中趋势因素的分析和预测方法。这一节将针对同时包含趋势、季节、周期和随机这 4 项因素的序列进行分析的方法。对这类序列进行分析预测的方法通常是将 4 项因素根据分解模型依次分解出来,然后再进行预测。常见的分解模型有加法和乘法两种,这里我们采用乘法模型。由于周期性的周期一般在 1 年以上,因此要发现数据是否存在周期性,需要多年甚至是上 10 年的数据。实际上很难得到多年的数据来发现周期这个因素,因此采用的分解模型主要由 3 项因素:趋势、季节和随机成分相乘而得。

分解的步骤如下:

第 1 步:确定并分离季节成分。通过计算季节指数的方法确定时间序列中的季节成分,然后将时间序列除以相应的季节指数来消除季节因素。

第 2 步:建立趋势模型来分析和预测趋势成分。

第 3 步:结合季节指数和趋势模型进行预测。

9.5.1 季节变动分析

季节变动分析主要通过季节指数(seasonal index)来刻画序列在一个年度内各月或季的典型季节特征。

季节指数是以其平均数等于100%为条件而构成,它反映某一月份或季度的数值占全年平均数值的大小;如果现象的发展没有季节变动,则各期的季节指数应等于100%;如果某一月份或季度有明显的季节变化,则各期的季节指数应大于或小于100%。季节变动的程度就是根据各季节指数与其平均数(100%)的偏差程度来测定的。

1) 季节指数的计算

季节指数的计算步骤如下:

①计算移动平均值(如果是季度数据采用4项移动平均,月份数据则采用12项移动平均),并将其结果进行"中心化"处理,将移动平均的结果再进行一次二项的移动平均,即得出"中心化移动平均值"(CMA)。

②计算移动平均的比值,也称季节比率,即将序列的各观察值除以相应的中心化移动平均值,然后再计算出各比值的季度(或月份)平均值,即季节指数。

③季节指数调整。各季节指数的平均数应等于1或100%,若根据第2步计算的季节比率的平均值不等于1时,则需要进行调整。具体方法是:将第2步计算的每个季节比率的平均值除以它们的总平均值。

下面通过举例来说明季节指数的计算过程。

【例9.14】 表9.12是一家食品加工厂2011—2015年的各季度的销售量,试计算各季度的季节指数。

表9.12　食品加工厂各季度的销售数量/万袋

年 份	1 季	2 季	3 季	4 季
2011	400	480	680	1 700
2012	390	460	700	1 600
2013	380	450	650	1 570
2014	370	440	620	1 500
2015	355	425	600	1 500
合 计	1 903	2 305	3 005	7 736

【解】 ①计算中心化移动平均值。首先计算出季度平均值,即计算出4期移动平均值。例如,时间标号为1,2,3,4的销售量的平均值为815,时间标号为2,3,4,5的销售量的平均值为812.5。然后将4期移动平均值再进行一次2期移动平均,就得到中心化移动平均值。例如,在表9.13中,813.75就是815和821.5的2期移动平均值。

②计算移动平均的比值,即季节比率。将时间序列的观察值除以相应的中心化移动平均值,其比值就是季节比率,见表9.13。例如,时间标号为的3观察值为680,中心化移动平均值为813.75,680与813.75的比值就是该季节比率。

表 9.13 中心化移动平均值及其比值

年/季度	时间标号 t	销售量 Y	4 期移动 平均值	中心化移动 平均值(CMA)	比值 (Y/CMA)
2011/1	1	400	—	—	—
2	2	480	815	—	—
3	3	680	812.5	813.75	0.835 637 5
4	4	1 700	807.5	810	2.098 765 4
2012/1	5	390	812.5	810	0.481 481 5
2	6	460	787.5	800	0.575
3	7	700	785	786.25	0.890 302 1
4	8	1 600	782.5	783.75	2.041 467 3
2013/1	9	380	770	776.25	0.489 533
2	10	450	762.5	766.25	0.587 275 7
3	11	650	760	761.25	0.853 858 8
4	12	1 570	757.5	758.75	2.069 192 8
2014/1	13	370	750	753.75	0.490 878 9
2	14	440	732.5	741.25	0.593 591 9
3	15	620	728.75	730.625	0.848 588 5
4	16	1 500	725	726.875	2.063 628 5
2015/1	17	355	720	722.5	0.491 349 5
2	18	425	720	720	0.590 277 8
3	19	600	—	—	—
4	20	1 500	—	—	—

③计算比值的季度平均值。将上个表中计算出的比值再按照季度重新进行排列,见表 9.13,求出每个季度的平均值,分别为 0.488 310 7,0.586 536 3,0.857 096 7,2.068 263 5。

④季节指数调整。由于计算出的季节平均值不等于 1 或 100%,需要对其进行调整,这 这时就要计算出总平均值(所有比值的平均值),各个季节平均值除以总平均值所得的结果 就是季节指数,结果见表 9.14。

表 9.14 各季节指数计算结果

年 份	季 度			
	1	2	3	4
2011	—	—	0.835 637 5	2.098 765 432
2012	0.481 481 5	0.575	0.890 302 1	2.041 467 305
2013	0.489 533	0.587 275 7	0.853 858 8	2.069 192 751

续表

年 份	季 度			
	1	2	3	4
2014	0.490 878 9	0.593 591 9	0.848 588 5	2.063 628 547
2015	0.491 349 5	0.590 277 8	—	—
合计	1.953 242 9	2.346 145 4	3.428 386 9	8.273 054 035
季度平均值	0.488 310 7	0.586 536 3	0.857 096 7	2.068 263 509
总平均值	1.000 051 825			
季度平均值	0.488 285 4	0.586 505 9	0.857 052 3	2.068 156 327

为了反映食品销售量的季节变动,可将季节指数描绘成图形,更加直观地表现出来,如图 9.8 所示。从图 9.8 中可以看出,该食品的销售量随着季节逐渐增加,并且第 4 季度是旺季。

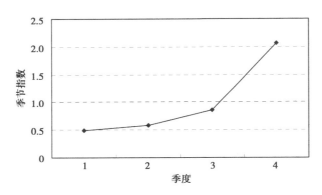

图 9.8　食品销售量的季节变动图

2) 分离季节性成分

有了季节指数后,就可将各观测值分别除以相应的季节指数,将季节性因素从时间序列中分离出去,以便观察和分析时间序列的其他特征。用公式表示为

$$\frac{Y}{S} = \frac{T \times S \times I}{S} = T \times I \tag{9.33}$$

结果即为季节成分分离后的序列,见表 9.14 中的 E 列,它反映了在没有季节性因素影响的情况下时间序列的变化形态。原序列与季节成分分离后的图形如图 9.9 所示。

测定季节变动的最常用的方法是按月(季)平均法。它是通过计算季节比率来反映现象季节变动的周期性规律。季节比率可按月计算,也可按季计算。其计算公式为

$$季节比率 \% = \frac{同季(月)平均数}{季总平均水平} \tag{9.34}$$

进行季节变动分析,必须用 3 年或更多年份的资料作为基本数据进行计算分析,这样才能较好地消除偶然因素的影响,使季节变动的规律更符合实际。如果提供的是月份数据,如

何测定季节变动呢?

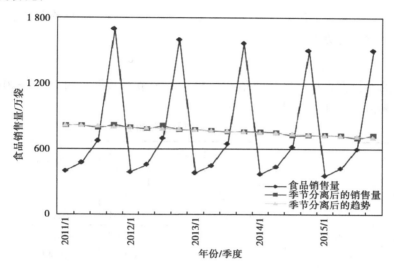

图 9.9 季节分离后的食品销售量及其趋势

测定季节变动的步骤如下:

①计算各年的销售额合计和月平均销售额。

②计算所有年份同月份的合计数和月平均数。

③计算所有年份总合计数以及总的月平均数。

④计算季节比率,即用同月的平均数与总的月平均数相对比。

12 个月的季节比率之和应为 1 200%,4 个季度的季节比率之和应等于 400%,如果不等,即是计算过程中的四舍五入造成的,应计算调整系数并加以调整。调整系数的计算公式为

$$调整系数 = \frac{1\,200(或\,400)\%}{\sum 各月(季)实际季节比率} \qquad (9.35)$$

调整后的季节比率 = 各月(季)实际比率 × 调整系数

9.5.2 趋势分析

从图 9.9 中可以明显看出,从原始食品销售量数据中剔除季节成分后的序列具有明显的线性趋势,直线的拟合程度非常好。因此,可考虑用一元线性模型来分析和预测食品销售量。

【例 9.15】 根据例 9.14 某食品加工厂 2011—2015 年的各季度的销售量,试分析 2011—2015 年各季度销售量中的趋势因素,并结合例 9.14 中计算的季节指数来预测 2011—2015 年各季度的食品销售量,以及 2016 年各季度的食品销售量。

【解】 分析趋势因素的步骤如下:首先根据分离季节性因素的序列确定线性趋势方程;接着根据趋势方程计算各期趋势值;然后就可根据趋势方程进行预测了。该预测值不含季节性因素,即是在没有季节因素影响情况下的预测值;如果要求出含有季节性因素的销售量

的预测值,则将上面的预测值乘以相应的季节指数即可。

根据分离季节因素后的序列和时间标号做一元线性回归。根据最小二乘法,可求出估计的一元线性回归即趋势方程为:

$$\hat{Y}_t = 829.545\ 3 - 6.037\ 08t$$

根据上述的趋势方程将回归预测值乘以相应的季节指数即可得 2011—2015 各季度的食品销售量预测值。详细计算过程见表 9.15。

表 9.15　食品销售量的预测值

年/季度	时间标号 t	销售量 Y	季节指数	季节分离后的序列	回归预测值	最终预测值	预测误差
（1）	（2）	（3）	（4）	（5）=（3）/（4）	（6）	（7）=（6）×（4）	（8）=（3）-（7）
2011/1	1	400	0.488 285 4	819.19	823.51	402.11	-2.11
2	2	480	0.586 505 9	818.41	817.47	479.45	0.55
3	3	680	0.857 052 3	793.42	811.43	695.44	-15.44
4	4	1 700	2.068 156 3	821.99	805.40	1 665.69	34.31
2012/1	5	390	0.488 285 4	798.71	799.36	390.32	-0.32
2	6	460	0.586 505 9	784.31	793.32	465.29	-5.29
3	7	700	0.857 052 3	816.75	787.29	674.75	25.25
4	8	1 600	2.068 156 3	773.64	781.25	1 615.74	-15.74
2013/1	9	380	0.488 285 4	778.23	775.21	378.52	1.48
2	10	450	0.586 505 9	767.26	769.17	451.13	-1.13
3	11	650	0.857 052 3	758.41	763.14	654.05	-4.05
4	12	1 570	2.068 156 3	759.13	757.10	1 565.80	4.20
2014/1	13	370	0.488 285 4	757.75	751.06	366.73	3.27
2	14	440	0.586 505 9	750.21	745.03	436.96	3.04
3	15	620	0.857 052 3	723.41	738.99	633.35	-13.35
4	16	1 500	2.068 156 3	725.28	732.95	1 515.86	-15.86
2015/1	17	355	0.488 285 4	727.03	726.91	354.94	0.06
2	18	425	0.586 505 9	724.63	720.88	422.80	2.20
3	19	600	0.857 052 3	700.07	714.84	612.66	-12.66
4	20	1 500	2.068 156 3	725.28	708.80	1 465.92	34.08

9.5.3　计算最后的预测值

在表 9.15 中,已测出 2011—2015 年各季度的食品销售量,要预测 2016 年各季度的食品销售量,首先需要预测出 2016 年各季度不含季节因素的预测值,只需将对应的时间标号 t 值代入线性趋势方程即可得到。

如预测 2016 年 1 季度的销售量,将对应 $t=21$ 代入趋势方程,得

$$\hat{Y}_t = 829.545\ 3 - 6.037\ 08 \times 21 = 707.77\ 万袋$$

这个预测值不含季节因素,如果考虑季节因素,要将上面的预测值乘以第1季度的季节指数,最终预测值结果为

$$707.77 \times 0.488\ 3 = 343.15\ 万袋$$

2016年各季度食品销售量的预测值见表9.16。

表 9.16　2016 年食品销售量的预测值

年/季	时间标号	季节指数	回归预测值	最终预测值
2016/1	21	0.488 285 4	702.77	343.15
2	22	0.586 505 9	696.73	408.64
3	23	0.857 052 3	690.69	591.96
4	24	2.068 156 3	684.66	1 415.97

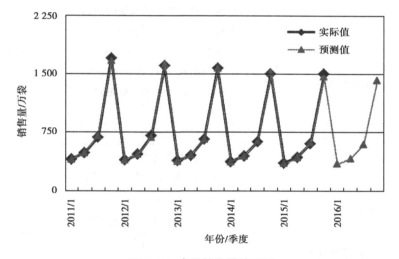

图 9.10　食品销售量的预测

我们将各年食品销售量的实际值和预测值进行比较,如图9.10所示。可知,效果非常理想。

利用计算机来测定时间序列的直线方程,会大大缩短计算时间,提高计算效率,使趋势分析和季节变动分析更快捷、更形象、更准确。

【学习指导与小结】

本章以动态时间序列的构成因素为基础,重点介绍描述性分析、时间序列的分析与预测方法。本章各节的主要内容和学习要点见表9.17。

表 9.17　本章各节的主要内容和学习要点

章　节	主要内容	学习要点
9.1　时间序列及其分解	时间序列的定义	**概念**:时间序列 时间序列的分解模型
	时间序列的分类	**概念**:平稳序列,非平稳序列,长期趋势,季节变动,循环变动,不规则变动
	时间序列的构成模型	**时间序列的分解模型**
9.2　时间序列的描述性分析	图表描述	**时间序列的图形描述**
	增长速度分析	概念:增长率,环比增长率,定基增长率,平均增长率,年度化增长率,增长1%绝对值 一般增长率的计算与分析 **平均增长率的计算与分析** 年度化增长率的计算与分析 **增长率分析中应注意的问题** 增长1%绝对值的计算和应用
	时间序列的分析与预测	概念:平均绝对误差,平均误差,均方误差,平均绝对百分比误差,平均百分比误差 **时间序列数据的分析思路** 预测方法的评估
9.3　平稳序列的分析和预测	简单平均法	简单平均法预测
	移动平均法	移动平均法预测 用 Excel **进行移动平均预测**
	指数平滑法	指数平滑法预测 用 Excel **进行指数平滑预测**
9.4　有趋势型序列的分析预测	线性趋势分析和预测	直线趋势方程的求法 **直线趋势方程预测**
	非线性趋势分析和预测	**二次曲线预测** **指数趋势预测**
9.5　复合型序列的分解	季节变动分析	**季节指数的计算** **分离季节成分**
	趋势分析	**建立趋势模型**
	计算最后的预测值	**最终预测值的计算**

注:"加粗"部分为重点学习要点,应当重点学习并掌握。

【常用术语】

时间序列　　发展水平　　发展速度　　增长速度　　平均发展速度　　平均增长速度

年度化增长速度　　　移动平均法　　　指数平滑法　　　长期趋势　　　季节变动　　　季节指数

【案例讨论】

下个月的消费者信心指数是多少?

消费者信心指数不仅仅是消费信心的反映,在某种程度上反映了消费者对整个宏观经济运行前景的看法。一些国家都把消费者信心指数作为经济运行的一项预警指标来看待。国家统计局定期公布这类数据。

表 9.18 是国家统计局公布的 2007 年 4 月—2008 年 5 月我国的消费者预期指数、消费者满意指数和消费者信心指数。

怎样预测下个月的消费者信心指数呢? 首先需要弄清楚它在 2007 年 4 月—2008 年 5 月过去的这段时间里是如何变化的,找出其变化的模式。如果预期过去的变化模式在未来的一段时间里能够延续,就可根据这一模式找到适当的预测模型并进行预测。

表 9.18　2007 年 4 月—2008 年 5 月我国的消费者预期指数、
消费者满意指数和消费者信心指数/%

日　　期	消费者预期指数	消费者满意指数	消费者信心指数
2007 年 4 月	98.8	92.4	96.2
2007 年 5 月	99.1	93.0	96.7
2007 年 6 月	100.0	93.6	97.4
2007 年 7 月	99.2	93.0	96.7
2007 年 8 月	99.9	93.3	97.3
2007 年 9 月	99.6	92.9	96.9
2007 年 10 月	99.2	92.4	96.5
2007 年 11 月	98.7	92.0	96.0
2007 年 12 月	99.5	93.1	96.9
2008 年 1 月	98.6	91.2	95.6
2008 年 2 月	96.8	90.5	94.3
2008 年 3 月	97.1	90.7	94.5
2008 年 4 月	96.6	90.1	94.0
2008 年 5 月	97.0	90.2	94.3

【讨论】

1.请大家找出上述数据的变化模式。

2.请根据这一模式找到适当的预测模型,并进行预测。

【思考与练习】

一、思考题

1.时间序列有哪几种?

2.非平稳时间序列的构成要素有哪些?

3.利用增长率分析时间序列应注意哪些问题?

4.简述移动平均法的含义和操作步骤。

5.简述指数平滑法的含义和操作步骤。

6.什么是长期趋势? 如何测定长期趋势?

7.什么是季节变动? 如何测定季节指数?

8.如何对复合型时间序列进行分析和预测?

二、练习题

1.某城市 2006—2015 年地区生产总值数据见表 9.19。

表 9.19　某城市 2006—2015 年地区生产总值数据

年　份	2006	2007	2008	2009	2010	2011	2012	2013	2014	2015
地区生产总值/亿元	1 206.84	1 347.8	1 492.74	1 662.4	1 956	2 238	2 590	3 142	3 960.08	4 560.62

(1)绘制时间序列图描述其形态。

(2)计算年平均增长率。

(3)根据年平均增长率预测 2016 年该城市的地区生产总值。

2.某水泥厂 2005—2015 年的水泥产量资料见表 9.20。

表 9.20　某水泥厂 2005 年—2015 年的水泥产量

年　份	2005	2006	2007	2008	2009	2010	2011	2012	2013	2014	2015
产量/万 t	2.1	2.3	2.5	2.6	2.4	2.3	2.6	2.8	3.0	3.2	3.1

(1)绘制时间序列图描述其形态。

(2)用 3 期移动平均法预测 2016 年的水泥产量。

(3)采用指数平滑法,分别用平滑系数 $\alpha = 0.3$ 和 $\alpha = 0.5$ 预测 2016 年的水泥产量,分析预测误差,说明用哪一个平滑系数预测更合适。

3.某地区 2006—2015 年财政支出额数据见表 9.21。

表 9.21　某地区 2006—2015 年财政支出额数据

年　份	财政支出/亿元
2006	1 521.08
2007	1 695.63
2008	1 852.95
2009	2 289.07
2010	2 553.34
2011	3 159.57
2012	3 778.57
2013	4 334.37
2014	5 421.54
2015	6 712.40

4.某国财政用于文教、科技、卫生事业费支出额数据见表 9.22。

表 9.22　某国财政用于文教、科技、卫生事业费支出额数据

年　份	支出/万元	年　份	支出/万元
1996	171.36	2006	708.00
1997	196.96	2007	792.96
1998	223.54	2008	957.77
1999	263.17	2009	1 278.18
2000	316.70	2010	1 467.06
2001	379.93	2011	1 704.25
2002	402.75	2012	1 903.59
2003	486.10	2013	2 154.38
2004	553.33	2014	2 408.06
2005	617.29	2015	2 736.88

(1)绘制时间序列图描述其趋势。

(2)选择一条适合的趋势线拟合数据,并根据趋势线预测 2016 年的支出额。

5.某城市 2006—2015 年房地产开发数据见表 9.23。

表 9.23　某城市 2006—2015 年房地产开发数据

年　份	2006	2007	2008	2009	2010	2011	2012	2013	2014	2015
房地产开发/亿元	101.31	115.34	132.5	169.55	233.3	297.99	366.15	460	570.36	778.59

（1）绘制时间序列图描述其趋势。

（2）选择一条适合的趋势线拟合数据，并根据趋势线预测 2016 年的房地产开发额。

6.一家贸易公司要经营产品的外销业务，为了合理地组织货源，需要了解外销订单的变化状况。表 9.24 是 2010—2014 年各月份的外销订单金额。

表 9.24　2010—2014 年各月份的外销订单金额/万元

月　份	2010 年	2011 年	2012 年	2013 年	2014 年
1	54.3	49.1	56.7	64.4	61.1
2	46.6	50.4	52.0	54.5	69.4
3	62.6	59.3	61.7	68.0	76.5
4	58.2	58.5	61.4	71.9	71.6
5	57.4	60.0	62.4	69.4	74.6
6	56.6	55.6	63.6	67.7	69.9
7	56.1	58.0	63.2	68.0	71.4
8	52.9	55.8	63.9	66.3	72.7
9	54.6	55.8	63.2	67.8	69.9
10	51.3	59.8	63.4	71.5	74.2
11	54.8	59.4	64.4	70.5	72.7
12	52.1	55.5	63.8	69.4	72.5

（1）根据各年的月份数据绘制趋势图，说明该时间序列的特点。

（2）要寻找各月份的趋势值，你认为应该采取什么方法？

（3）选择你认为合适的方法预测 2015 年 1 月份的外销订单金额。

7.表 9.25 是一家啤酒生产企业 2010—2015 年各季度的啤酒销量数据。试计算各季的季节指数，预测 2010—2015 年各季度的啤酒销售量，并预测 2016 年各季度的啤酒销售量。

表 9.25　啤酒生产企业 2010—2015 年各季度的啤酒销售量数据/万 t

年　份	1 季	2 季	3 季	4 季
2010	25	32	37	26
2011	30	38	42	30
2012	29	39	50	35
2013	30	39	51	37
2014	29	42	55	38
2015	31	43	54	41

第 10 章　统计指数

【名言采撷】

数字不会说谎,但说谎的人会想出办法。

——Charles Grosvenor

【学习目标】

统计指数作为研究现象变动的重要统计方法,已经广泛应用在社会经济生活的方方面面。本章的主要学习目标是要求学生在理解指数基本思想的基础上,掌握常见的加权指数的编制方法,并学会利用指数体系对实际问题进行分析;了解平时实际生活中常用的几种价格指数和多指标综合评价指数的应用,以达到运用指数思想分析社会经济生活中事物变动的影响因素的目标。

【知识点浏览】

1.指数的基本思想。
2.加权综合指数的编制方法。
3.指数体系的分析与应用。
4.几种常用的价格指数。
5.多指标综合评价指数及其应用。

【开篇案例】

周围生活中的统计指数实例

大家经常可以听到周围的人在议论关于物价又涨了的话题,物价上涨你是从哪些方面了解到的呢? 也许有人会说政府官方网站有报道啊,那么,政府官方网站报告中提到物价上涨的信息你是如何得知的? 或者说是根据哪些指标看出来的? 这些信息是否可靠? 我们首先来看一些信息：某地居民消费价格比上年上涨 4.8%，其中，食品价格上涨 12.3%。商品零售价格上涨 3.8%。固定资产投资价格上涨 3.9%。工业品出厂价格上涨 3.1%，其中，生产资料价格上涨 3.2%，生活资料价格上涨 2.8%。原材料、燃料、动力购进价格上涨 4.4%。农产品生产价格上涨 18.5%。70 个大中城市房屋销售价格上涨 7.6%，其中，新建商品住宅价格上涨 8.2%，二手住宅价格上涨 7.4%；房屋租赁价格上涨 2.6%。

通过这则信息大家可以明显看出物价上涨和上涨的幅度，这一章我们将会学习这些相关知识，这是与我们的生活息息相关的。

提到指数，大家也许会说自己并不陌生。但这里我们所学习的统计指数并不是数学里面的范畴，而是反映社会经济项目变动的相对数。通过学习它的内涵和编制原理，可对我们平时的社会经济生活进行深层次的分析。

10.1 统计指数的概念

10.1.1 指数的含义

◎定义 10.1：**指数**（index number）是测定多个项目在不同场合下综合变动的一种特殊相对数。

统计指数简称指数，最早起源于测量物价的变动；发展到现在，统计指数已被广泛地应用于社会经济生活的各个方面，一些重要的指数已成为社会经济发展的晴雨表。任何两个数值对比形成的相对数都是我们研究的广义指数的范畴。实际研究当中，我们不会将两个毫无关系的数值去作对比，因此，在实际应用中我们主要针对多个项目测度其在不同场合下的综合变动，这也就是狭义指数的范畴。为什么不以个别事物或简单现象的数量变动为主要任务，而需要以多个项目为对象，这是因为总体作为复杂现象，其往往包括多个项目。例如，我们研究商品零售价格水平的变化，并不是针对一种一款商品，而是针对所有范围内的商品，即商品零售价格指数是反映所有范围内商品的价格综合变化方向和程度的指标。

10.1.2 指数的作用

我们研究和使用统计指数到底对社会经济现象有什么作用，为什么统计指数能成为反映社会经济发展的晴雨表。我们将指数的作用归纳如下：首先，可反映复杂社会经济现象的综合变动程度和变动方向；其次，可分析社会经济现象综合变动中各因素的影响程度；最后，可分析和预测社会经济现象的长期变化趋势。

10.1.3　指数的分类

常见的指数分类有以下 4 种：

1）按反映内容不同，可分为数量指数与质量指数

数量指数是指反映总体数量指标变动程度的相对数，反映物量变动水平，如产品产量指数、商品销售量指数等；质量指数是指反映总体质量指标变动程度的相对数，反映事物内含数量的变动水平，如价格指数、产品成本指数等。

2）按计入指数的项目多少不同，可分为个体指数与总指数

个体指数是指仅反映单个项目的变动程度的相对数，如一种商品的价格或销售量的变动；总指数则是指反映多个项目变量综合变动程度的相对数，如多种商品的价格或销售量的综合变动。

3）总指数中按编制方法不同，可分为综合指数和平均指数

因为总指数中涉及多个项目，所以需要将不能直接相加的指标转为可直接相加的指标，根据编制方法不同，应用综合法将两个总量指标对比形成的指数，称为综合指数；应用加权平均法由个体指数的加权平均而形成的指数称为平均指数。不管是综合指数还是平均指数，在编制过程中都运用到加权的思想，故总指数也称为加权指数。通过加权可将不能直接相加的指标进行转换，不同情况下所选取的权数会不同，在下面的章节中我们会重点加以介绍。

4）按对比的性质不同，可分为动态指数和静态指数

动态指数也称时间指数，是通过不同时间上的同类现象进行对比计算的指数，借以分析同类现象在不同时间上的发展变化情况。此指数非常常见，如在后面章节将讲到的商品零售价格指数、居民消费价格指数、股票价格指数以及平时大家在报告中看到的房地产价格指数等，都是时间指数。根据所采用的基期不同，有定基指数和环比指数之分；以某一固定时期作为对比基期的是定基指数，以上一期作为对比基期的是环比指数。

静态指数顾名思义指的是相同时间状态上的指数，包括空间指数和计划完成指数两种。空间指数主要采取不同空间上同类现象对比进行计算的指数，可反映同类现象在不同空间上的发展变化或差异程度。例如，地区人均国内生产总值指数、地区价格比较指数等。计划完成指数则是将现象的实际水平与计划水平进行对比的指数，以此来考察计划目标的实现程度。例如，能耗降低计划完成指数、全面小康建设进程指数等。

值得一提的是，上述指数的分类并不是相互独立的，很多时候，我们编制的指数是好几种分类的综合。

【思考与分析】

企业产品成本情况见表 10.1，要求指出对应的个体指数和综合指数，并思考如何能测度出该企业 3 种产品产量或单位成本的综合变动。

表 10.1 某企业产品成本情况

产品	计量单位	产　量		单位成本/元	
		报告期	基期	报告期	基期
甲	kg	30	20	120	100
乙	m	800	720	100	80
丙	台	500	400	250	200

10.2 常用加权指数

要测度总成本的综合变动尚算容易,因为每种产品的总成本是相同性质,计量单位相同,可直接相加作对比。可是不同产品的产量或是单位成本性质不同不能直接相加,这时要如何做才能反映 3 种产品的产量或单位成本上的综合变动呢? 能否借助前面可以相加的总成本呢? 这一节我们的学习将帮助我们解决这个问题。要反映多个项目变量的综合变动程度,即要编制总指数。前面我们讲过,总指数也称为加权指数,通过权数能将不能直接相加的指标进行转换,首先我们给出权数确定的准则。

10.2.1 权数的确定

并不是所有的加权指数都会采用固定法则的权数,权数的确定要根据情况依步骤而定:

1) 根据现象之间的联系确定权数

计算数量指数时,应以相应的质量为权数;计算质量指数时,应以相应的数量为权数。

2) 确定权数的所属时期

确定权数所属时期时没有定则,既可以都是基期,也可以都是报告期。使用不同时期的权数,计算结果和意义不同,最终时期的确定应取决于计算指数的预期目的。

3) 确定权数的具体形式

加权指数中权数的具体形式取决于所依据的数据形式和计算方法,既可以是总量形式,也可以采取比重形式。

下面将介绍几种常用的加权综合指数的编制方法。

10.2.2 加权综合指数

◎定义 10.2:**加权综合指数**(weighted aggregative index number)是指主要通过加权来测定一组项目综合变动的综合指数。它有加权数量指数和加权质量指数两种。

在两因素的综合指数中,以 I 表示指数,习惯上以下标 q 表示数量化因素,以下标 p 表示质量化因素,以下标 1 表示报告期,以下标 0 表示基期。关于权数的所属时期的确定学术界有很多不同的意见,从而使综合指数的编制有不同的方法。下面主要介绍常见的两种。

1) 拉氏指数(Laspeyres index)

拉式指数是 1864 年德国学者拉斯贝尔斯(Laspeyres)提出的一种指数计算方法。在计算该指数时,将权数的各变量值固定在基期。以基期变量值为权数,可消除权数变动对指数的影响,从而使不同时期的指数具有可比性。但从实际生活角度看,人们更关心在报告期销售量条件下,由于价格变动对实际生活的影响。如物价指数,是在假定销售量不变的情况下报告期价格的变动水平,不能反映出消费量的变化。因此,拉氏价格指数实际中应用得很少。而拉氏数量指数实际中应用得较多。

拉式数量指数计算公式为

$$I_q = \frac{\sum p_0 q_1}{\sum p_0 q_0} \tag{10.1}$$

【思考与分析】

请大家通过观察拉式数量指数公式的规律,自己动手写出拉式质量指数的计算公式。

2) 帕氏指数(Paasche index)

帕氏指数是 1874 年德国学者帕煦(Paasche)所提出的一种指数计算方法。在计算该指数时,把作为权数的变量值固定在报告期。帕氏质量指数的计算公式如下:

质量指数为

$$I_p = \frac{\sum p_1 q_1}{\sum p_0 q_1} \tag{10.2}$$

为何我们不采用帕氏数量指数?因将权数固定在报告期,已经隐含包括了由基期到报告期的实际变动,所以所计算的综合指数并不能单纯反映要测度指标指数的总变动。从现实意义上讲,帕氏价格指数的分子是报告期实际的销售总额,分母是现实意义比较明确的假定销售总额,因而两者对比所计算的价格指数的现实意义也比较明确;相反,帕氏数量指数的分子虽然也是报告期真实的销售总额,但分母的假定销售总额不太符合现实意义,因而两者对比所计算的数量指数也不太符合现实意义。所以习惯上,我们采用拉式指数来编制数量指标指数,采用帕氏指数来编制质量指标指数。

小结

> 上述规律可总结归纳为"**质报数基**"4 字。这 4 字的完全解释是:编制质量指数时,以报告期的数量作为权数;编制数量指数时,以基期的质量作为权数。

【例 10.1】 请根据表 10.2 中的数据,完成上节的思考题,试以基期单位成本为权数计算该企业 3 种产品的产量指数,以报告期产量为权数计算 3 种产品的单位成本指数。

表 10.2 某企业产品成本情况

产品	产量 q		单位成本 p/元		销售额		
	报告期 q_1	基期 q_0	报告期 p_1	基期 p_0	基期 p_0q_0	报告期 p_1q_1	p_0q_1
甲	30	20	120	100	2 000	3 600	3 000
乙	800	720	100	80	57 600	80 000	64 000
丙	500	400	250	200	80 000	125 000	100 000

【解】 根据式(10.1)以基期单位成本为权数的产量综合指数为

$$I_q = \frac{\sum p_0q_1}{\sum p_0q_0} = \frac{3\ 000 + 64\ 000 + 100\ 000}{2\ 000 + 57\ 600 + 80\ 000} = \frac{167\ 000}{139\ 600} = 119.63\%$$

结论:与基期相比,报告期 3 种产品的产量平均上涨了 19.63%。

根据式(10.3)以报告期产量为权数的单位成本综合指数为

$$I_p = \frac{\sum p_1q_1}{\sum p_0q_1} = \frac{3\ 600 + 80\ 000 + 125\ 000}{3\ 000 + 64\ 000 + 100\ 000} = \frac{208\ 600}{167\ 000} = 124.91\%$$

结论:与基期相比,报告期 3 种产品的单位成本平均上涨了 24.91%。

10.2.3 加权平均指数

◎定义 10.3:**加权平均指数**(weighted average index number)是指某一时期的总量为权数对个体指数加权平均得到的加权指数。

平均指数是与综合指数并列的,是由于编制总指数的资料条件不同而采用的一种方式。平均指数是计算总指数的另一种形式,是个体指数的加权平均数。加权平均指数一般以某一时期的总量为权数对个体指数进行加权平均,作为权数的总量通常是两个变量的乘积,既可以是价值总量,如商品销售额(销售价格与销售量的乘积)、工业总产值(出厂价格与生产量的乘积);也可以是其他总量,如农产品总产量(单位面积产量与收获面积的乘积)。下面我们看看加权平均形式的数量指数和质量指数。

1) 数量指数

加权平均数量指数通常是用以基期总量为权数对个体数量指数加权平均。其计算公式为

$$I_q = \frac{\sum \dfrac{q_1}{q_0} p_0q_0}{\sum p_0q_0} \tag{10.3}$$

2) 质量指数

加权平均质量指数通常是用以报告期总量为权数对个体质量指数加权平均,其计算公

式为

$$I_p = \frac{\sum p_1 q_1}{\sum \dfrac{1}{p_1/p_0} p_1 q_1} \tag{10.4}$$

平均指数与综合指数都是计算总指数的形式,它们之间既有联系又有区别。两者的联系是,在一定条件下两种指数公式存在变形关系,两者的区别是出发点不同。综合指数是从复杂现象出发,固定权数,以观察数量或质量的变动情况。而平均指数则是从独立的个体事物出发,对个体数量的变化比率进行加权平均,以观察总体数量的平均变化。因此,平均指数有其自身的特点与应用价值。

实际上,针对同一现象总体和相同的指数编制范围,综合指数与平均指数的结果应该是一致的。如果能够具备编制范围内容各项目的所有各因素的基期、报告期数据资料,那么,可用综合指数公式计算。如果只能掌握各项目的个体指数数据以及相应的权数资料,则需要通过平均指数的形式来编制。

【例10.2】 请根据表10.3中的数据,试以基期销售额为权数计算该企业3种产品的加权平均产量指数,以报告期销售额为权数计算3种产品的加权平均单位成本指数。

表10.3 某企业产品成本情况

产品	计量单位	销售额		个体产量指数 q_1/q_0	个体单位成本指数 p_1/p_0
		基期 $p_0 q_0$	报告期 $p_1 q_1$		
甲	kg	2 000	3 600	1.5	1.2
乙	m	57 600	80 000	1.11	1.25
丙	台	80 000	125 000	1.25	1.25

【解】 根据式(10.5)以基期销售额为权数计算该企业3种产品的加权平均产量指数为

$$I_q = \frac{\sum \dfrac{q_1}{q_0} p_0 q_0}{\sum p_0 q_0} = \frac{1.5 \times 2\,000 + 1.11 \times 57\,600 + 1.25 \times 80\,000}{2\,000 + 57\,600 + 80\,000} = \frac{167\,000}{139\,600} = 119.63\%$$

结论:与基期相比,报告期3种产品的产量平均上涨了19.63%。

根据式(10.6)以报告期销售额为权数计算3种产品的加权平均单位成本指数为

$$I_p = \frac{\sum p_1 q_1}{\sum \dfrac{1}{p_1/p_0} p_1 q_1} = \frac{3\,600 + 80\,000 + 125\,000}{\dfrac{3\,600}{1.2} + \dfrac{80\,000}{1.25} + \dfrac{125\,000}{1.25}} = \frac{208\,600}{167\,000} = 124.91\%$$

结论:与基期相比,报告期3种产品的单位成本平均上涨了24.91%。

从上例也印证了针对同一现象总体和相同的指数编制范围,综合指数与平均指数的结果是一致的。

【思考与分析】

大家不妨试试写出以基期总量加权的平均质量指数和以报告期总量加权的平均数量指数。

10.3 总量指数与指数体系

10.3.1 总量指数

◎定义 10.4: **总量指数**(total amount index)是由两个不同时期总量对比得到的统计指数,可以是实物总量对比,如粮食总产量指数,也可以是价值总量对比,称为价值指数,如工业总产值、产品总成本、商品销售额指数。

总量指数的一般形式如下:

个体总量指数为

$$I_v = \frac{p_1 q_1}{p_0 q_0} \tag{10.5}$$

综合总量指数为

$$I_v = \frac{\sum p_1 q_1}{\sum p_0 q_0} \tag{10.6}$$

为分析总量指数变动中各因素的影响方向和程度,可对总量指数进行分解,如产品总成本指数可分为产量与单位成本两个因素指数。那么,怎么分析总量指数中各个因素的影响呢? 我们可以从指数体系中找到答案。

10.3.2 指数体系

◎定义 10.5: **指数体系**(index system)是指由反映现象总变动的总量指数及其若干个因素指数构成的数量关系式。

为了分析总量指数中各个因素的影响,我们来分析一下指数体系中总量指数和各个因素指数构成体系的关系。首先,总量一般等于各构成因素的乘积,总量指数也等于各因素指数的乘积;从变动上来讲总量的变动差额等于各因素指数变动差额之和。总量指数中构成的两个因素指数中通常一个为数量指数,另一个为质量指数;且各因素指数的权数必须是不同时期的。下面分别介绍加权综合指数体系和加权平均指数体系来印证上面的准则。

1）加权综合指数体系

加权综合指数体系是由加权综合指数及其各因素指数构成的等式。比较常用的是基期权数加权的数量指数和报告期权数加权的质量指数形成的指数体系。

从相对数和绝对数关系上，指数体系可表示如下：

（1）相对数关系

$$\frac{\sum p_1 q_1}{\sum p_0 q_0} = \frac{\sum p_1 q_1}{\sum p_0 q_1} \times \frac{\sum p_0 q_1}{\sum p_0 q_0} \tag{10.7}$$

（2）绝对数关系

$$\sum p_1 q_1 - \sum p_0 q_0 = \left(\sum p_1 q_1 - \sum p_0 q_1 \right) + \left(\sum p_0 q_1 - \sum p_0 q_0 \right) \tag{10.8}$$

2）加权平均指数体系

加权平均指数体系是由加权平均指数及其各因素指数构成的等式。常用的是基期总量加权平均数量指数和报告期总量加权平均质量指数形成的指数体系。

从相对数和绝对数关系上，指数体系可表示如下：

（1）相对数关系

$$\frac{\sum p_1 q_1}{\sum p_0 q_0} = \frac{\sum \frac{q_1}{q_0} p_0 q_0}{\sum p_0 q_0} \times \frac{\sum p_1 q_1}{\sum \frac{1}{p_1/p_0} p_1 q_1} \tag{10.9}$$

（2）绝对数关系

$$\sum p_1 q_1 - \sum p_0 q_0 = \left(\sum \frac{q_1}{q_0} p_0 q_0 - \sum p_0 q_0 \right) + \left(\sum p_1 q_1 - \sum \frac{1}{p_1/p_0} p_1 q_1 \right) \tag{10.10}$$

10.3.3　指数体系的分析与应用

上面介绍了常用的加权综合指数体系和加权平均指数体系的关系式，下面举例来说明比较常见的加权综合指数体系的分析与应用，加权平均指数体系可以此类推。

【例10.3】　请根据表10.3中的有关数据，利用指数体系分析产量和单位成本变动对总成本的影响。

【解】　根据式（10.10）总成本指数为

$$I_v = \frac{\sum p_1 q_1}{\sum p_0 q_0} = \frac{3\ 600 + 80\ 000 + 125\ 000}{2\ 000 + 57\ 600 + 80\ 000} = \frac{208\ 600}{139\ 600} = 149.43\%$$

根据式（10.1）以基期单位成本为权数的产量综合指数为

$$I_q = \frac{\sum p_0 q_1}{\sum p_0 q_0} = \frac{3\ 000 + 64\ 000 + 100\ 000}{2\ 000 + 57\ 600 + 80\ 000} = \frac{167\ 000}{139\ 600} = 119.63\%$$

根据式（10.3）以报告期产量为权数的单位成本综合指数为

$$I_p = \frac{\sum p_1 q_1}{\sum p_0 q_1} = \frac{3\ 600 + 80\ 000 + 125\ 000}{3\ 000 + 64\ 000 + 100\ 000} = \frac{208\ 600}{167\ 000} = 124.91\%$$

从相对数关系来看

$$149.43\% = 119.63\% \times 124.91\%$$

即与基期相比,该企业报告期 3 种产品的总成本提高了 49.43%,这是产量和单位成本两因素共同作用的结果。其中,由于产量的变动使总成本提高了 19.63%,由于单位成本的变动使总成本提高了 24.91%。

从绝对数关系来看

$$总成本变动 = \sum p_1 q_1 - \sum p_0 q_0 = 208\ 600\ 元 - 139\ 600\ 元 = 69\ 000\ 元$$

$$产量变动的影响额 = \sum p_0 q_1 - \sum p_0 q_0 = 167\ 000\ 元 - 139\ 600\ 元 = 27\ 400\ 元$$

$$单位成本变动的影响额 = \left(\sum p_1 q_1 - \sum p_0 q_1\right) = 208\ 600\ 元 - 167\ 000\ 元 = 41\ 600\ 元$$

三者之间的数量关系为:

$$69\ 000\ 元 = 27\ 400\ 元 + 41\ 600\ 元$$

即与基期相比,该企业报告期 3 种产品的总成本增加了 69 000 元,这是产量和单位成本两因素共同作用的结果。其中,由于产量的变动使总成本增加了 27 400 元,由于单位成本的变动使总成本增加了 41 600 元。

结合上面的分析,我们不难看出影响总成本增长的主要因素是单位成本增加。

研究和利用指数体系,主要目的有两个:一是利用统计指数体系对复杂现象总体的数量变化,从相对数和绝对数两方面进行因素分析,说明现象总变动中各个影响因素的变动方向和影响程度;二是利用指数体系中各个指数之间的数量关系,由已知的统计指数去推算未知的指数。由例 10.3 中已知,总成本报告期比基期增长了 49.43%,产量报告期比基期增长了 19.63%,那么,就可推算出单位总成本指数应为(1+49.43%)/(1+19.63%) = 124.91%,即单位成本报告期比基期增长了 24.91%。

注意

> 上例中列举了两个因素构成的因素分析,推而广之,多因素分析也是相同的原理。进行因素分析时,首先在明确分析研究目的和要求的基础上,确定复杂现象总体的总量的因素构成关系,从而构造合适的统计指数体系;其次是选用合适的指数形式计算出反映现象总体总变动和各影响因素变动的指数;最后是从相对数和绝对数两方面对各影响因素进行综合分析和论证。

【思考与分析】

加权平均指数的指数体系又是怎样的呢? 大家不妨思考一下。

10.4 几种常用的价格指数

前面我们讲到统计指数已被广泛地应用于社会经济生活的各个方面,一些重要的指数已成为社会经济发展的晴雨表。在这一节,我们将介绍几种我国目前编制的价格指数,如商品零售价格指数、居民消费价格指数、生产者价格指数、股票价格指数。其中,与生活息息相关的有商品零售价格指数和居民消费价格指数。

10.4.1 零售价格指数

◎定义 10.6:**零售价格指数**(retail price index)是指反映城乡商品零售价格变动趋势的一种经济指数。

因为商品的零售价格与人们的生活息息相关,所以零售价格指数的变动直接影响到城乡居民的生活支出和国家财政收入,影响居民购买力和市场供需平衡以及消费和积累的比例,继而当之无愧成为观察和分析经济活动的重要工具之一。

零售价格指数编制所需的资料是采取抽样调查中的分层抽样的方法得到的,因为需要全国城乡商品零售价格的变动有所反映,选取的样本一定要具有代表性,所以一般会在全国选择不同经济区域和分布合理的地区以及有代表性的商品作为样本,对市场价格进行经常性的调查,以样本推断总体。目前,国家一级抽选出的调查市、县 226 个。其编制过程的步骤如下:

第 1 步:选择调查地区和调查点。调查地区按经济区域和地区分布合理等原则,选出具有代表性的大、中、小城市和县作为国家的调查地区,选择好调查地区后在该地区选择经营规模大、商品种类多的商场(包括集市)作为调查点。

第 2 步:选择代表商品和代表规格品。从代表性上考虑一般选择那些消费量大、价格变动有代表性的商品。代表规格品的确定是根据商品零售资料和 3.6 万户城市居民、6.7 万户农村居民的消费支出记账资料,按有关规定筛选的。筛选原则是:

①与社会生产和人民生活密切相关。

②销售数量(金额)大。

③市场供应保持稳定。

④价格变动趋势有代表性。

⑤所选的代表规格品之间差异大。

第 3 步:进行价格调查。价格调查方式一般是采用派员直接到调查点登记调查,同时全国聘请近万名辅助调查员协助登记调查。

第 4 步:确定权数。零售商品价格指数的权数是根据社会商品零售额统计确定的。

10.4.2　消费者价格指数

◎定义 10.7：**消费者价格指数**（consumer price index）是指反映一定时期内城乡居民所购买的生活消费品价格和服务项目价格的变动趋势和程度的一种经济指数。

消费者价格指数是世界各国普遍编制的一种经济指数，我国称之为居民消费价格指数，简称 CPI。这一指数是反映与居民生活有关的产品及劳务价格统计出来的物价变动指标，通常作为观察通货膨胀水平的重要指标，它往往是市场经济活动与政府货币政策的一个重要参考指标，同时还可作为研究职工生活和制订工资政策的依据。

消费者价格指数可就城乡分别编制，也可针对全国范围编制。在我国其编制过程与零售价格指数类似，不同的是它包括消费品价格和服务项目价格两个部分，且其权数的确定是根据 9 万多户城乡居民家庭消费支出构成确定的。

居民消费价格指数除了反映一定时期内城乡居民所购买的生活消费品价格和服务项目价格的变动趋势和程度之外，还有以下 4 个方面的作用：

1）反映通货膨胀状况

通货膨胀的严重程度是用通货膨胀率来反映的，它说明了一定时期内居民消费品持续上升的幅度。通货膨胀率一般以消居民费价格指数的增长率进行测度。其计算公式为

$$通货膨胀率 = \frac{报告期消费者价格指数 - 基期消费者价格指数}{基期消费者价格指数} \times 100\% \qquad (10.11)$$

2）反映货币购买力变动

货币购买力是指单位货币能够购买消费品和服务的数量。很明显，物价上涨，货币购买力则下降，反之则上升。因此，可用居民消费价格指数的倒数来计算货币购买力指数。其计算公式为

$$货币购买力指数 = \frac{1}{居民消费价格指数} \times 100\% \qquad (10.12)$$

3）反映职工实际工资水平

居民消费价格指数的提高意味着实际工资的减少，居民消费价格指数的下降则意味着实际工资的提高。因此，可利用居民消费价格指数将名义工资转化为实际工资。其计算公式为

$$实际工资 = \frac{名义工资}{消费价格指数} \qquad (10.13)$$

【思考与分析】

某市某时期居民消费价格指数为 123.9%，则同期货币购买力指数为多少呢？表明什么呢？

4）用于缩减经济序列

通过缩减经济序列可消除价格变动的影响。其方法是将经济序列除以居民消费价格

指数。

【例 10.4】 已知某地区 2005—2014 年的地区 GDP 序列和该地区的居民消费价格指数序列见表 10.4。试用居民消费价格指数序列对 GDP 进行缩减,并将 GDP 原序列与缩减后的序列绘制成图形进行比较。

表 10.4 2000—2009 年某地区的 GDP 序列和居民消费价格指数序列

年 份	地区生产总值/亿元	居民消费价格指数/%	缩减后的地区生产总值/亿元
2005	1 206.84	100.60	1 199.60
2006	1 347.80	99.50	1 354.60
2007	1 492.74	98.60	1 513.90
2008	1 662.40	102.30	1 625.00
2009	1 956.00	103.30	1 893.50
2010	2 238.00	102.70	2 179.20
2011	2 590.00	101.40	2 554.20
2012	3 141.50	104.10	3 017.80
2013	3 960.08	105.70	3 746.50
2014	4 560.62	99.40	4 588.10

【解】 计算结果见表 10.4,将原时间序列与缩减后的序列绘成图形如图 10.1 所示。

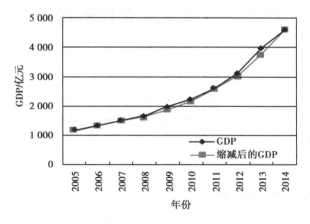

图 10.1 该地区生产总值及其缩减序列

10.4.3 生产者价格指数

◎定义 10.8:**生产者价格指数**(producer price index)是指测量在初级市场上出售的货物(即在非零售市场上首次购买某种商品时)价格变动的一种价格指数。

生产者价格指数是根据每种商品在非零售市场上首次交易时的价格计算的,其计入的产品覆盖了原始的、经过制造的和在各个加工阶段上加工的货物,也包括制造业、农业、林业、渔业以及公用事业等的各类产出。生产价格指数通常用于反映消费价格和生活费用未来的趋势。生产价格指数的上涨反映了生产者价格的提高,它通常是按月公布。

10.4.4 股票价格指数

◎定义 10.9:**股票价格指数**(stock price index)是指反映某一股票市场上多种股票价格变动趋势的一种相对数,简称股价指数。

在成熟市场经济中,股价指数不仅是投资者决策的重要依据,也是国民经济的晴雨表。其一般采用综合指数的形式,计算时一般以发行量为权数进行加权综合。计算公式为

$$I_p = \frac{\sum p_{1i} q_i}{\sum p_{0i} q_i} \qquad (10.14)$$

式中,p_{1i} 为第 i 只股票报告期价格;p_{0i} 为第 i 只股票基期价格;q_i 为第 i 只股票的发行量,它可确定为基期,也可确定为报告期,但大多数股价指数是以报告期发行量为权数计算的。

股价指数的单位一般用"点(point)"表示,即将基期指数作为 100,报告期每上升或下降一个单位称变动了"1 点"。

10.5 多指标综合评价指数

在日常生活中,人们常常要参照一定的标准对某些事物、某种行为或认识进行评定、判别,并通过评价达到对事物的认识,进而指导决策行为。例如,大家重视的课程最终考核成绩、某位员工的绩效、一个部门的业绩以及上面举例的学校综合水平等。对这些复杂对象进行评价的参考因素往往不止一个方面,怎么综合方方面面得到综合评价,这就是综合评价指数解决的问题。

10.5.1 构建综合评价指数的一般问题

构建多指标综合评价指数的核心思想是利用指数的思想与方法,将所选择的有代表性的若干个指标综合成一个指数,从而对事物发展的状况作出综合的评判。在构建时,需要考虑以下 3 个方面的问题:

1) 进行理论研究

它包括统计指标理论以及统计指标体系的理论研究,即在研究目的下,需要从哪些方面构建统计指标,资料搜集等准备工作,以便为下一步确定评价指标提供理论依据。

2) 建立科学的评价指标体系

要想综合评价结论达到科学准确,很大程度取决于所构建的评价指标体系,因此,在构

建指标体系时要慎重。首先,要围绕目的开展充分的定性研究,对问题进行深入分析,力求寻找到既全面又具有代表性的指标;其次,应尽可能运用多元统计的方法进行指标的筛选,以提高指标的客观性。

3) 评价方法研究

它主要包括综合评价指数的构造方法、指标的赋权方法以及各种评价方法的比较等。下面介绍综合评价指数的一般形式。

10.5.2 综合评价指数的一般形式

综合评价指数是由若干单项指标综合而成,其综合方式有简单综合和加权综合两种,目前应用较多的是加权综合。设所选择的 n 个指标为 $X_1,X_2,\cdots,X_n$,转换后的各指标值为 $Z_1,Z_2,\cdots,Z_n$,对各项指标赋予的权数分别为 $W_1,W_2,\cdots,W_n$,综合评价指数 (I) 的一般形式可写为

$$I = \frac{\sum_{i=1}^{N} Z_i W_i}{\sum_{i=1}^{N} W_i} \qquad (10.15)$$

其中

$$0 \leqslant W_i \leqslant 1, \sum_{i=1}^{n} W_i = 1$$

从式(10.15)中可知,构建综合评价指数时,首要解决好两个问题:一是指标的转换,即无量纲化处理;二是权数的构造。

1) 指标的转换

在进行综合评价时,指标体系中所包括的各指标往往具有不同的计量单位。在构建综合指数时,首先应该统一这些指标,即将不同单位表示的指标做无量纲化处理,这就是所谓的指标转换。指标无量纲化处理的方法很多,每种方法各有不同的特点和应用场合。

(1) 统计标准化

$$z_i = \frac{x_i - \bar{x}}{s} \qquad (10.16)$$

(2) 极值标准化

$$z_i = \frac{x_i - \min(x_i)}{\max(x_i) - \min(x_i)} \qquad (10.17)$$

(3) 定基与环比转换

① 环比转换

$$z_i = \frac{x_i}{x_{i-1}} \times 100\% \qquad (10.18)$$

② 定基转换

$$z_i = \frac{x_i}{x_0} \times 100\% \qquad (10.19)$$

2) 综合评价指数的权数构造

权数的构造方法有多种,大体上可分为两类:一类是主观构权法,另一类是客观构权法。两种方法各有利弊,主观构权法往往没有统一的客观标准,客观构权法可在一定程度上弥补这一不足,在实际中最好将二者结合使用。

(1) 主观构权法

研究者根据其主观价值判断来指定各指标权数,主要有专家评判法、层次分析法等。

(2) 客观构权法

直接根据指标的原始信息,通过数学或统计方法处理后获得权数。常用方法主要有主成分分析法、因子分析法、相关法及回归法等。

这些方法在有关文献中均有详细介绍,这里不再赘述。

10.5.3 几种常用的多指标综合评价指数

1) 物质生活质量指数

物质生活质量指数(Physical Quality of Life Index)缩写为 PQLI。该指数由 1975 年曾任美国海外开发委员会主席的詹姆斯·格蒙特和客座研究员大卫·莫里斯的指导下,由美国海外开发委员会提出的,于 1977 年作为测度贫困居民生活质量的方法正式公布,旨在测度世界最贫困国家在满足人们基本需要方面所取得的成就。PQLI 由 3 个指标组成:婴儿死亡率、1 岁的预期寿命和识字率。这 3 个指标都是社会普遍关心的问题,是"需要"的基本构成要素;每个指标都是很好的综合指数,反映了社会在满足基本需要方面的许多特征,是社会发展成就的综合体现。

2) 社会进步指数

社会进步指数(Index of Social Progress)缩写为 ISP,是由美国宾夕法尼亚大学的理查德·J.埃斯蒂斯(R. J. Estes)教授在国际社会福利理事会的要求和支持下于 1984 年提出的,它涉及 10 个有关的社会经济领域,选择了相应的 36 项指标。1988 年埃斯蒂斯在《世界社会发展的趋势》一书中又提出了加权社会进步指数(Weighted Index of Social Progress)缩写为 WISP。该指数将众多的社会经济指标浓缩成一个综合指数,以此作为评价社会发展的尺度。

社会进步指数是评价社会发展状况的一个有效工具,它不仅可用于不同国家、不同地区间社会发展状况的比较,也可用于一国内部不同地区间社会发展水平的横向比较,还可用于一国不同时期发展水平的动态比较。与 PQLI 相比,社会进步指数的计算在社会经济领域及指标的选择上也比较广泛,因而能在一定程度上全面反映一个国家的社会进步状况。

3) 人的发展指数

人的发展指数(Human Development Index)又称人文发展指数,由联合国开发计划署在其《1990 年人的发展报告》中提出的评价社会发展的方法,将反映人类生活质量的 3 大要素指标(出生时预期寿命、受教育程度、人均实际 GDP)合成为一个复合指数,以此作为衡量人类发展的综合尺度。

人文发展指数（HDI）是衡量人文发展的 3 个方面的平均成就的综合性指标：健康长寿的生命，用出生时期望寿命来表示；知识，用成人识字率及大中小学综合入学率来表示；体面的生活水平，用按购买力平价法计算的人均国内生产总值来表示。在此基础上，用加权平均法分别计算出这 3 个方面的指数，然后将这 3 方面的指数进行简单平均，即为人文发展指数。这个指数在 0~1，指数越接近 1，说明这个国家经济和社会发展程度越高。

【学习指导与小结】

本章在学习指数概念及分类的基础上，重点介绍加权指数的编制方法。本章各节的主要内容和学习要点见表 10.5。

表 10.5　本意各节的主要内容和学习要点

章　节	主要内容	学习要点
10.1　统计指数的概念	指数的含义	**概念**：指数
	指数的作用	
	指数的分类	**概念**：数量指数，质量指数，个体指数，总指数，综合指数，平均指数，动态指数，静态指数
10.2　常用加权指数	权数的确定	**权数的确定**
	加权综合指数	概念：加权综合指数 **加权综合指数的编制**
	加权平均指数	概念：加权平均指数 加权平均指数的编制
10.3　总量指数与指数体系	总量指数	概念：总量指数
	指数体系	概念：指数体系
	指数体系的分析与应用	**指数体系的应用**
10.4　几种常用的价格指数	零售价格指数	概念：零售价格指数
	消费者价格指数	概念：消费者价格指数 零售价格指数和消费者价格指数的区别 **消费者价格指数的作用**
	生产者价格指数	概念：生产价格指数
	股票价格指数	概念：股票价格指数
10.5　多指标综合评价指数	构建综合评价指数的一般问题	多指标综合评价指数的构建
	综合评价指数的一般形式	多指标综合评价指数的一般形式
	几种常用的多指标综合评价指数	概念：物质生活质量指数，社会进步指数，人的发展指数

注："加粗"部分为重点学习要点，应当重点学习并掌握。

【常用术语】

指数　　数量指数　　质量指数　　加权综合指数　　加权平均指数　　指数体系
商品零售价格指数　　居民消费价格指数　　生产者价格指数　　股票价格指数
多指标综合评价指数

【案例讨论】

2008 中国最具幸福感城市

"2008 中国最具幸福感城市"25 日在昆明揭晓,共有 10 座城市入选,并举办了隆重的颁奖典礼。经过严格的测评筛选,专家委员会评审确定,2008 中国最具幸福感城市是杭州、宁波、昆明、天津、唐山、佛山、绍兴、长春、无锡、长沙。其中,杭州由于连续 5 年在调查推选活动当中名列前茅而获得金奖。由新华社《瞭望东方周刊》联合中国市长协会主办的中国最具幸福感城市调查、推选活动,迄今已连续举办了 5 年。今年的调查与推选为期 4 个月,仍沿用美国芝加哥大学的幸福学评价体系。

调查内容涉及自然环境、交通状况、发展速度、文明程度、赚钱机会、医疗卫生水平、教育水平、房价、人情味、治安状况、就业环境、生活便利共 12 个指标,采取专业公司调查与公共调查相结合的方式进行。近 300 家媒体参与,共计 700 万份调查问卷、7 000 万次网络投票。依据各项指标的得分情况,另有 10 座城市分获单项奖:鞍山获评最具人情味的城市;深圳被认为赚钱机会最多;威海交通满意度最高;生活便利则首推上海;医疗卫生水平最高的城市是北京;教育满意度最高的城市为南京;青岛最具安全感;海口环境质量最佳;大连文明程度最高;重庆则在发展速度方面居于首位。

【讨论】

请结合上述案例论述综合评价指数的编制过程。

【思考与练习】

一、思考题

1.什么是指数?

2.指数的分类有哪些?

3.加权综合指数的编制方法?

4.请陈述加权综合指数体系。

5.简述多指标综合评价指数的编制步骤。

6.居民消费价格指数的作用有哪些?

二、练习题

1.某公司 3 种商品的销售量和销售价格统计数据见表 10.6。计算下列指数:

（1）计算 3 种商品的销售额总量指数；

（2）以 2015 年销售量为权数计算 3 种商品的价格综合指数；

（3）以 2014 年单价为权数计算 3 种商品的销售量综合指数；

（4）分析销售量和价格变动对销售额影响的绝对额和相对值。

表 10.6　3 种商品的销售量和销售价格统计数据

商品 名称	计量 单位	销售量		单　价	
		2014 年	2015 年	2014 年	2015 年
甲	件	48	51	150	160
乙	盒	25	27	90	95
丙	个	35	38	370	385

2.某企业生产 3 种产品的有关数据见表 10.7。用报告期总成本为权数计算 3 种产品的单位成本指数。

表 10.7　3 种产品有关数据

商品 名称	计量 单位	总成本/万元		个体单位成本 指数 p_1/p_0
		基期 p_0q_0	报告期 p_1q_1	
甲	件	200	220	1.10
乙	台	50	50	1.25
丙	箱	120	150	1.20

3.已知某商品市场 3 种商品 2015 年比 2014 年的价格变动率及销售额资料见表 10.8。根据表中资料，计算 2015 年与 2014 年相比的销售额总指数、价格总指数和销售量总指数，并对该市场商品销售额的变动进行因素分析。

表 10.8　3 种商品 2015 年比 2014 年的价格变动率及销售额

商品名称	销售额/万元		价格上涨率/%
	2014 年	2015 年	
甲	2 800	3 150	5
乙	2 950	3 213	2
丙	1 000	1 350	8
合计	6 750	7 713	—

4.利用指数体系之间的关系回答下列问题：

（1）某企业 2015 年同 2014 年相比，各种产品的产量增长了 6%，总生产费用增长了 14%。该企业 2015 年的单位成本有何变化？

（2）某地区报告期比基期总人口增长率为 1.1%，人均国内生产总值指数为 107.8%，则国内生产总值指数为多少?

5.某地区今年与去年相比,用同样多的人民币只能购买去年商品的95%,求物价指数;若同样多的人民币比去年可多购买8%的商品,物价指数是多少?

6.已知我国2001—2011年的人均GDP数据和居民消费价格指数的数据见表10.9。请利用价格指数对人均GDP序列进行缩减。

表10.9　我国2001—2011年的人均GDP数据和居民消费价格指数的数据

年　份	人均GDP/元	居民消费价格指数/%
2001	8 622	100.7
2002	9 398	99.2
2003	10 542	101.2
2004	12 336	103.9
2005	14 185	101.8
2006	16 500	101.5
2007	20 169	104.8
2008	23 708	105.9
2009	25 608	99.3
2010	30 015	103.3
2011	35 181	105.4

附录　用 Excel 生成概率分布表

附表 1　标准正态分布表

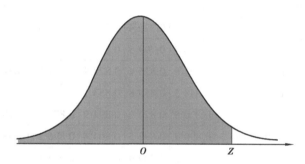

利用 Excel 提供的统计函数"NORMSDIST",可生成标准正态分布的累积概率分布表,即 $P(Z \leqslant x)$,生成标准正态分布的累积概率分布表的具体操作步骤如下:

第 1 步:将 x 的值(可根据需要确定)输入工作表的 A 列,将 x 取值的尾数输入第一行,形成标准正态分布的表头,见下表:

x	0.00	0.01	0.02	0.03	0.04	0.05	0.06	0.07	0.08	0.09
0.0										
0.1										
0.2										
0.3										
0.4										
0.5										
0.6										
0.7										
0.8										
0.9										
1.0										

第 2 步:在 B2 单元格内输入公式" = NORMSDIST(＄ A2+B ＄ 1)",然后将其向下,向右复制即可得到标准正态分布的概率表,部分结果见下表(读者可根据需要生成不同 x 的标准正态分布的表):

x	0.00	0.01	0.02	0.03	0.04	0.05	0.06	0.07	0.08	0.09
0.0	0.500 0	0.504 0	0.508 0	0.512 0	0.516 0	0.519 9	0.523 9	0.527 9	0.531 9	0.535 9
0.1	0.539 8	0.543 8	0.547 8	0.551 7	0.555 7	0.559 6	0.563 6	0.567 5	0.571 4	0.575 3
0.2	0.579 3	0.583 2	0.587 1	0.591 0	0.594 8	0.598 7	0.602 6	0.606 4	0.610 3	0.614 1
0.3	0.617 9	0.621 7	0.625 5	0.629 3	0.633 1	0.636 8	0.640 6	0.644 3	0.648 0	0.651 7
0.4	0.655 4	0.659 1	0.662 8	0.666 4	0.670 0	0.673 6	0.677 2	0.680 8	0.684 4	0.687 9
0.5	0.691 5	0.695 0	0.698 5	0.701 9	0.705 4	0.708 8	0.712 3	0.715 7	0.719 0	0.722 4
0.6	0.725 7	0.729 1	0.732 4	0.735 7	0.738 9	0.742 2	0.745 4	0.748 6	0.751 7	0.754 9
0.7	0.758 0	0.761 1	0.764 2	0.767 3	0.770 4	0.773 4	0.776 4	0.779 4	0.782 3	0.785 2
0.8	0.788 1	0.791 0	0.793 9	0.796 7	0.799 5	0.802 3	0.805 1	0.807 8	0.810 6	0.813 3
0.9	0.815 9	0.818 6	0.821 2	0.823 8	0.826 4	0.828 9	0.831 5	0.834 0	0.836 5	0.838 9
1.0	0.841 3	0.843 8	0.846 1	0.848 5	0.850 8	0.853 1	0.855 4	0.857 7	0.859 9	0.862 1
1.1	0.864 3	0.866 5	0.868 6	0.870 8	0.872 9	0.874 9	0.877 0	0.879 0	0.881 0	0.883 0
1.2	0.884 9	0.886 9	0.888 8	0.890 7	0.892 5	0.894 4	0.896 2	0.898 0	0.899 7	0.901 5
1.3	0.903 2	0.904 9	0.906 6	0.908 2	0.909 9	0.911 5	0.913 1	0.914 7	0.916 2	0.917 7
1.4	0.919 2	0.920 7	0.922 2	0.923 6	0.925 1	0.926 5	0.927 9	0.929 2	0.930 6	0.931 9
1.5	0.933 2	0.934 5	0.935 7	0.937 0	0.938 2	0.939 4	0.940 6	0.941 8	0.942 9	0.944 1
1.6	0.945 2	0.946 3	0.947 4	0.948 4	0.949 5	0.950 5	0.951 5	0.952 5	0.953 5	0.954 5
1.7	0.955 4	0.956 4	0.957 3	0.958 2	0.959 1	0.959 9	0.960 8	0.961 6	0.962 5	0.963 3
1.8	0.964 1	0.964 9	0.965 6	0.966 4	0.967 1	0.967 8	0.968 6	0.969 3	0.969 9	0.970 6
1.9	0.971 3	0.971 9	0.972 6	0.973 2	0.973 8	0.974 4	0.975 0	0.975 6	0.976 1	0.976 7
2.0	0.977 2	0.977 8	0.978 3	0.978 8	0.979 3	0.979 8	0.980 3	0.980 8	0.981 2	0.981 7
2.1	0.982 1	0.982 6	0.983 0	0.983 4	0.983 8	0.984 2	0.984 6	0.985 0	0.985 4	0.985 7
2.2	0.986 1	0.986 4	0.986 8	0.987 1	0.987 5	0.987 8	0.988 1	0.988 4	0.988 7	0.989 0
2.3	0.989 3	0.989 6	0.989 8	0.990 1	0.990 4	0.990 6	0.990 9	0.991 1	0.991 3	0.991 6
2.4	0.991 8	0.992 0	0.992 2	0.992 5	0.992 7	0.992 9	0.993 1	0.993 2	0.993 4	0.993 6
2.5	0.993 8	0.994 0	0.994 1	0.994 3	0.994 5	0.994 6	0.994 8	0.994 9	0.995 1	0.995 2
2.6	0.995 3	0.995 5	0.995 6	0.995 7	0.995 9	0.996 0	0.996 1	0.996 2	0.996 3	0.996 4
2.7	0.996 5	0.996 6	0.996 7	0.996 8	0.996 9	0.997 0	0.997 1	0.997 2	0.997 3	0.997 4
2.8	0.997 4	0.997 5	0.997 6	0.997 7	0.997 7	0.997 8	0.997 9	0.997 9	0.998 0	0.998 1
2.9	0.998 1	0.998 2	0.998 2	0.998 3	0.998 4	0.998 4	0.998 5	0.998 5	0.998 6	0.998 6
3.0	0.998 7	0.998 7	0.998 7	0.998 8	0.998 8	0.998 9	0.998 9	0.998 9	0.999 0	0.999 0

续表

x	0.00	0.01	0.02	0.03	0.04	0.05	0.06	0.07	0.08	0.09
3.1	0.999 0	0.999 1	0.999 1	0.999 1	0.999 2	0.999 2	0.999 2	0.999 2	0.999 3	0.999 3
3.2	0.999 3	0.999 3	0.999 4	0.999 4	0.999 4	0.999 4	0.999 4	0.999 5	0.999 5	0.999 5
3.3	0.999 5	0.999 5	0.999 5	0.999 6	0.999 6	0.999 6	0.999 6	0.999 6	0.999 6	0.999 7
3.4	0.999 7	0.999 7	0.999 7	0.999 7	0.999 7	0.999 7	0.999 7	0.999 7	0.999 7	0.999 8
3.5	0.999 8	0.999 8	0.999 8	0.999 8	0.999 8	0.999 8	0.999 8	0.999 8	0.999 8	0.999 8
3.6	0.999 8	0.999 8	0.999 9	0.999 9	0.999 9	0.999 9	0.999 9	0.999 9	0.999 9	0.999 9
3.7	0.999 9	0.999 9	0.999 9	0.999 9	0.999 9	0.999 9	0.999 9	0.999 9	0.999 9	0.999 9
3.8	0.999 9	0.999 9	0.999 9	0.999 9	0.999 9	0.999 9	0.999 9	0.999 9	0.999 9	0.999 9
3.9	1.000 0	1.000 0	1.000 0	1.000 0	1.000 0	1.000 0	1.000 0	1.000 0	1.000 0	1.000 0
4.0	1.000 0	1.000 0	1.000 0	1.000 0	1.000 0	1.000 0	1.000 0	1.000 0	1.000 0	1.000 0

附表2 标准正态分布分位数表

利用 Excel 提供的统计函数"NORMSINV",可生成标准正态分布分位数表,标准正态分布的分位数是根据标准正态分布随机变量分布的累积概率的值计算的临界值。如果有 $P(Z \leqslant x) = p$,则对于任意给定的 $p(0 \leqslant p \leqslant 1)$ 可求出相应的 x。用 Excel 生成标准正态分布分位数表的具体步骤如下:

第1步:将标准正态累积概率的值输入工作表的 A 列,其尾数输入第一行,形成标准正态分布分位数表的表头,见下表:

p	0.000 0	0.000 1	0.000 2	0.000 3	0.000 4	0.000 5	0.000 6	0.000 7	0.000 8	0.000 9
0.50										
0.51										
0.52										
0.53										
0.54										
0.55										
0.56										
0.57										
0.58										
0.59										
0.60										
0.61										

续表

p	0.000 0	0.000 1	0.000 2	0.000 3	0.000 4	0.000 5	0.000 6	0.000 7	0.000 8	0.000 9
0.62										
0.63										
0.64										
0.65										
0.66										
0.67										
0.68										
0.69										
0.70										
0.71										

第 2 步:在 B2 单元格内输入公式"= NORMSINV($A2+B$1)",然后将其向下,向右复制即可得到标准正态分布分位数表,部分结果见下表(读者可根据需要生成不同 p 值的标准正态分布分位数表):

p	0.000	0.001	0.002	0.003	0.004	0.005	0.006	0.007	0.008	0.009
0.50	0.000 0	0.002 5	0.005 0	0.007 5	0.010 0	0.012 5	0.015 0	0.017 5	0.020 1	0.022 6
0.51	0.025 1	0.027 6	0.030 1	0.032 6	0.035 1	0.037 6	0.040 1	0.042 6	0.045 1	0.047 6
0.52	0.050 2	0.052 7	0.055 2	0.057 7	0.060 2	0.062 7	0.065 2	0.067 7	0.070 2	0.072 8
0.53	0.075 3	0.077 8	0.080 3	0.082 8	0.085 3	0.087 8	0.090 4	0.092 9	0.095 4	0.097 9
0.54	0.100 4	0.103 0	0.105 5	0.108 0	0.110 5	0.113 0	0.115 6	0.118 1	0.120 6	0.123 1
0.55	0.125 7	0.128 2	0.130 7	0.133 2	0.135 8	0.138 3	0.140 8	0.143 4	0.145 9	0.148 4
0.56	0.151 0	0.153 5	0.156 0	0.158 6	0.161 1	0.163 7	0.166 2	0.168 7	0.171 3	0.173 8
0.57	0.176 4	0.178 9	0.181 5	0.184 0	0.186 6	0.189 1	0.191 7	0.194 2	0.196 8	0.199 3
0.58	0.201 9	0.204 5	0.207 0	0.206 9	0.212 1	0.214 7	0.217 3	0.219 8	0.222 4	0.225 0
0.59	0.227 5	0.230 1	0.232 7	0.235 3	0.237 8	0.240 4	0.243 0	0.245 6	0.248 2	0.250 8
0.60	0.253 3	0.255 9	0.258 5	0.261 1	0.263 7	0.266 3	0.268 9	0.271 5	0.274 1	0.276 7
0.61	0.279 3	0.281 9	0.284 5	0.287 1	0.289 8	0.292 4	0.295 0	0.297 6	0.300 2	0.302 9
0.62	0.305 5	0.308 1	0.310 7	0.313 4	0.316 0	0.318 6	0.321 3	0.323 9	0.326 6	0.329 2
0.63	0.331 9	0.334 5	0.337 2	0.339 8	0.342 5	0.345 1	0.347 8	0.350 5	0.353 1	0.355 8
0.64	0.358 5	0.361 1	0.363 8	0.366 5	0.369 2	0.371 9	0.374 5	0.377 2	0.379 9	0.382 6
0.65	0.385 3	0.388 0	0.390 7	0.393 4	0.396 1	0.398 9	0.401 6	0.404 3	0.407 0	0.409 7
0.66	0.412 5	0.415 2	0.417 9	0.420 7	0.423 4	0.426 1	0.428 9	0.431 6	0.434 4	0.437 2
0.67	0.439 9	0.442 7	0.445 4	0.448 2	0.451 0	0.453 8	0.456 5	0.459 3	0.462 1	0.464 9
0.68	0.467 7	0.470 5	0.473 3	0.476 1	0.478 9	0.481 7	0.484 5	0.487 4	0.490 2	0.493 0

p	0.000	0.001	0.002	0.003	0.004	0.005	0.006	0.007	0.008	0.009
0.69	0.495 9	0.498 7	0.501 5	0.504 4	0.507 2	0.510 1	0.512 9	0.515 8	0.518 7	0.521 5
0.70	0.524 4	0.527 3	0.530 2	0.533 0	0.535 9	0.538 8	0.514 7	0.544 6	0.547 6	0.550 5
0.71	0.553 4	0.556 3	0.559 2	0.562 2	0.565 1	0.568 1	0.571 0	0.574 0	0.576 9	0.579 9
0.72	0.582 8	0.585 8	0.588 8	0.591 8	0.594 8	0.597 8	0.600 8	0.603 8	0.606 8	0.609 8
0.73	0.612 8	0.615 8	0.618 9	0.621 9	0.625 0	0.628 0	0.631 1	0.634 1	0.637 2	0.640 3
0.74	0.643 3	0.646 4	0.649 5	0.652 6	0.655 7	0.658 8	0.662 0	0.665 1	0.668 2	0.671 3
0.75	0.674 5	0.677 6	0.680 8	0.684 0	0.687 1	0.690 3	0.693 5	0.696 7	0.699 9	0.703 1
0.76	0.706 3	0.709 5	0.712 8	0.716 0	0.719 2	0.722 5	0.725 7	0.729 0	0.732 3	0.735 6
0.77	0.738 8	0.742 1	0.745 4	0.748 8	0.752 1	0.755 4	0.758 8	0.762 1	0.765 5	0.768 8
0.78	0.772 2	0.775 6	0.779 0	0.782 4	0.785 8	0.789 2	0.792 6	0.796 1	0.799 5	0.803 0
0.79	0.806 4	0.809 9	0.813 4	0.816 9	0.820 4	0.823 9	0.827 4	0.831 0	0.834 5	0.838 1
0.80	0.841 6	0.845 2	0.848 8	0.852 4	0.856 0	0.859 6	0.863 3	0.866 9	0.870 5	0.874 2
0.81	0.877 9	0.881 6	0.885 3	0.889 0	0.892 7	0.896 5	0.900 2	0.904 0	0.907 8	0.911 6
0.82	0.915 4	0.919 2	0.923 0	0.926 9	0.930 7	0.934 6	0.938 5	0.942 4	0.946 3	0.950 2
0.83	0.954 2	0.958 1	0.962 1	0.966 1	0.970 1	0.974 1	0.978 2	0.982 2	0.986 3	0.990 4
0.84	0.994 5	0.998 6	1.002 7	1.006 9	1.011 0	1.015 2	1.019 4	1.023 7	1.027 9	1.032 2
0.85	1.036 4	1.040 7	1.045 0	1.049 4	1.053 7	1.058 1	1.062 5	1.066 9	1.071 4	1.075 8
0.86	1.080 3	1.084 8	1.089 3	1.093 9	1.098 5	1.103 1	1.107 7	1.112 3	1.117 0	1.121 7
0.87	1.126 4	1.131 1	1.135 9	1.140 7	1.145 5	1.150 3	1.155 2	1.160 1	1.165 0	1.170 0
0.88	1.175 0	1.180 0	1.185 0	1.190 1	1.195 2	1.200 4	1.205 5	1.210 7	1.216 0	1.221 2
0.89	1.226 5	1.231 9	1.237 2	1.242 6	1.248 1	1.253 6	1.259 1	1.264 6	1.270 2	1.275 9
0.90	1.281 6	1.287 3	1.293 0	1.298 8	1.304 7	1.310 6	1.316 5	1.322 5	1.328 5	1.334 6
0.91	1.340 8	1.346 9	1.353 2	1.359 5	1.365 8	1.372 2	1.378 7	1.385 2	1.391 7	1.398 4
0.92	1.405 1	1.411 8	1.418 7	1.425 5	1.432 5	1.439 5	1.446 6	1.453 8	1.461 1	1.468 4
0.93	1.475 8	1.483 3	1.490 9	1.498 5	1.506 3	1.514 1	1.522 0	1.530 1	1.538 2	1.546 4
0.94	1.554 8	1.563 2	1.571 8	1.580 5	1.589 3	1.598 2	1.607 2	1.616 4	1.625 8	1.635 2
0.95	1.644 9	1.654 6	1.664 6	1.674 7	1.684 9	1.695 4	1.706 0	1.716 9	1.727 9	1.739 2
0.96	1.750 7	1.762 4	1.774 4	1.786 6	1.799 1	1.811 9	1.825 0	1.838 4	1.852 2	1.866 3
0.97	1.880 8	1.895 7	1.911 0	1.926 8	1.943 1	1.960 0	1.977 4	1.995 4	2.014 1	2.033 5
0.98	2.053 7	2.074 9	2.096 9	2.120 1	2.144 4	2.170 1	2.197 3	2.226 2	2.257 1	2.290 4
0.99	2.326 3	2.365 6	2.409 8	2.457 3	2.512 1	2.575 8	2.652 1	2.747 8	2.878 2	3.090 2

附表 3 t 分布临界值表

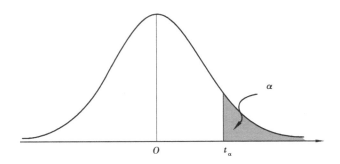

利用 Excel 提供的统计函数"TINV",可构建 t 分布临界值表,该表是根据 t 分布的右尾概率 α 计算的相应临界值。如果 $P(t \geq x) = \alpha$,则对于任意给定的 $p(0 \leq p \leq 1)$ 可求出相应的 x。用 Excel 生成 t 分布临界值表的具体操作步骤如下:

第 1 步:将 t 分布自由度 df 的值输入工作表的 A 列,将右尾概率 α 的取值输入第 1 行,形成 t 分布临界值表的表头,见下表:

	A	B	C	D	E	F	G	H
1	df/a	0.100	0.050	0.025	0.010	0.005	0.001	0.0005
2	1							
3	2							
4	3							
5	4							
6	5							
7	6							
8	7							
9	8							
10	9							
11	10							
12	11							
13	12							
14	13							
15	14							
16	15							
17	16							
18	17							
19	18							
20	19							
21	20							

第 2 步:在 B2 单元格输入公式"=TINV(2*B\$1,\$A2)",然后将其向下、向右复制即可得到 t 分布临界值表,部分结果见下表(读者可根据需要生成不同 α 和不同自由度的 t 分布临界值表):

df/α	0.100	0.050	0.025	0.010	0.005	0.001	0.000 5
1	3.077 7	6.313 8	12.706 2	31.820 5	63.656 7	318.308 8	636.619 2
2	1.885 6	2.920 0	4.302 7	6.964 6	9.924 8	22.327 1	31.599 1
3	1.637 7	2.353 4	3.182 4	4.540 7	5.840 9	10.214 5	12.924 0
4	1.533 2	2.131 8	2.776 4	3.746 9	4.604 1	7.173 2	8.610 3
5	1.475 9	2.015 0	2.570 6	3.364 9	4.032 1	5.893 4	6.868 8
6	1.439 8	1.943 2	2.446 9	3.142 7	3.707 4	5.207 6	5.958 8
7	1.414 9	1.894 6	2.364 6	2.998 0	3.499 5	4.785 3	5.407 9
8	1.396 8	1.859 5	2.306 0	2.896 5	3.355 4	4.500 8	5.041 3
9	1.383 0	1.833 1	2.262 2	2.821 4	3.249 8	4.296 8	4.780 9
10	1.372 2	1.812 5	2.228 1	2.763 8	3.169 3	4.143 7	4.586 9
11	1.363 4	1.795 9	2.201 0	2.718 1	3.105 8	4.024 7	4.437 0
12	1.356 2	1.782 3	2.178 8	2.681 0	3.054 5	3.929 6	4.317 8
13	1.350 2	1.770 9	2.160 4	2.650 3	3.012 3	3.852 0	4.220 8
14	1.345 0	1.761 3	2.144 8	2.624 5	2.976 8	3.787 4	4.140 5
15	1.340 6	1.753 1	2.131 4	2.602 5	2.946 7	3.732 8	4.072 8
16	1.336 8	1.745 9	2.119 9	2.583 5	2.920 8	3.686 2	4.015 0
17	1.333 4	1.739 6	2.109 8	2.566 9	2.898 2	3.645 8	3.965 1
18	1.330 4	1.734 1	2.100 9	2.552 4	2.878 4	3.610 5	3.921 6
19	1.327 7	1.729 1	2.093 0	2.539 5	2.860 9	3.579 4	3.883 4
20	1.325 3	1.724 7	2.086 0	2.528 0	2.845 3	3.551 8	3.849 5
21	1.323 2	1.720 7	2.079 6	2.517 6	2.831 4	3.527 2	3.819 3
22	1.321 2	1.717 1	2.073 9	2.508 3	2.818 8	3.505 0	3.792 1
23	1.319 5	1.713 9	2.068 7	2.499 9	2.807 3	3.485 0	3.767 6
24	1.317 8	1.710 9	2.063 9	2.492 2	2.796 9	3.466 8	3.745 4
25	1.316 3	1.708 1	2.059 5	2.485 1	2.787 4	3.450 2	3.725 1
26	1.315 0	1.705 6	2.055 5	2.478 6	2.778 7	3.435 0	3.706 6
27	1.313 7	1.703 3	2.051 8	2.472 7	2.770 7	3.421 0	3.689 6
28	1.312 5	1.701 1	2.048 4	2.467 1	2.763 3	3.408 2	3.673 9
29	1.311 4	1.699 1	2.045 2	2.462 0	2.756 4	3.396 2	3.659 4
30	1.310 4	1.697 3	2.042 3	2.457 3	2.750 0	3.385 2	3.646 0
31	1.309 5	1.695 5	2.039 5	2.452 8	2.744 0	3.374 9	3.633 5
32	1.308 6	1.693 9	2.036 9	2.448 7	2.738 5	3.365 3	3.621 8
33	1.307 7	1.692 4	2.034 5	2.444 8	2.733 3	3.356 3	3.610 9
34	1.307 0	1.690 9	2.032 2	2.441 1	2.728 4	3.347 9	3.600 7

续表

df/α	0.100	0.050	0.025	0.010	0.005	0.001	0.000 5
35	1.306 2	1.689 6	2.030 1	2.437 7	2.723 8	3.340 0	3.591 1
36	1.305 5	1.688 3	2.028 1	2.434 5	2.719 5	3.332 6	3.582 1
37	1.304 9	1.687 1	2.026 2	2.431 4	2.715 4	3.325 6	3.573 7
38	1.304 2	1.686 0	2.024 4	2.428 6	2.711 6	3.319 0	3.565 7
39	1.303 6	1.684 9	2.022 7	2.425 8	2.707 9	3.312 8	3.558 1
40	1.303 1	1.683 9	2.021 1	2.423 3	2.704 5	3.306 9	3.551 0
41	1.302 5	1.682 9	2.019 5	2.420 8	2.701 2	3.301 3	3.544 2
42	1.302 0	1.682 0	2.018 1	2.418 5	2.698 1	3.296 0	3.537 7
43	1.301 6	1.681 1	2.016 7	2.416 3	2.695 1	3.290 9	3.531 6
44	1.301 1	1.680 2	2.015 4	2.414 1	2.692 3	3.286 1	3.525 8
45	1.300 6	1.679 4	2.014 1	2.412 1	2.689 6	3.281 5	3.520 3
46	1.300 2	1.678 7	2.012 9	2.410 2	2.687 0	3.277 1	3.515 0
47	1.299 8	1.677 9	2.011 7	2.408 3	2.684 6	3.272 9	3.509 9
48	1.299 4	1.677 2	2.010 6	2.406 6	2.682 2	3.268 9	3.505 1
49	1.299 1	1.676 6	2.009 6	2.404 9	2.680 0	3.265 1	3.500 4

附表 4 χ^2 分布临界值表

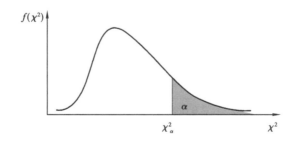

利用 Excel 提供的统计函数"CHIINV",可构建 χ^2 分布临界值表,该表是根据 χ^2 分布的右尾概率 α 计算的相应临界值。如果 $P(F \geqslant x) = \alpha$,则对于任意给定的 $p(0 \leqslant p \leqslant 1)$ 可求出相应的 x。用 Excel 生成 χ^2 分布临界值表的具体操作步骤如下:

第 1 步:在 B1 单元格输入 χ^2 分布右尾概率 α 的取值(如 $\alpha = 0.995$),在第 1 列输入自由度 df 的值,见下表:

df/α	0.995	0.990	0.975	0.950	0.900
1					
2					
3					
4					
5					
6					
7					
8					
9					
10					
20					
30					
40					
50					
60					
70					
80					
90					
100					
200					

第2步：在 B2 单元格输入公式"＝CHIINV（B＄1，＄A2）"，然后将其向下、向右复制即可得到 χ^2 分布临界值表，α 不同时 χ^2 分布临界值表的部分结果见下表（读者可根据需要生成不同 α 和不同自由度的 χ^2 分布临界值表）：

df/α	0.995	0.990	0.975	0.950	0.900
1	0.000 039 3	0.000 157 1	0.000 982 1	0.003 932 1	0.015 790 8
2	0.010 025 1	0.020 100 7	0.050 635 6	0.102 586 6	0.210 721 0
3	0.071 721 8	0.114 831 8	0.215 795 3	0.351 846 3	0.584 374 4
4	0.206 989 1	0.297 109 5	0.484 418 6	0.710 723 0	1.063 623 2
5	0.411 741 9	0.554 298 1	0.831 211 6	1.145 476 2	1.610 308 0
6	0.675 762 8	0.872 090 3	1.237 344 2	1.635 382 9	2.204 130 7
7	0.989 255 7	1.239 042 3	1.689 869 2	2.167 349 9	2.833 106 9
8	1.344 413 1	1.646 497 4	2.179 730 7	2.732 636 8	3.489 539 1
9	1.734 932 9	2.087 900 7	2.700 389 5	3.325 112 8	4.168 159 0
10	2.155 856 5	2.558 212 2	3.246 972 8	3.940 299 1	4.865 182 1
20	7.433 844 3	8.260 398 3	9.590 777 4	10.850 811 4	12.442 609 2
30	13.786 719 9	14.953 456 5	16.790 772 3	18.492 661 0	20.599 234 6

续表

df/α	0.995	0.990	0.975	0.950	0.900
40	20.706 535 3	22.164 261 3	24.433 039 2	26.509 303 2	29.050 522 9
50	27.990 748 9	29.706 682 7	32.357 363 7	34.764 251 7	37.688 648 4
60	35.534 491 1	37.484 851 5	40.481 748 0	43.187 958 5	46.458 888 3
70	43.275 179 5	45.441 717 3	48.757 564 8	51.739 278 0	55.328 936 9
80	51.171 931 9	53.540 077 3	57.153 172 9	60.391 478 4	64.277 844 5
90	59.196 304 2	61.754 079 0	65.646 617 6	69.126 030 4	73.291 090 5
100	67.327 563 3	70.064 894 9	74.221 927 5	77.929 465 2	82.358 135 8
200	152.240 991 7	156.431 966 1	162.727 982 5	168.278 554 4	174.835 273 0

df/α	0.100	0.050	0.025	0.010	0.005
1	2.705 543 5	3.841 458 8	5.023 886 2	6.634 896 6	7.879 438 6
2	4.605 170 2	5.991 464 5	7.377 758 9	9.210 340 4	10.596 634 7
3	6.251 388 6	7.814 727 9	9.348 403 6	11.344 866 7	12.838 156 5
4	7.779 440 3	9.487 729 0	11.143 286 8	13.276 704 1	14.860 259 0
5	9.236 356 9	11.070 497 7	12.832 502 0	15.086 272 5	16.749 602 3
6	10.644 640 7	12.591 587 2	14.449 375 3	16.811 893 8	18.547 584 2
7	12.017 036 6	14.067 140 4	16.012 764 3	18.475 306 9	20.277 739 9
8	13.361 566 1	15.507 313 1	17.534 546 1	20.090 235 0	21.954 955 0
9	14.683 656 6	16.918 977 6	19.022 767 8	21.665 994 3	23.589 350 8
10	15.987 179 2	18.307 038 1	20.483 177 4	23.209 251 2	25.188 179 6
20	28.411 980 6	31.410 432 8	34.169 606 9	37.566 234 8	39.996 846 3
30	40.256 023 7	43.772 971 8	46.979 242 2	50.892 181 3	53.671 961 9
40	51.805 057 2	55.758 479 3	59.341 707 1	63.690 739 8	66.765 961 8
50	63.167 121 0	67.504 806 5	71.420 195 2	76.153 891 2	79.489 978 5
60	74.397 005 7	79.081 944 5	83.297 674 9	88.379 418 9	91.951 698 2
70	85.527 042 7	90.531 225 4	95.023 184 2	100.425 184 2	104.214 898 8
80	96.578 203 6	101.879 474 0	106.628 567 7	112.328 792 5	116.321 056 5
90	107.565 008 5	113.145 270 1	118.135 892 6	124.116 318 7	128.298 943 6
100	118.498 003 8	124.342 113 4	129.561 197 2	135.806 723 2	140.169 489 4
200	226.021 047 7	233.994 268 9	241.057 895 5	249.445 123 0	255.264 155 5

附表5 F分布临界值表

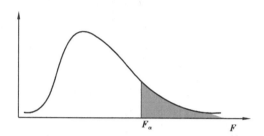

利用Excel提供的统计函数"FINV",可构建F分布临界值表,该表是根据F分布的右尾概率 α 计算的相应临界值。如果 $P(F \geq x) = \alpha$,则对于任意给定的 $p(0 \leq p \leq 1)$ 可求出相应的 x。用Excel生成F分布临界值表的具体操作步骤如下:

第1步:在B1单元格输入F分布右尾概率 α 的取值(如 $\alpha = 0.05$),在第2行输入分子自由度 df_1 的值,在第1列输入分母自由度 df_2 的值,见下表:

	A	B	C	D	E	F	G	H	I	J	K
1	$\alpha =$	0.05									
2	df_2/df_1	1	2	3	4	5	6	7	8	9	10
3	1										
4	2										
5	3										
6	4										
7	5										
8	6										
9	7										
10	8										
11	9										
12	10										
13	11										
14	12										
15	13										
16	14										
17	15										
18	16										
19	17										
20	18										
21	19										
22	20										

第2步:在B3单元格输入公式"=FINV(B1,B$2,$A3)",然后将其向下、向右复制即可得到F分布临界值表, $\alpha = 0.05$ 时F分布临界值表的部分结果见下表(读者可根据需要生成不同 α 和不同自由度的F分布临界值表):

$\alpha =$	0.05									
df_2/df_1	1	2	3	4	5	6	7	8	9	10
1	161.448	199.500	215.707	224.583	230.162	233.986	236.768	238.883	240.543	241.882
2	18.513	19.000	19.164	19.247	19.296	19.330	19.353	19.371	19.385	19.396
3	10.128	9.552	9.277	9.117	9.013	8.941	8.887	8.845	8.812	8.786
4	7.709	6.944	6.591	6.388	6.256	6.163	6.094	6.041	5.999	5.964
5	6.608	5.786	5.409	5.192	5.050	4.950	4.876	4.818	4.772	4.735
6	5.987	5.143	4.757	4.534	4.387	4.284	4.207	4.147	4.099	4.060
7	5.591	4.737	4.347	4.120	3.972	3.866	2.787	3.726	3.677	3.637
8	5.318	4.459	4.066	3.838	3.687	3.581	3.500	3.438	3.388	3.347
9	5.177	4.256	3.863	3.633	3.482	3.374	3.293	3.230	3.179	3.137
10	4.965	4.103	3.708	3.478	3.326	3.217	3.135	3.072	3.020	2.978
11	4.844	3.982	3.587	3.357	3.204	3.095	3.012	2.948	2.896	2.854
12	4.747	3.885	3.490	3.259	3.106	2.996	2.913	2.849	2.796	2.753
13	4.667	3.806	3.411	3.179	3.025	2.915	2.832	2.767	2.714	2.671
14	4.600	3.739	3.344	3.112	2.958	2.848	2.764	2.699	2.646	2.602
15	4.543	3.682	3.287	3.056	2.901	2.790	2.707	2.641	2.588	2.544
16	4.494	3.634	3.239	3.007	2.852	2.741	2.657	2.591	2.538	2.494
17	4.451	3.592	3.197	2.965	2.810	2.699	2.614	2.548	2.494	2.450
18	4.414	3.555	3.160	2.928	2.773	2.661	2.577	2.510	2.456	2.412
19	4.381	3.522	3.127	2.895	2.740	2.628	2.544	2.477	2.423	2.378
20	4.351	3.493	3.098	2.866	2.711	2.599	2.514	2.447	2.393	2.348
21	4.325	3.467	3.072	2.840	2.685	2.573	2.488	2.420	2.366	2.321
22	4.301	3.443	3.049	2.817	2.661	2.549	2.464	2.397	2.342	2.297
23	4.279	3.422	3.028	2.796	2.640	2.528	2.442	2.375	2.320	2.275
24	4.260	3.403	3.009	2.776	2.621	2.508	2.423	2.355	2.300	2.255
25	4.242	3.385	2.991	2.759	2.603	2.490	2.405	2.337	2.282	2.236
26	4.225	3.369	2.975	2.743	2.587	2.474	2.388	2.321	2.265	2.220
27	4.210	3.354	2.960	2.728	2.572	2.459	2.373	2.305	2.250	2.204
28	4.196	3.340	2.947	2.714	2.558	2.445	2.359	2.291	2.236	2.190
29	4.183	3.328	2.934	2.701	2.545	2.432	2.346	2.278	2.223	2.177
30	4.171	3.316	2.922	2.690	2.534	2.421	2.334	2.266	2.211	2.165
31	4.160	3.305	2.911	2.679	2.523	2.409	2.323	2.255	2.199	2.153
32	4.149	3.295	2.901	2.668	2.512	2.399	2.313	2.244	2.189	2.142
33	4.139	3.285	2.892	2.659	2.503	2.389	2.303	2.235	2.179	2.133

$\alpha=$	0.05									
df_2/df_1	1	2	3	4	5	6	7	8	9	10
34	4.130	3.276	2.883	2.650	2.494	2.380	2.294	2.225	2.170	2.123
35	4.121	3.267	2.874	2.641	2.485	2.372	2.285	2.217	2.161	2.114
36	4.113	3.259	2.866	2.634	2.477	2.364	2.277	2.209	2.153	2.106
37	4.105	3.252	2.859	2.626	2.470	2.356	2.270	2.201	2.145	2.098
38	4.098	3.245	2.852	2.619	2.463	2.349	2.262	2.194	2.138	2.091
39	4.091	3.238	2.845	2.612	2.456	2.342	2.255	2.187	2.131	2.084
40	4.085	3.232	2.839	2.606	2.449	2.336	2.249	2.180	2.124	2.077
41	4.079	3.226	2.833	2.600	2.443	2.330	2.243	2.174	2.118	2.071
42	4.073	3.220	2.827	2.594	2.438	2.324	2.237	2.168	2.112	2.065
43	4.067	3.214	2.822	2.589	2.432	2.318	2.232	2.163	2.106	2.059
44	4.062	3.209	2.816	2.584	2.427	2.313	2.226	2.157	2.101	2.054
45	4.057	3.204	2.812	2.579	2.422	2.308	2.221	2.152	2.096	2.049
46	4.052	3.200	2.807	2.574	2.417	2.304	2.216	2.147	2.091	2.044
47	4.047	3.195	2.802	2.570	2.413	2.299	2.212	2.143	2.086	2.039
48	4.043	3.191	2.798	2.565	2.409	2.295	2.207	2.138	2.082	2.035
49	4.038	3.187	2.794	2.561	2.404	2.290	2.203	2.134	2.077	2.030
50	4.034	3.183	2.790	2.557	2.400	2.286	2.199	2.130	2.073	2.026

参考文献

［1］贾俊平,何晓群,金勇进.统计学［M］.6 版.北京:中国人民大学出版社,2015.

［2］贾俊平.统计学［M］.2 版.北京:清华大学出版社,2006.

［3］贾俊平.统计学基础［M］.北京:中国人民大学出版社,2010.

［4］黄英,张志.统计学方法与应用［M］.武汉:中国地质大学出版社,2013.

［5］宋廷山,葛金田,王光玲.统计学——以 Excel 为分析工具［M］.2 版.北京:北京大学出版社,2012.

［6］孙炎,陈平,孙长国.应用统计学［M］.北京:机械工业出版社,2007.

［7］孙炎,陈平.应用统计学习指导［M］.北京:机械工业出版社,2007.

［8］刘枚莲.统计学基础［M］.北京:机械工业出版社,2008.

［9］肯·布莱克,等.以 Excel 为决策工具的商务与经济统计［M］.张久琴,等,译.北京:机械工业出版社,2003.

［10］凯勒,沃拉克.统计学:在经济和管理中的应用［M］.6 版.王琪延,等,译.北京:中国人民大学出版社,2006.

［11］大卫·R.安德森,等.商务与经济统计学精要［M］.陆成来,郝志敏,廉晓红,等,译.大连:东北财经大学出版社,2000.

［12］袁卫,庞皓,曾五一.统计学［M］.北京:高等教育出版社,2000.

［13］袁岳,周林古,等.民意测验的方法与经验［M］.厦门:福建人民出版社,2008.

［14］陈启杰.市场调研与预测［M］.上海:上海财经大学出版社,2005.

［15］David S Moore.统计学的世界［M］.郑惟厚,译.北京:中信出版社,2003.

［16］李金昌,苏为华.统计学［M］.北京:机械工业出版社,2007.

［17］李心愉,应用经济统计学［M］.北京:北京大学出版社,2000.